Experiencia de una crisis

Copyright ©. Antonio Garrido Hernández. 2018

Los nacidos en 1950 (con el medio siglo XX) empezamos comunicándonos con cartas manuscritas, pasamos a la máquina de escribir con su famosa e imperante letra Courier. Un tipo de escritura sin cursivas, negritas y de tamaño único, compitiendo en las tipografías y linotipias con los tipos Time Roman, no menos famosos por su utilización en la prensa diaria. Clasicismo tipográfico, cuyas limitaciones eran su éxito, como le ocurre a la cal y el canto en los pueblos blancos de Andalucía. Y de repente el torbellino. De la mano a la máquina y de la máquina al ordenador y de éste al fax y de fax al correo electrónico y finalmente, de momento, al blog y las redes sociales. El blog, que de eso se trata en este momento, es una comunicación sin retorno para la mayoría de los blogueros aficionados que no gasta tiempo en seducir al infinito espacio comunicativo para ser leídos, convenidos o contradichos. Pero es una forma de diario, de expresión de la propia concepción del mundo, de la perplejidad de algunos comportamientos y de la alegría por otros. Como usuario de los productos periodísticos en torno al diario El País, he encontrado en La Comunidad esa forma rápida y elegante de escribir mi diario socio-político sin más pretensión que transmitir mis impresiones al entorno de familia y amigos más inmediatos. Algunas de las reflexiones de este blog han sido publicadas en el Diario El País, incluido su especial del 35º aniversario, por lo que estoy muy agradecido. Ahora aparecen como libro en Kindle de Amazon. Es la última etapa conocida por mí de rapidez y difusión de un contenido. No puedo dejar de asombrarme y me asombro con gusto. Si la vida me regala más vueltas al Sol viviré con fingido asombro todavía más novedades. Y, si algo odio en la muerte, es perderme "el final" de la novela humana.

INDICE

02 Ago 2007

El verano no es para las bicicletas

Ya está aquí el verano y nos sorprende en pleno despiste respecto del mundo en el que estamos y, sobretodo, el mundo que estamos preparando para los que se ocupen de nuestras cenizas. El fuego con su paradójica intervención lo convierte todo en gris a través de las espectaculares llamas. Un fenómeno que, físicamente considerado, no es más que la hiper oxigenación de la vegetación, es decir una sobre dosis, se convierte cada año en la prueba de nuestra estupidez e imprevisión. Durante evos azules (naranjas hoy) y rojos, locales y universales hay que ver repetidas las imágenes de carencias sorprendentes en los medios de extinción del fuego en los bosques. Y esto en plena prosperidad y exuberancia de fiestas de todo tipo, especialmente el tipo *vanitas*, en las que se va el dinero de nuestra precaución. Bosques cenicentos que son perfectos localizaciones para películas "after bomb" en las que fieros y neoprimitivos pisan sobre pisado con detestables máquinas mestizas que en nada se parecen a las bicicletas, pues, definitivamente sin sombra, el verano ya no es para las bicicletas. (Sobre la foto de portada de El País de 2/08/2007)

03 Ago 2007

Minneapolis, "la ciudad de las aguas" según sus fundadores, ha sufrido el hundimiento del puente más antiguo de la Interestatal W-35. Este puente fue construido en 1967 por lo que, probablemente, el equipo técnico que lo construyó habrá podido contemplar el hundimiento de su criatura. En la página web de los puentes de Minneapolis figuraba, para quien quisiera leerlo, el dato de que su estructura estaba en un pobre estado de seguridad. La propia foto de esta hoja del cuaderno muestra una estructura metálica demasiado espiritual para sufrir el tránsito continuo de 140.000 vehículos diarios, a pesar de contar con un vano máximo de unos 150 m, que es una luz relativamente pequeña. El presidente Bush ha reconocido que hace dos años se comprobó la fragilidad de la estructura, pero se decidió actuar en el 2020. Esta noticia alerta sobre los problemas de infraestructuras que nuestro país está sufriendo, pues si una nación a la que le sobra el dinero como para gastarse

15 millones de dólares cada mes en una guerra estúpida y deletérea pospone la reposición de infraestructura básicas por las que discurren sus ciudadanos, ¿qué se puede esperar en países menos rumbosos? El mantenimiento y la rehabilitación son actividades poco brillantes y que nadie inaugura. Desgraciadamente aún no han sido internalizadas en las conciencias de los políticos (ciudadano normal elegido para tomar decisiones). En España hemos tenidos casos, como la presa de Aznalcoyar o el reciente apagón de Barcelona. Muy a menudo detrás de estos casos hay presiones sobre los técnicos para poder mostrar el informe exculpatorio. En el caso de Minneapolis, seguramente alguien escribió un informe tranquilizador que ya se ha visto que ha resultado papel mojado, en aguas del Mississippi, naturalmente.

La foto del admirado Gorbachov haciendo publicidad con una bolsa de viaje a su izquierda simboliza el cambio radical de valores a que nos conduce imparablemente la deriva del actual sistema económico. Un capitalismo paroxístico que invita a todo el mundo a pagar por sus proyectos el precio de quedar asociado a una marca comercial del mismo modo que la marcha nupcial de Mendelssohn, como todo el mundo sabe, es la sintonía de un detergente. Hace unos días Vidal-Beneyto nos hablaba de las cuadras político-mediáticas de izquierdas y derechas con corceles hiper-mega relevantes, suponemos que para dotar de discurso a los estólidos rostros de los magnates propietarios. En nuestro país los políticos parecen haber perdido el pudor que se le suponía a los ex, para pasar a la explotación de la propia agenda de influencias. ¿Por qué no?, al fin y al cabo es una cuestión de acostumbrarse. Cuando el primer jugador de tenis se atrevió a dar una volea fue recriminado por inelegante y ya ven. Los publicistas de nuestro país aún no han atacado el "por qué no" (PQN) de los ciudadanos normales. No me refiero a que actúen de figurantes en determinados anuncios, sino a que prestemos nuestra vestimenta diaria como soporte de publicidad. La razón no es otra que el agotamiento físico del espacio y el tiempo para colocar tanta publicidad como exige un sistema basado en la iniciativa general para montar empresas en competencia. Así pues, se anuncia un tiempo en que iremos con ropa parecida al mono de Alonso y en el que por la calle no se nos identificará solamente por el periódico que portemos o la emisora que oigamos, sino por las marcas que nos contraten. Marcas que nos eligirán por nuestro estatus previo. Todo empezará como una ayuda voluntaria, después se producirá el acomodamiento y el que renuncie no podrá tener una hipoteca. Finalmente, la publicidad ocupará nuestra alma mediante la compra de intelectuales y religiosos, cuyos mensajes irán asociados, ¿PQN?, a este o aquel vehículo, a esta o aquella ideología. Pero, esto último ¿no estará pasando ya?

Lo (in)prescindible

Un incendio pavoroso en el Poble Sec ha matado a tres personas y los vecinos con más suerte se vieron obligados a bajar precipitadamente a la calle. Un típica pregunta de ingenio anglosajón inquiere sobre qué cogerías si teniendo que huir de un incendio sólo puedes llevarte una cosa. La respuesta correcta es el album de fotos. Naturalmente el diseñador de la pregunta quiere llamar la atención sobre aquellas cosas cuya pérdida es irreversible. La televisión entrevistó a los vecinos que deambulaban desconcertados por la calle. Supongo que ya había respondido a la pregunta clave de estos tiempos de reality-show: ¿qué se siente?. Pero cunado presté atención era un chico de unos diecisiete, o así, el que estaba respondiendo a la pregunta anglosajona y decía "...lo (in)prescindible, las llaves y el teléfono móvil...". ¡He aquí la clave de la vida moderna!. Ya no es el álbum, ahora es el móvil, porque las llaves responden a un reflejo más antiguo y poco consistente, pues tras un incendio las puertas se abren (se caen) solas. Pero el móvil no tiene desperdicio. En efecto, con él podemos filmar la escena y luego venderla, con él podemos llamar y decir: ¡qué fuerte tío...!. Afortunadamente, el chico tuvo un lapsus y, en realidad dijo "lo prescindible", o no lo tuvo y es un chico inteligente, porque en un incendio, no hay que bajarse el álbum de fotos (seguramente, las fotos estarán enviadas por correo electrónico a algún amigo), ni las llaves:¡*lo que hay que bajarse es el cuerpo!*.

05 Ago 2007

El reciente colapso del puente de Minneapolis junto con tantos otros desastres como el atentado y hundimiento de las torres gemelas son ocasiones para sorprenderse con el término que algunos medios se empeñan en utilizar para su descripción. El término en cuestión es «**espectacular**», que nuestro diccionario define como «*que tiene caracteres propios de espectáculo público...*». Y ello a pesar de que en la segunda acepción lo define como « // *2. Aparatoso, ostentoso*» o de que en la tercera acepción de «**espectáculo**» lo defina como «*acción que causa escándalo o gran extrañeza*», probablemente una tardía incorporación forzada por el uso en los últimos años. Tengo que reconocer que me produce verdadero escándalo y extrañeza su uso en las grandes tragedias humanas pues prima en mí la primera acepción de «espectáculo» como «*función o diversión pública...*». Significado este último que no corre ningún peligro de desuso dado que estamos en plena era del entretenimiento. Por eso, propongo que los libros de estilo de los medios de comunicación en los casos que incluyen muertes de seres humanos no empleen el término «**espectacular**» sino otros, según las circunstancias y matices, tales como «pavoroso», que se asocia casi siempre por razones desconocidas con los incendios; o «terrible», «doloroso», «cruel»… etc. Y si se cae un edificio de 400 metros de altura con tres mil personas dentro o se hunde un puente sobre un río con cientos de personas encima eduquemos nuestras emociones reprimiendo el goce sublime y haciendo prevalecer el sentimiento de congoja. Aunque, desgraciadamente, contamos con la contribución a la consideración banal del dolor de esos programas de desastres contados por su cara más superficial. Del diccionario no hay que preocuparse, cuando desaparezca el uso, eliminará la acepción que ahora me entristece, porque la muerte no es un *espectáculo*, ni se *ostenta*. PD.- Soy consciente del brindis al sol que supone esta propuesta, pero ¿por qué callar cuando no se contradice el mandato del último parágrafo del *Tractatus*?

06 Ago 2007

Hay dos tipos de políticos: los que considera su profesión «el arte de lo posible» y los que lo consideran «el arte de lo que conviene», cuando no, «el arte de lo que me conviene». En un caso, como señala Michael Ignatieff en su refrescante artículo sobre Irak de El País (portada), se trata de salvar la cisura entre la teoría y la realidad o entre las ideas y la acción, un tema tan antiguo como la propia política que no deja de atormentar a los políticos y pensadores de buena fe. En el otro, desgraciadamente, los políticos de "lo que conviene" saltan sobre vacío impulsados por sus intereses y caen sobre nosotros. Estos políticos son más abundantes que los que se esfuerzan en practicar el arte de "lo posible". En realidad no son políticos sino pensadores en un cierto sentido. Primero, piensan en sus intereses y, luego, construyen un argumento que les permita explicar sus extraños actos. Creen que es posible adaptar la realidad a sus deseos y la fuerzan hasta deformarla. Naturalmente lanzan por delante tinta de camuflaje en forma de discurso realista primario, pues no hay mejor forma de confundir que proclamar lo contrario de lo que se hace. Pero el artículo de Ignatieff tiene el valor añadido de ser el reconocimiento de sus errores como pensador. Errores que, paradójicamente, ha descubierto al entrar en política. Paradoja basada en que la supuesta libertad del intelectual facilita más la lucidez que los compromisos inevitables de la acción política. En una exhibición de valor, Ignatieff el político denuncia el error del Ignatieff pensador. Una denuncia que podría ser formalmente tachada de cínica al considerar que es lógico que el político se quiera librar de las ataduras de la verdad, pero que aumenta en su valor de forma exponencial cuando se considera su contenido, pues Ignatieff esta cambiando su opinión nada menos que sobre la infausta guerra de Irak y en el sorprendente sentido de reconocer que fue un error, un tremendo error. Naturalmente aplica un lenitivo sobre su herida moral al referirse a la información equivocada de la que se partía. De este modo encuentra el argumento para acusar a algunos de los que se opusieron del mismo sectarismo que los que apoyaron la guerra. No olvida, sin embargo, a los que acertaron en un sentido pleno al razonar mejor con la "misma" información. No ha pasado tanto tiempo como para haber olvidado el esperpento de aquella sesión de la ONU en la que un político prometedor (Collin Powell) se tiró por la sima de la mentira que un mero powerpoint puede perpetrar. Todavía resuena el eco de la llamada de la ministra De Palacios a nuestra sensatez por el petróleo "bueno y barato" que nos traería la guerra. Demasiado burdo. Pero quizá Michael Ignatieff tenía más información con la que equivocarse. En todo caso, el ataque demoníaco a los kurdos en 1992 no era suficiente para una década después ir contra el que había querido matar "a papá". Demasiado incauto. Tampoco parece razonable que donde Bush padre había parado continuara un Bush hijo al que ni las canas hace parecer más sensato. Demasiado sospechoso. En fin, seguramente que para nosotros la promesa fallida sobre el ITER, que algunos militantes del partido de la guerra susurraban a sus amigos para explicar el enigmático comportamiento de nuestros dirigentes, fue la prueba final de cómo se compra un aliado menor y luego se le deja en la cuneta con un par de palmadas en la espalda. La cuestión central que plantea Ignatieff es la cuestión de nuestro tiempo. Si dejamos la mala fe aparte, ¿cómo tomar buenas decisiones en un mundo tan complejo? Pues una pista es la de causar el menor daño grave a personas concretas. Si a estas alturas de nuestra vieja humanidad no sabemos que nadie quiere ser liberado a garrotazos es que no hemos aprendido nada. Lo que parece mentira para quienes libraron una guerra de la independencia. ¿Qué hubiéramos pensado de una liberación del franquismo a base bombas de fragmentación? Ignatieff, cuya biografía de Berlin me parece ejemplar, todavía nos sugiere que dejar ahora Irak es una decisión peor para los iraquíes que (probablemente) haber invadido el país. Pues entonces sigue necesitando releer a su admirado Isaiah Berlin. De todos modos se vaya o no el invasor podrá comprobar hasta qué punto ha entreabierto la caja de Pandora. Y desde luego a nada contribuye con su ceguera en Palestina y con su propuesta de rearme en la zona para que se maten mejor las distintas facciones religiosas y políticas. Vamos a estar pagando mucho tiempo la decisión que tomó W. Naturalmente pedirle que reconozca su error y se retire con alguna decisión inteligente a quien infantilmente proclamó el final de la guerra disfrazándose de piloto es demasiado. Pero por eso precisamente la humanidad necesita que cada vez más la voz sensata de los que, sin conocer las complejas entrañas de la política, sí saben juzgar el carácter mortal de determinadas decisiones, como ya anunciaba el testamento de Pericles. No debería ser posible una guerra de agresión sin una consulta a los ciudadanos. La informática ya lo hace posible. Este cuaderno digital es una prueba. Antes de que pueda pensar lo que sucede cuando aprieto el botón de "publicar" ya estará siendo observado (por nadie).

06 Ago 2007

Tres errores y una decisión

Tomar buenas decisiones no es sencillo en la pelea política, pero ¿como es posible cometer tres errores con una única decisión?. Pues eso ha ocurrido en Navarra. ¿Nadie en el comité federal del PSOE ha visto las consecuencias de declarar menores de edad a los navarros? El cálculo electoral de que son pocos los escaños en juego es una muestra más de la ceguera del «decisor» (el que toma decisiones) vulgar, que parece creer en las cifras en cuestiones tan sutiles. En Canarias ha ocurrido lo razonable, en Navarra no.

28 Ago 2007

La orquídea

Me acerqué, le tomé el pulso y su ausencia confirmó lo que la intensidad de la palidez me sugería: era una estatua de cera. Calmado la miré detenidamente. Era bellísima. Su rostro reunía, como el de ella, la delicadeza y sensualidad de una flor de... ¡Dios, no me acuerdo!, ¿qué bloqueo me impide recordar su flor preferida? Sólo consigo recordar la voz «gardenia», pero no es una gardenia lo que me evoca su rostro y me traslada a aquellos excitantes vaivenes entre su rostro y su sexo. Belleza y calor,

calor y belleza. ¡Qué extraños lazos entre el espíritu y la carne!. El maniquí reposaba lánguido en la penumbra del salón provocando la extrañeza de un cuadro de Giorgio De Chirico. Aturdido todavía me levanté y busqué en mi entorno las razones de la escena. Seguramente sería otras de esas pesadillas que entre sudores me producía todavía su ausencia. No es fácil curar el alma cuando en plena felicidad se rasga su terso tejido hiriéndola sin remedio para el resto de la vida. Abrí los ojos y la penumbra me pareció más real que la luminosidad del salón que acababa de visitar en mi sueño. Intenté dormir de nuevo en la esperanza de que el maniquí fuera el anticipo de un encuentro con ella. Pero el fragor de tráfico en la calle fue cortando las ataduras con mi deseo. Quizá, en una fase más profunda del sueño estuve con ella y no lo recuerdo. Quizá, mañana pueda adquirir un mayor dominio y construir una realidad virtual en la recuperar lo que, ahora que el agua fría del lavabo me ha terminado de despertar, se que perdí para siempre el día del su desaparición. Mientras me cortaba afeitándome. mi cerebro me lanzó un cruel recordatorio no hay un siempre, ni un ayer, ni un mañana. No hay nada más que un terco hoy, que nuestra necesidad de fijarlo antes de que desaparezca lo abraza entre los recuerdos de la memoria y las construcciones de nuestra imaginación. Ahí, arropado, cosido, confortable, nuestro presente se sostiene lo necesario para ser absorbido por el pasado y el futuro que lo reducen a una fugaz chispa en nuestros momentos de mayor atención. Y sólo él existe, por lo que lo sensato sería adiestrarnos para su disfrute. Me dejé embriagar por el aroma del café mientras trataba de recordar el nombre de la flor y me sentía culpable por su olvido. Sabía que las almas de los justos bebían la aguas del río Leteo en los Campos Elíseos para olvidar y volver a vivir de nuevo. Pero yo no quería olvidar. A pesar del eterno presente que el mundo es, quería recordar porque así el mundo se hacía mejor con su recuerdo. También los recuerdos hechos presente enriquecen el mundo, aunque sea mientras yo la recuerde. No quiero olvidar. Ella fue mi presente y quiero que lo siga siendo, si no como presencia, al menos como recuerdo. En el coche, mientras fumaba el segundo cigarrillo para poder pasar las horas de abstinencia que la empresa imponía, me estremecí pensando que el recuerdo no dependía de la voluntad, que las impresiones se disipan suavemente y luego uno recuerda cosas en función de algoritmos desconocidos. Yo no quería sólo recordar su nombre, o el de su flor preferida, o los lugares en los que estuvimos. Yo quería recordar su presente-pasado más radical. Oír su risa, cuyo arcano sólo yo conocía y sólo para mí era fuente de transfiguración. Nada mejor puede hacer un hombre que hacer reír a una mujer. Y yo lo conseguía a menudo y ella respondía «¡qué tonto!» queriendo decir «¡qué ingenioso!», o eso creía yo percibir en su tono. Ver de nuevo sus gestos más sutiles, incluso sufrir con sus enfados más vitales o sus razonamientos menos racionales. Aquellas largas discusiones en las que su síes significaban noes y sus noes eran la antesala de la entrega más completa. Discusiones que fueron fuente de un perverso placer, una vez descubiertas las claves de la comedia del ego que quiere prevalecer y se avergüenza de hacerlo. El fulgor de la pantalla del ordenador me hipnotizaba favoreciendo el estado extático en que me había colocado el sueño de esa noche. Estado *in crescendo* que iba aumentando mis pulsaciones a medida que aumentaba la excitación de un encuentro del que el sueño, ahora estaba seguro, no era nada más que un anticipo. Las interpelaciones de mi jefe y los comentarios de mis compañeros empezaban a volverse ininteligibles para la parte de mi cerebro que se estaba ocupando de mantener la ilusión de que algo grande iba a ocurrir. Qué aburrido es el conocimiento, aún el más trascendente, y que excitante el misterio. Cómo si no se pudiera evitar el asombro masivo y creciente de cada generación con el conocimiento acumulado de siglos de descubrimientos. El misterio, como la vuelta de cada esquina, es una promesa de felicidad en marcha. Para mí, ese milagroso día, el misterio era, paradójicamente, si sería posible el encuentro con lo conocido, el más tierno y perfumado de los conocimientos. El de la felicidad truncada. El de la beatitud mutada en perplejidad y resentimiento. Comiendo aquel plato familiar pensé que todos estaban notando algo extraño en mí. Seguramente un aura que delataría que mi éxtasis ya no cabía en mi cuerpo. Mi lado más racional me avisaba de que todo aquello era sólo producto del deseo y mi lado mágico de que debía seguir apretando el acelerador de aquel fenómeno que me parecía cada vez más real y objetivo. El espejo del lavabo me demostró que las sospechas estaban bien fundadas. El lado mágico tenía razón. Un halo de un bello azul pálido hacía brillar mi rostro como cuando ella lo acariciaba. Por un momento la porcelana del lavabo adquirió la textura de su piel. Una cierta debilidad me avisó de que mi cuerpo no resistía la experiencia y traté de volver al estado anterior a pesar de que el alma me pedía forzar un poco más para poder rodearla con sus brazos y bajar la mano hacía la perdición.El intento de reponerme fue en vano. De regreso a casa las ventanas de los edificios eran sus ojos y un policía al que pasé rozando era su cuerpo. Sin estar seguro de haber vuelto a mi casa me esforcé por abrir la puerta con rapidez, al tiempo que temía que, al entrar de nuevo en una habitación llena de imágenes suyas, la transfiguración creciente que estaba sufriendo me trasladase, en medio de una explosión silenciosa, hacía el paraíso o el infierno. Vacilando abrí la puerta y todo lo que ansiaba y temía, todo se hizo luz bruscamente en un inefable bienestar que ya no supe si era vida o muerte. Con laxitud descansé en su abrazo.La noche se hizo sobre el barrio el Carmen, las luces se apagaron y el viento vino a ocupar el lugar de los paseantes. Las hojas se estremecieron en sus ramas y algunas no pudieron resistir la invitación y se soltaron para bailar en el aire frío de aquel mes de invierno. Los vecinos dormían sus sueños satisfechos o inquietos en la confianza de que al despertar no influyeran en sus vidas. Siglos de despertares lúcidos o febriles nos han convencido de que el día hace volver todo a sus goznes y de que la realidad cruel o benigna impondrá sus rígidas leyes. Pero si estamos tan seguros, ¿por qué soñamos, incluso despiertos, a la menor oportunidad? Tenemos una cuenta pendiente con los sueños, los que controlamos y los que no. *Tres días después los amigos alarmados hicieron derribar la puerta del apartamento y no encontraron nada, absolutamente nada excepto los ondulantes pétalos de una orquídea.*

Vivienda de alquiler, ¿por qué?

Llevamos unos años a vueltas con la discusión sobre el mercado de alquiler y esta misma mañana se debatía en una tertulia sobre el asunto. Señal indubitable de que algo se prepara o algo se desea. En España se estima que hay 24 millones de viviendas, de las cuales 7,5 millones son «no principales» (de recreo u otros usos). Cifras que relacionada con el tamaño de la población, que es de 45 millones, nos proporciona una media de 1,9 moradores por casa. Si resulta baja, habría que pensar en las viviendas vacías que se estiman en unos 3,5 millones, lo que corrige el número medio de moradores a 2,3 por vivienda. A estos datos hay que añadir que el 83 % de la viviendas son propiedad de sus moradores frente al 63 % en el resto de Europa. Con estos valores se puede centrar el asunto. Lo **primero** que habría que decir es que cuando se comenta que en Europa no tiene la pulsión española por la propiedad se entiende que la cifras son inversas. Es decir, que sólo el 15 % de los europeos (mas o menos) sería propietario y que casi lo es con desgana o a su pesar. Sin embargo las cifras muestran que no. Casi dos de cada tres europeos es propietario. Lo **segundo** es que el español, con su fino olfato reivindicativo, sospecha que una preponderancia de la vivienda de alquiler nos llevaría a un nuevo estado de latifundio con edificio encima, pues si el morador no es el propietario ¿quiénes serían esos asombrosos y pocos acaparadores de millones de viviendas?. **Tercero**, la experiencia parece indicarle también (al españolito) que los arrendadores no son proclives al mantenimiento de aquellos inmuebles que no habitan (por irracional que pueda parecer al favorecer el deterioro de su propiedad), entre otras cosas, porque la rápida evolución de las ciudades invita a cambiar propiedades obsoletas por rentables operaciones inmobiliarias. **Cuarto**, la rigidez que la propiedad introduce a la hora de la movilidad profesional no es una cuestión que preocupe al español porque él, precisamente, quiere eso, estabilidad geográfica, apego, entorno emocional, ser de alguna parte, como estamos comprobando. Actitud que no es contradictoria con la economía a la que tendemos, que se basará en la telecomunicación. Si pueden viajar los símbolos, ¿para qué hacer viajar a las manos?. No hay más que comprobar que las propias tertulias se llevan a cabo *desde la casa del propio participante* sin que notemos nada. Y **por último**, no es necesario ser un financiero profesional para comprobar el precio del alquiler vale para una hipoteca porque la libertad de los propietarios para fijar plazos y precios (además de catadura) produce dos efectos a favor de la actual situación: el de proporcionar un patrimonio a la edad de cincuenta años que no proporciona el ahorro y el de crear una inestabilidad de residencia (aún dentro de la misma ciudad) que estremece al sentido más elemental de seguridad familiar y estatus social. **Coda**: si todo esto tiene fundamento, cualquier pretensión de cambiar la situación por razones no conocidas, tropieza con un muro social alto y grueso. El español volverá al alquiler solamente arrastrado del cuello.De modo que vivienda de alquiler, ¿por qué?

01 Sep 2007

Una revelación, lo de esta mañana ha sido una revelación. En un supermercado las frutas se obtienen del siguiente modo: se cogen, se pesan, se aprieta un botón con un código (el de la hortaliza escogida) y sale una etiqueta adhesiva con el precio que se pega a la bolsa de polietileno correspondiente. Con esta bolsa se pasa por la caja y se paga. Repaso y veo que todo alrededor es igual. Los movimientos de tus deudas a través de Internet sin tener que llamar al banco. En *prime time* te dan información económica para juegues a la Bolsa; en los transportes te compras y *picas* el billete tú solo. Internet es una invitación continua a la compra directa en la que el internauta es su propio consejero, cajero y administrativo de la empresa al rellenar el formulario con los datos para la factura. El sistema está dispuesto incluso a que te montes los muebles y pronto lo *cool* será fabricártelos tú a partir de un bote de crudo del que tendrás que extraer los componentes con los que llevar a cabo la polimerización, inyección y moldeado de las carcasas para tus aparatos. El muy sistema está dispuesto a cedernos todas las fases del proceso excepto la propiedad del beneficio. Incluso está dispuesto, por lo visto, a cobrarnos sin hacer nada. De eso ya hay indicios con las cuotas de servicio en las facturas del agua o ADSL. Para este espiritual fin han empezado convirtiéndonos a todos (a la chita callando) en sus empleados (coja la mercancia, métala en la bolsa, pésela, etc...), pero ¿y la condición de socio de la que se habla en el título de este comentario?. Pues sí, en el mismo supermercado de esta mañana, al salir, me han ofrecido, con el compromiso de ser un empleado-cliente fiel *hasta* el 1,5 % de mi compra. Participación en beneficios que me convierte en empleado-cliente-socio a mi pesar. Naturalmente sospecho que ese porcentaje ha sido previamente incrementado a todos: socios y despistados.

02 Sep 2007

New York superficial

En una emisora de radio hablaban de New York. Veinte minutos después la impresión es que esta ciudad paradójica y monstruosa es el lugar del *in, cool, chic* o lo divertido a secas, cuya expresión más lograda es *Annie Hall* y sus *graves* problemas. Nada de una concepción obscena del urbanismo, de una policía brutal para preservar a *Tiffany's* y todas las grandes cadenas de lo artificioso del asalto de la rabia del otro New York. Por supuesto que la riqueza es hermosa, pero New York, en tanto que ciudad calidoscopio es algo más que la belleza de su piel, vista en el *ferry* o de desde un bar bajo los estribos del puente de Brooklyn. Hay otra ciudad que nuestros cronistas radiofónicos no han visto o no han querido ver porque para miseria la autóctona. Y en onda paradójica, ¿por qué los neoyorquinos no han elevado el grito veneciano de «¡comera e dovera!» con las torres gemelas? y ¿por qué van a permitir que lo que tantas lágrimas les ha costado sea otra oportunidad para la explotación demencial del espacio y la exhibición de la actual arquitectura del despiste formal con un edificio gemológico de dudoso gusto? New York es una ciudad epítome (como diría Hermida) de todo lo mejor y lo peor que el hombre moderno puede hacer consigo mismo o, mejor, lo que algunos hombres modernos le pueden hacer a otros, no menos modernos. New York es, en definitiva, algo más que tiendas y *glamour*.

04 Sep 2007

JOHBIEs: "Jóvenes Hartos (aunque) Bien Educados"

Las revoluciones están pasadas de moda. Como todo el mundo sabe, sus inductores toman el lugar de los que pierden la cabeza en el tumulto reivindicativo. El futuro es de los motines y el próximo estará encabezado por los JOHBIEs. No son personajes de la guerra de las galaxias, ni compañeros de los Yahoo de **Swift**. **Son los jóvenes hartos** aunque **bien formados** a los que sus conocimientos y sentido crítico sacará del sopor en el que la industria del entretenimiento los tiene sumergidos para pedir explicaciones a sus mayores acerca del ventajista funcionamiento del mercado. Ellos, taxistas con la licenciatura de económicas, camareros licenciados en filosofía, basureros capaces de desarrollar un complejo algoritmo de matemáticas, policias licenciados en derecho y demás compañeros de fortuna congnitiva y desgracia económica están preparando un cambio. Ello saben que el mercado no es un fenómeno meteorológico inevitable, sino una convención al servicio de las personas y observan que la deuda hipotecaria es de 500.000 millones de euros. Cantidad que el acomodador del cine al que van, que es ingeniero de edificación, les dice que equivale a los 3 millones de viviendas vacías que hay en España y que el 60 % de ese dinero ha ido a enriquecer a actores no productivos (el propietario del suelo y el especulador). Concluyen que el país del futuro estan atrapado entre los nominales de sus casas y los tipos de interés; que la friolera cantidad que han de financiar los próximos 50 años las familias en España ha dejado a los bancos exhaustos, hasta el punto de que han tenido que recibir inyecciones de la fábrica de dinero para no colapsar. Ellos deploran que este diluvio de dinero en vez de servir para unas infraestructuras duraderas y una benigna incorporación a la propiedad se haya convertido en un obsceno trasvase de dinero del ahorrador al lujo más casposo que el mal gusto pueda imaginar. Porque el acomodador sabe, el taxista le confirma y el basurero le calcula que construir, lo que se dice construir vale un tercio de lo que se cobra por una vivienda moderna. Los HOHBIEs también saben que el acceso de la mujer al trabajo ha sido asumido por el sistema dividiendo el sueldo de un varón por la mitad y concediéndole el 40 % a la mujer para quedarse con la comisión, por lo que un hogar necesita de una pareja de trabajadores para financiarse. De este modo la mujer ya sabe que si antes no podía trabajara, ahora ya no puede dejar de hacerlo. Y saben que la construcción es el sector más ruidoso, pero que los servicios de las corporaciones de relumbrón se empiezan a parecer a relaciones de cautividad virtual; o que las grandes empresas están utilizando la informática para que ellos ser sirvan la gasolina y la fruta sin notarlo en el precio. El taxista, el basurero, el acomodador y el ingeniero saben que la industria del entretenimiento es un gesto de prestidigitador que distrae la atención con una mano mientras con la otra se abduce la cartera con delicadeza. En definitiva, que se ha creado un estable sistema para su explotación suave y civilizada. Han comprobado que ya se están creando dos clase de guetos: el de los emigrantes y el de los que les alquilan los pisos en el centro de la ciudad. Unos en la ciudad medieval y los otros en el *resort* de Disney. Estos son los nuevos sujetos de la revolución (léase motín) que con la misma suavidad va a evitar que medio país empobrezca y el otro medio el vea las orejas al lobo. Naturalmente los promotores y beneficiarios no se quedarán para verlo, estarán en *otro mundo*, quizá el de las islas de Dubai, donde los taxistas no saben leer (todavía).

¿Bicefalia o Bicefalea?

Uly Martín se ha lucido. La foto de Botín y Rodríguez Zapatero es perfecta. Probablemente responda a algún tópico entre los fotógrafos. Sobre todo desde que se cuenta con la posibilidad de captar secuencias de instantáneas de los movimientos. Pero esta foto, tópica o no, es, como digo, perfecta, simétrica, reveladora. El resultado es un ser nuevo, mucho mejor que, por ejemplo, un ex presidente europeo que, reuniendo en su persona política y poder económico, sólo tiene (que se sepa) una cabeza. Y ya se sabe que en una cabeza solitaria la conciencia se perdona a sí misma sin que nos enteremos los demás, tanto aquello que activa como aquello que padece. Por eso, sea cual sea la trastada que se haya llevado a cabo, los protagonistas de una sola cabeza declaran tener la conciencia tranquila, lo que suelen ilustrar con la imagen de un sueño plácido. Sin embargo, este ser tiene dos cabezas, lo que probablemente impida las soluciones rápidas. Una de ellas parece, por la foto, que está llena de números, frialdad y resolución y, la otra, llena de deseos, prisas y esperanza. Una sonríe de modo forzado (quizá el cuerpo le ha transmitido solo a ella el terrible esfuerzo de mover el sillón). La otra cabeza también sonríe de un modo estudiadamente sereno. ¿Tendrán en estos seres bicefálicos que mostrar el mismo estado de ánimo en cada situación? Más allá, cabe preguntarse si este ser ha salido de las manos de un aprendiz de brujo o es resultado de un premeditado experimento a la búsqueda del acuerdo perfecto entre deseos y posibilidades. La solución que satisface el deseo de la derecha de conseguir el prestigio de la izquierda transformadora y el deseo de la izquierda de conseguir la solvencia administradora de la derecha prudente. Pero eso es secundario ante la pregunta (que debe hacerse la ciencia) de cómo se las arregla este extraño ser para conciliar los asuntos importantes y conflictivos. Piénsese que no se trata de conflictos resueltos en la intimidad de cráneo, sino de dos cabezas con sus dos hemisferios cada una y sus respectivos dolores cuando una se oponga, cabezonamente, a la otra. Por tanto, el conflicto necesita un lugar de encuentro que no sé en que parte del cuerpo monstruoso se produce. La geometría de la foto señala un punto de convergencia de los ejes de sus dos cabezas, pero es extraño porque la convergencia se produce en el corazón. Buena metáfora para el lugar en el que el cálculo económico y el político tengan que dirimir sus conflictos. Quizá así haya alguna esperanza para nosotros.

¿Progreso, regreso o agreso?

Daniel Innerarity escribió el El País de ayer (07/09/2007) un interesante artículo sobre lo que él considera despiste de la izquierda europea para promover una política genuina que aproveche los avances en tecnología y su correlato principal: la globalización. En ese escrito, que tituló «**Salir del pesimismo**», le reprocha no saber abandonar una actitud reactiva ante el optimismo de la derecha al mostrarse sin complejos entusiasmada con los avances y los destrozos del desarrollo. El ejemplo de este optimismo sería, para él, Sarkozy Por eso es oportuno recordar que, en la misma línea, un asesor (de izquierdas) del presidente francés le ha presentado un informe en el que, entre otras cosas, fundamenta, para más confusión, la actitud de la ciudadanía francesa (vgr. el «no» a la constitución europea o su resistencia a la globalización) en la doctrina católica (versión de bolsillo del modelo Weber). Estos dos textos presentan un mismo argumento que se puede resumir en tres pares opuestos: eficacia - compasión; innovación - paralización; riqueza - injusticia. Según parece el discurso de la izquierda es que hay que paralizar el progreso tecnológico por compasión y justicia. Y el discurso de la derecha sería que es necesaria la innovación para que aumente la riqueza aunque resulte de una eficacia que hiele el corazón. En una lectura de estos pares la izquierda sería reaccionaria al poner el énfasis en el miedo a la innovación, mientras que la derecha sería inmisericorde al poner el énfasis en la eficacia sin medir sus efectos. Es decir la una sería reaccionario y la otra progresista, invirtiendo los polos del habitual maniqueísmo. Naturalmente hay un juego perverso de palabras pues se trata de progreso material y no de progreso humano del que se habla. Veamos las cosas que no se pueden negar en el lado diestro: la innovación es buena y más aún a nivel planetario; y en lado siniestro: la justicia y la compasión son el fundamento de un mundo mejor. Este planteamiento en el que se cruzan las posiciones provoca algunas preguntas y afirmaciones de lo que de valioso o rechazable hay en cada postura: ¿Cómo afrontar la paradoja de que la innovación trae salud y bienestar potencial y al tiempo el crecimiento de la población favorece el empobrecimiento de áreas completas del planeta por la incapacidad de aplicar la innovación tecnológica en la distribución de alimentos?. ¿Cómo negar la insoportable necedad de fabricar continuamente artefactos banales crecientemente sofisticados y afectados por la moda mientras no se puede beber agua saludable por parte de millones de personas? ¿Es sostenible la actitud de nuevos luditas que rechaza la capacidad del hombre para crear factores de mejora material que se atribuye a la izquierda?, ¿Hay que resignarse a la actitud de los nuevos maquiavelos que rechazn la justicia y la compasión como estorbos que genera una antigualla denominada ética?. Por un camino iríamos a la catástrofe tipo I (de izquierda) por incapacidad tecnológica para alimentar, vestir y sanar y, por el otro, a la catástrofe tipo D (de derechas) por explosión de ira o emergencia abrumadora de masas de los agujeros profundos a la *luminosa* superficie del derroche. En un caso, la catástrofe se produciría en medio de una orgía de compasión inútil o simplemente formal (impuesta por la doctrina) y, en el otro, en medio de una eficacia frígida que deshumaniza tanto a los despistados ciudadanos consumidores como a los avispados gestores. ¿Se puede pedir que pare la máquina tecnológica? o ¿cómo se puede utilizar esta máquina para la más absurda producción de armas?; ¿Cómo se puede impedir o desear que el planeta se cubra de una red de comunicaciones casi instantáneas? o ¿cómo se puede considerar estimulante que haya sueldos anuales de directivos de 200 millones de dólares o fortunas que coinciden con la riqueza de algunos países?; ¿Qué alternativa hay al conocimiento y su aplicación inteligente? o ¿Qué mérito puede justificar que la indemnización de despido de un directivo español sea de 100 millones de euros?; Estas dudas retóricas se explican por la compasión para la actitud de la izquierda y, en el caso de la derecha, la explicación la proporciona la sacrosanta naturaleza del mercado. Y las dos posturas se producen cuando sabemos que el mundo es una red causal en el que no hay milagros basados en los deseos, pero que el mercado actual no es más que una versión histórica (casi histérica según las declaraciones de algunos) de las muchas posibles. Hay que comprender que la izquierda está seducida por los fines y la derecha por los medios. Lo que es correlativo con la curiosa circunstancia que en la derecha, donde abundan los creyentes, actúe como si hubiera que disfrutar vorazmente un mundo que se acaba, mientras que la izquierda, donde abundan los descreídos, actúa mirando a horizontes más lejanos que su propia trayectoria vital. Tal parece que se tratan de compulsivas posiciones parciales que sea necesario conciliar en una hercúlea acción de futura persuasión. Se trataría de conseguir que los medios se pongan al servicio de los fines. Para eso es necesario que los partidarios perezosos de los fines reconozcan la necesidad de la racionalidad de los medios para evitar las pesadillas bien intencionadas y que los partidarios codiciosos de los medios reconozcan la necesidad de servir al ser humano y no a lo que le inspira sus momentos más dementes.Ante la propuesta de salir del pesimismo no se puede ofrecer una «salida del optimismo», pues eliminar las referencias para la acción es irracional. Quizá, entre el progreso (se lo atribuya la izquierda o la derecha) y la reacción o regreso (que se imputan una y otra mutuamente) la actitud prudente sería la de «**agreso**». Este término es un neologismo que se postula para nombrar una actitud de expectativa tensa ante la paradoja que produce comprobar que el «*progreso*» basado exclusivamente en lo material hace daño a seres concretos en nombre de un futuro desconocido (argumento de todos los totalitarismos) y el *progreso* basado exclusivamente en el logro inmediato de la justicia cierra las puertas a cualquier posibilidad de afrontar los retos de la complejidad actual (argumento de todos los milenarismos). Debemos ser capaces de no sentirnos necesariamente progresistas de lo tecnológico o de los moral, sino responsables de nuestro mundo ahora e, incluso, para cuando hagamos honor a nuestra condición de seres humanos incorporándonos al *humus* enteros o pasados por la pira. Esta actitud reclama a la derecha que haga del poder tecnológico una herramienta para la salud y paz planetaria. No para el embrutecimiento sofisticado de lo virtual mientras se acuartela en sus provocadoras urbanizaciones a la espera de otra vida en la que también habitarán las nubes más extensas y lujosas gracias a sus sicóticas gestiones espirituales. Igualmente, la actitud de agreso, reclama a la izquierda que su renuncia a una inmortalidad transmundana le dé la energía para afrontar el reto de diseñar y aplicar una política en la que el conocimiento humano, tanto científico y tecnológico como filosófico, se aplique eficazmente conforme a sus compromisos de justicia, pero sin acomodarse en la poltrona moral emitiendo tibios quejidos mientras disfruta de los logros materiales de la derecha.

21 Sep 2007

Fuego amigo

Hoy me he enterado, luego lo debe saber ya todo el mundo. Pero yo me he enterado hoy al seguir la pista de la enigmática expresión "fuego amigo" que empleó Felipe González ayer, en el homenaje a Jesús Polanco. Al parecer resulta que lo que denunciaba recientemente José María García como comportamiento irresponsable en la derecha mediática, va a darse en la izquierda tratando de debilitar al grupo que ha servido, con tanto acierto, de vehículo a la opinión pública que quería salir del tardofranquismo. Naturalmente se ha empezado por la intendencia, representada, en este caso, por los ingresos del deporte. Espero que las razones se hagan públicas y no quede en ambrosía informativa para iniciados. Estaré atento.

22 Sep 2007

Niños cresos en el país de nunca jamás

El mundo no quiere crecer, como en la fábula de Berrie. El mundo se ha vuelto adolescente como mezcla entre la mentalidad madura y la infantil. Aleación crecientemente infantiloide a base de dejarnos seducir por la abrumadora avalancha de mercancías absurdas que vienen a resolver enormes problemas inexistentes. ¿De dónde procede esta tendencia que parece llevarnos a la idiotez? Históricamente de los años cincuenta, cuando la prosperidad posbélica en el mundo occidental *enriqueció* a los jóvenes que se lanzaron a la búsqueda de diversiones sin freno. Al principio la solución fue convencional: coches, alcohol, pero, después, el ingenio de los artistas y sus gestores trajeron una industria nueva: la discográfica, el cine para jóvenes y nuevas formas más contundentes de inhibirse. En esta fase todavía los maduros resistían con Bogart a la cabeza manteniendo el sombrero y la corbata. Pero duró poco, una vez que los Beatles dejaron sus corbatitas escolares y buscaron en Asia la plenitud extática. De modo que en dos décadas se pasó de Troy Donahue a Sed Vicius. Nosotros los españoles esperamos a los años noventa, porque sin prosperidad no hay forma de que los jóvenes se conviertan en consumidores dignos de ser tomados en serio. En mi niñez sólo nos llegaba para regaliz y manzanas cubiertas de caramelo. De modo que hubo que esperar, pero nos hemos puesto al día rápidamente y ya estamos en condiciones de rejuvenecernos y tirar nuestro dinero, vía nuestros hijos, hacía los bolsillos de los prestidigitadores del llamado entretenimiento en la música, el cine, la televisión, sin entrar en tentaciones más peligrosas. El cine con películas ruidosas, violentas y con guiones tan previsibles como el atentado de ETA de este agosto. Situación de la que nos salvan los Eastwood o Iñárritu o, incluso, nuestro Almodóvar que ha viajado a contracorriente desde la astracanada al clasicismo por más que nos despisten sus hallazgos formales. Clasicismo fundado en lo auténticamente humano tratado con sabio humor. En la música del camino tribal nos salva poca gente, si acaso tradiciones eternas como el rock, el flamenco y el jazz o el blues cuando no son explotadas por fusiones efectistas o desarrollos imposibles con nombres como Elvis Costelo. En la televisión o las consolas se ha creado respectivamente escuelas de banalidad o de violencia. La primera se escuda en la posibilidad de cambiar de canal, cuando todos los canales muestran la misma miseria de adolescentes buscando la fama y la frustración en un solo gesto y patéticos seres adultos que nos enseñan sus pústulas morales a grito pelado. Las consola, por su parte, son un caballo de Troya de unos griegos inexistentes, pero que nos traerán graves problemas con su insensato propósito de ganarse adeptos ofreciendo lo peor a los más indefensos. Con el añadido de que ocupan a las mejores inteligencias en empujar a nuestros críos a un experimento sociológico de resultado incierto pero inquietante. Nuestros hijos son el objeto de ese gran experimento sociológico cuyo resultado veremos pronto. Ellos son la primera generación que ha crecido sin reproches y en la abundancia. Va a ser sumamente interesante como salen de tanta facilidad desmotivadora para hacerse cargo de la responsabilidad social, política y empresarial. Si todo va bien, habremos comprobado cómo el ser humano encuentra el equilibrio a cierta edad, por lejos que haya caminado y por absurda que le parezcan a la generación anterior las formas con las que envolvieran sus años de crecimiento. Si todo va bien, ni taladrarse la carne, ni los tatuajes irreversibles, ni las modas inspiradas en la cárcel o la pobreza, ni los pelados tribales, ni el lenguaje ininteligible y la superficialidad de su léxico sería otra cosa que lo que han encontrado a mano para presentarse como el relevo inevitable. Toda la vida el que ha imitado a sus padres prematuramente ha sido tachado de pijo o similar y el que aceptaba o contribuía al cambio generacional desde el menor detalle un ser integrado. Y todo eso, sin perder de vista que gran parte de la provocación es una propuesta de adultos avispados. Si todo va mal espero no estar para verlo. Sólo puede hablar directamente por lo que tengo más cerca. Y, eso, pinta bien. A lo mejor son ellos los que son capaces de derivar el enorme consumo en mercancías absurdas a resolver problemas verdaderos y disfrutar emociones genuinas, como las que implican la lucha contra el dolor y la pobreza. Y sin perder esta placentera generación de novedades formales aparentemente inagotables que la informática ha traído quizá para siempre. Para eso se necesita la complicidad de las grandes multinacionales para que dejen de proponer estupideces atractivas y ganen dinero con proyectos éticamente solvente. El milagro vendrá de la imaginación y ésta es ya de nuestros hijos.

23 Sep 2007

Padres emancipados

Los cincuentones de hoy dejaron tranquilos a sus padres con gran rapidez. Los no universitarios salieron con veinte años y los universitarios con unos pocos más. Ahora, sin embargo, sus hijos penden de ellos y más de la mitad no se van de casa hasta más allá de los 28 años. Estos padres sienten que de este modo se ha roto la cadena de sacrificios y cuidados que enlaza con suavidad unas generaciones con otras. Además se temen que, quien prolongó su estancia con ellos sin justificación, luego se desprenda de ellos con soltura enviándolos a un asilo. Por eso, algunos han decidido pasar a la acción. Esta mañana, con el telón de fondo de los pocos limoneros que quedan en la huerta de Murcia, una banda tocaba la Parranda con el director empeñado en que el público hiciera palmas como los vieneses con la marcha Radeski. Un rato después se charlaba en los jardines entre antiguas amigas y una de ellas suelta la bomba: "me he emancipado de mis hijos". A mi me ha sonado tan brutal como el divorcio de los padres que algunos niños han pedido a los jueces. En este caso, todo es más natural. En general se trata de viudos o viudas prematuras. El método: dejar a los hijos, con o sin sus compañeros, en la casa matriz. Una mañana te levantas, dices adiós y te vas. A veces ni lo notan.

21 Oct 2007

La próstata y el poder

Como todo el mundo debería saber, gran parte del semen proviene de la próstata, esa glándula que podía haber estado en cualquier parte menos envolviendo y, a ratos, estrangulando el canal de alivio. Por eso, cuando se practica la vasectomía no se eyacula *en seco,* aunque sí *en esteril.* Pues bien, la postración de la próstata probablemente explique, como mecanismo compensatorio, la potencia con la que se mantiene hasta la vejez la ambición de poder. ¿El poder es cosa de mayores?, evidentemente no. Nuestros presidentes democrático han sido jóvenes y se retiran jóvenes, pero sus próstatas decadentes les dicen que es un error de la sociedad porque en ellos sigue latiendo la pulsión de poder de forma irrefrenable y dolorosa si no se ejerce. Tal vez por eso ejercen ese poder en la sombra de sus influencias, en las presentaciones de libros, en el "ya lo dije yo" de las conferencias políglotas. Algunos se las arreglan para mantenerse en el uso del poder hasta casi ser nonagenarios, pero otras próstatas los empujan al retiro. Yo tengo varios amigos que no tienen próstata y, por tanto, están listos para el ejercicio del poder. Uno de ellos, muy querido, fue frenado en una oposición que, pásmense, dejó pasar a Aznar. Escuchando a algunos próceres como el PCGPJ o el FGE se convence uno de que tales filtros son agujeros por los que se escapan muchos de nuestros mejores potenciales dirigentes desesperados por el siniestro procedimiento. Este amigo es tan preciso que distingue entre tasa, contribución e impuesto, conceptos que confundimos todos los ciudadanos, pues todos nos parecen *cargas*. Mi amigo cambiaría los impuestos de forma racional si hubiera un partido de los sin próstata. Partido en el que, obviamente, habría muchas mujeres.

27 Ene 2008

Filosofía de la Arquitectura

Cada vez que veo un *consejo* publicitario que utiliza música clásica o imágenes imperecederas del arte (el primero o el séptimo) me temo un nuevo maridaje entre un significante sublime (la marcha nupcial de Mendelssohn) y un significado vulgar (un detergente). El mismo riesgo se corre con la filosofía o la arquitectura dos productos de la actividad intelectual del ser humano que inspiran fáciles metáforas cotidianas. Así, no es extraño escuchar que «la filosofía de este negocio es conquistar mercados» o que «la arquitectura de esta ley favorecerá su éxito» buscando la luz reflejada de su prestigio. Se habla incluso de Arquitectura Naval en ciertos ámbitos académicos. Esto no es ni malo ni bueno. Es, sobre todo, inevitable por la enorme potencia metafórica de la mente humana, que apenas captada la esencia formal de un concepto se divierte aplicándolo a otros campos. De esta forma obtiene nuevos y chispeantes nexos entre las palabras y sus referencias; entre el significante y el significado, de lo que son ejemplos luminosos llamar patología a una fisura; escenario al lugar en que se ha cometido un crimen; esperanza a la media aritmética; electrizante a una película, quijotesco a un comportamiento o brillante a una inteligencia. Pero la arquitectura es algo más que la mera estructura formal de algo. Es, tanto en su alma estética, como en la técnica la oportunidad que le damos a la materia para mutar en sorpresa y hábitat seguro. Su alma estética ha sorprendido al observador de todos los tiempos con momentos de lucidez tal que aún perduran en formas que llamamos Partenón, Notre Dame, El Domo (domus Dei) de Santa María del Fiori, Imafronte barroco de la catedral de Murcia, Saint Paul o mezclas de materiales que llamamos Casa de la cascada, Pabellón de Barcelona, Ópera de Sydney o Museo Guggenheim. En su alma técnica soporta la labor cotidiana de tejer paciente y peligrosamente cimientos y estructuras; vigas y pilares; estructuras y fachadas; paredes y estucos o, en fin, tejados y cielos en una lucha tenaz por hacer durable lo que tiene fecha de caducidad. Naturalmente salvo en sus mejores expresiones que son indultadas por el tiempo y nuestra nostalgia. La filosofía, por su parte, también es algo más que un aval de profundidad. Es, sobre todo, el modo en que el ser humano busca anhelante un sentido para su vida. En la filosofía convergen los conocimientos particulares para alimentar una síntesis que, si no es necesaria para el progreso de la ciencia, es imprescindible para que la humanidad no sea arrollada por su propia y vertiginosa actividad. La filosofía se dispersa a ratos y converge al regreso de sus viajes más erráticos. A veces es retorcida por los malevos hasta el punto de que los nazis pretendían aplicar en sus abyectos crímenes el imperativo categórico de Kant, supremo mandato moral. No siempre llega a tiempo y, como decía Hegel, puede ser como la lechuza de Minerva, que levantaba el vuelo al ocaso. Pero siempre se ofrece de forma incansable para sacarnos del atolladero al que nos conduce lo peor de la naturaleza humana. Por eso, cuando hablemos de la arquitectura de una estrategia empresarial o de la filosofía de un club de fútbol no olvidemos que corremos el peligro de banalizar dos monumentos de la producción intelectual humana. Dos fuentes copiosas de vida y felicidad verdaderas y genuinamente humanas: el cobijo y el pensamiento. Dicho esto confío en que les haya parecido correcta la arquitectura de este artículo y su filosofía de fondo.

27 Ene 2008

¿Por qué no?

Hay muchas etiquetas con las que nombrar la época, pero la más potente y, al tiempo, banal es la pregunta ¿por qué no? Con ella se demuele la seguridad de cualquier discurso o creencia. Nunca hasta esta semana había conocido un ejemplo más *ejemplar* de lo que esa pregunta significa y me van a entender enseguida. Se trata de las declaraciones de ese empresario que´dice no necesitar el dinero, pero no renuncia a él aunque esté ligado a la muerte de un niño. ¿Por qué no va a tratar de cobrar una indemnización por los daños sufridos por su débil coche al chocar con el potente cuerpo de la víctima? A ver, ¿por qué no?

27 Ene 2008

El fin de la utopía

Si se había pensado que el mandato constitucional de vivienda digna para todos estaba al alcance, por los años de construcción galopante, ya puede olvidarse. El fracaso norteamericano en materia de hipotecas indica claramente que no es posible financiarlo, porque en cuanto se ha puesto el dinero barato y la gente ha acudido en tropel se han vaciado los bancos de dinero, la mitad del cual ha enriquecido a unos pocos, ha puesto en peligro a unos muchos y ha comprometido a dos generaciones para el resto de su vida. En el peor de los casos se ha producido la pérdida irreparable de los ahorros de jóvenes que vuelven la vista hacia nosotros con el rostro perplejo. Necesitamos saber si la riqueza particular, por habilidad financiera u osadía empresarial con el dinero ajeno, alcanza niveles que podemos considerar la comisión inofensiva del codicioso o llega a valores desestabilizadores del conjunto del sistema. ¿Alguien tiene las cifras?

04 May 2008

Combatir el comunismo. ¿Fue inteligente?

A la vista de la capacidad perturbadora de las economías asiáticas por su tamaño colosal, ¿fue inteligente, desde una concepción egoísta de la geoestrategia, combatir el comunismo?. El muro de Berlín se levantó para evitar la huída hacia occidente. Por tanto, no había riesgo de que occidente se dejara influir por las propuestas del otro lado. Pero esas economías primarias eran sobrias y austeras. Su consumo de energía estaba contenido. Ahora, una vez que han descubierto que la economía capitalista se combate con más y mejor capitalismo, será difícil frenar su creciente influencia. Ahora, sí que es urgente su democratización. Esperemos que la riqueza traiga a los ciudadanos el deseo de elegir a sus gobernante.

Tanto esfuerzo de preclaras inteligencias, como Kisinger y demás cofrades, o esfuerzos de hábiles torturadores bananeros han producido un paradójico resultado: los odiados enemigos se han convencido de su error ideológico, han aprendido el *camino recto* y se van a merendar el pastel. Es decir, el planeta (o lo que hayamos dejado nosotros).

08 Jun 2008

Como todo el mundo puede comprobar los monos de los pilotos de fórmula 1, incluido el de nuestro compatriota Fernando Alonso es un panel agobiante de publicidad. Este modo de optimizar la superficie del cuerpo del deportista me inspira la siguiente absurda reflexión: de una parte, el sistema económico nos invita a todos a convertirnos en empresarios autónomos o jugadores de bolsa y, de otra parte, el tiempo y el espacio que podemos emplear en publicidad es limitado. Como la condición de "todos empresarios" convierte en prácticamente ilimitada la necesidad de llamar la atención de los potenciales clientes, habrá que ir pensando en ocupar espacios hasta ahora reservados a un uso privado. Al final de este comentario propondré un lugar donde colocar publicidad cuando se agoten las 24 horas de radio y televisión y el espacio publicitarios de carteles, fachadas de edificios y calzadas de carreteras y ciudades. Antes llamaré la atención sobre el hecho de que hace ya algunos años que se ha difuminado la frontera entre radio o televisión propiamente dicha y espacios publicitarios. Desde desenfadadas conversaciones entre el locutor y la representante de la empresa anunciante acerca de las últimas novedades para hombres hasta acelerar la velocidad del parlante o simultanear las retrasmisiones deportivas con anuncios escritos o hablados. También, comprobamos que en las entrevistas en televisión cada vez se ve menos al entrevistado que queda tapado por botellas de agua y, ultimamente, por una pantalla que muestra distintos cortos publicitarios. Esta rotura del sello sagrado que hacía inviolable la puerta que separa "la realidad" de la publicidad, hará que en el futuro TODO sea publicidad, todo tenga sesgo. Pero, como decía, hago una propuesta anticipatoria: que todos nosotros llevemos en nuestra ropa publicidad (como el mono de Alonso). Al principio, para ir ganando adeptos, se dará un incentivo económico a los pioneros. Después, cuando todos hayamos picado, se retira el incentivo y se le baja el sueldo al que se quite su mono.

14 Jun 2008

Cuando un monte está cubierto por vegetación está protegido. Por el contrario, cuando está desnudo la erosión lo iguala con el valle. La sociedad y, sobre todo, sus componentes, está protegida por la acción de numerosas instituciones de carácter secundario que llegan a donde no lo hace el Estado y no se rigen por criterios de beneficio. Son las ONG, las iglesias, los colegios profesionales, los clubes deportivos... Desde que los años setenta se decidió en algún lugar acabar con el manto vegetal de la sociedad occidental la demolición ha ido avanzando y, ahora, empieza a ser percibida. La razón de esta imprudente estrategia era que se consideraba que todo el dinero debía estar disponible para la empresas. Todo el dinero, el propio y el ajeno. ¿Cómo lograrlo?. Pues, de una parte, bajando intereses para que nadie quisiera tener el dinero en el banco y, de otra, liberando todo el dinero retenido en las asociaciones intermedias mediante su eliminación progresiva. Y en eso están, unos y otros, porque al final las decisiones políticas las toma el ministerio de economía y, este ministerio es siempre el mismo, gobierne quien gobierne. De hecho el cambio de ministro es para disimular y allí todo el mundo lee a Friedman. De este modo, se aspira a que el dinero pase de la empresa a la empresa, con la única intermediación de los bancos para la correspondiente redistribución. Así no quedará retenido ni un euro que pueda ser gestionado con criterios no mercantiles. ¿Y los jueces?, bueno esta institución va a ser el único garante, antes de ser neutralizada, de que las inevitables injusticas sociales que este descabellado sistema de desguarnecimiento de las laderas sociales producirá, no lo sean como resultado del robo descarado por parte de los impacientes. Es decir, aquellos advenedizos que quieran entrar jóvenes en el recinto para privilegiados donde puedan disfrutar de su excelencia. Recinto que, obviamente, tendrá que proteger un ejército privado proporcionado por una sociedad anónima ya que el Estado será la última institución mediadora entre recursos y propósitos que será eliminada, cuando haya realizado su último servicio. Un disparate que cualquier biólogo rechazaría para proteger al monte y a los propios cauces receptores que no saben que recibirán el agua, pero también el fango.

Vuelta al estado de naturaleza

Estaba hablando con Paco cuando la conversación propició la idea paradójica de que cuánto más dominio adquirimos sobre los mecanismos de control más inseguridad personal se genera. Es decir, hasta ahora, se consideraba que, a pesar de la vacilante marcha de las mejoras sociales e institucionales, la capacidad de inventar mecanismos convencionales del hombre nos alejaba de la incertidumbre que la naturaleza supuso para los primeros habitantes de la Tierra. De esto modo, lo artificial era la seguridad y la naturaleza lo temible por su comportamiento aleatorio e irracional. Sin embargo, cuanto más avanza el liberalismo sin matices (si se admiten matices, podemos hablar) más segura se vuelve la naturaleza de puro ser domesticada con cemento y asfalto y más inseguro resulta el ámbito social en el que la mayoría debe ganarse la vida. Y ello porque la minoría necesaria para emprender nuevas cosas cada vez cobra una mayor comisión por su tarea y, en su afán, de ganar infinito para la tontería lujosa, más nos mete a todos en un enredo del que nos costará salir. Un buen ejemplo es la crisis actual con tanto valor de futuro lastrando el presente y tanta imaginación para contaminar el flujo de finanzas con ideas cuyo único resultado es más clientes para Armani y menos para los supermercados.

La crisis hipotecaria. Una explicación

Erase una vez unos bancos con dinero procedente de los ahorros de los ciudadanos. Entonces unos listos propusieron hacer casas para muchos y los bancos decidieron que era una buena cosa y les invitaron a llevarse el dinero que tenían para pagar esas casas. Como el dinero se acabó se compró a otros países. Cuando las casas se hicieron los bancos pagaron a los listos que se quedaron con su comisión (aproximadamente un tercio del total) y se largaron. Entonces "los muchos" empezaron a tener dificultades para pagar cada mes la hipoteca. Los bancos les quitaron las casas, con lo que "los muchos" perdieron la casa sin pagar y los ahorros que pudieran tener. Los bancos ahora tenían casas, pero no dinero, con los que todas las actividades del país se resintieron. Además tenían unas hermosas deudas con los bancos extranjeros por el dinero pedido para completar la operación de endeudamiento de quien se sabía no podía pagar. A todo esto, los listos estaban en Kenya cazando cuadrúpedos, "los muchos" caen en la cuenta de que el sueño se convirtió en pesadilla y los bancos reflexionan sobre su ligereza para competir por ver quién iba más rápido al desastre. Pero no se les ocurre que lo mejor sería dejarles las casas a "los muchos" y renegociar plazos y modos de pagar antes que enriquecer más a los listos que están esperando a las puertas de los juzgados para comerse dos veces el mismo pastel. (Firmado en Illinois a la puerta de las Torres Sears en una silla de enea).

03 Ago 2008

Los urbanistas modelan en planta y a grandes trazos. Después los proyectistas modela el espacio arquitectónico dentro de la espacio límite de los urbanistas. Pero siempre lo hacen pensando en el espacio interior y nunca en el conjunto de elementos urbanos y el espacio creado entre ellos. Resultado: las ciudades son feas, muy feas, confusas, muy confusas vistas desde fuera de sus límites a pesar de los grandes esfuerzos que hacen los fotógrafos especializados o la belleza individual de algunos edificios icónicos. Las ordenanzas fijan los límites, pero no siempre es necesario llegar hasta ellos. Al hacerlo se deja en mano de las ordenanzas el aspecto de la ciudad. Las cuatro torres de la CDRM (Ciudad Deportiva del Real Madrid) las han diseñado las ordenanzas y, así, vistas desde la T4, parecen las chimeneas de un viejo proyecto industrial abandonado. Cuando se consiga que el capitalismo funcione bien, es decir se regulen sus extremos (es decir, cuando las ranas críen pelo), tal vez se practique un urbanismo tridimensional que haga de las ciudades premeditadamente lo que hasta ahora sólo ha conseguido lo impremeditado favorecido por la pobreza de medios y en tiempos ya pasados: ciudades laberínticas y amables, emocionantes y protectoras

05 Ago 2008

Un crítico pierde el tiempo hoy en El País tratando de neutralizar los reproches que han recibido los arquitectos estelares que han contribuido al éxito formal de los Juegos Olímpicos de China con sus edificios. Y pierde el tiempo porque la Historia muestra que prácticamente todo los edificios asombrosos que constituyen el catálogo clásico de la arquitectura (para nosotros) fueron encargados por el poder imperante en cada momento. Poderes que sólo han sido democráticos hasta hace bien poco. Por tanto no hay que defender a los arquitectos de ahora que hagan lo que todo profesional de la arquitectura, o no, han hecho siempre: atender la llamada de los honorarios y, sobre todo, de las posibilidades de desplegar su creatividad o conocimientos. Lo preocupante es que, en su afán de llevar a cabo una defensa innecesaria de la arquitectura, la presente como el oráculo que ha visto que "... su modelo autoritario (el de China) resultará más eficaz que el capitalismo liberal". ¿Más eficaz, para qué. Esperaré a que conteste en un próximo artículo, en cuanto se dé cuenta.

El glamur pekinés o quién la tiene más larga

Bueno, ya sabemos dónde está el listón: en el cielo del paseo de Li Ning. El entusiasmo de una televisión española no logró enmascarar la verdad: la ceremonia de Barcelona se mostraba a nuestras retinas, después de la exhibición china, más cerca de las celebraciones sindicales que del espectáculo apabullante en el estadio de Pekín. Pero se equivocan los londinenses (Londres es la próxima sede olímpica) si consideran que esto es insuperable, porque eso ya lo pensaron los griegos que vieron la primera en el año 776 antes de Cristo. Hitler en 1936, y mientras le llegaba el trago de Owens, también pensó que el estadio que le había construído Werner March y el público entusiasmado de nazis proporcionaban un espectáculo imposible de superar y envidia del mundo. Ese mundo que pensaba empezar a conquistar tres años después (en la foto Hitler llega al estadio el 1 de agosto). Por cierto, igual que ahora en Georgia sale de nuevo a pasear la bestia mientras nuestra globo ocular refleja miles de colores, nosotros llevábamos ya 15 días dándonos tiros en la nuca cuando Adolf bajaba la escaleras. Así pues, queridos londinenses, no sufran, la capacidad de la tecnología para provocar pasmo es infinita. No olviden que la realidad virtual (y no quiero dar ideas) está ahí esperando para convertir al siguiente estadio en una fiesta en la que el pebetero podrá encenderlo el mismísimo Eduardo VIII (record mundial en crímenes reales por amor) mientras los espectadores experimentan sensaciones que dejen la sicodelia en entretenimiento de novicias. En cuanto al estadio (teatro) olímpico ya no será un nido, pero la ingeniería actual hará posible cualquier sueño de los políticos para inspiración de los arquitectos llamados a la gloria simbólica. Propongo un toro (que, como todo el mundo sabe no es una mamífero con cuernos) con sus isostáticas con los colores de la Union Jack. Sarcasmos aparte, la cuestión no es esa. A estas alturas parece mentira que, una vez más, olvidemos lo esencial. Creo no ser un cascarrabias, pero siendo la ceremonia de ayer extraordinaria también fue, sobre todo un ejemplo de la concepción maquinal y marginal del hombre, posible, precisamente, en un país en el que hasta su presidente no sería reconocido por las calles (de mi pueblo) porque las probabilidades asignadas a cada individuo están cercanas a cero. Por eso, toda la inteligencia está aplicada al control antiguo, al basado en el miedo. Curiosa situación la de un país que viene del movimiento inmisericorde de masas y está creando las bases para la multiplicación de las individualidades. Esperemos que la pujanza de un sistema económico con esa potencia rompa la cáscara rígida del sistema híbrido actual. Pero más allá del éxito esperado de China en su democratización es desolador que vayamos hacia un mundo en el que la profética expresión de Mc Luham sobre medios y mensajes esté llegando a esta reunión de jóvenes hasta el punto de que la ceremonia inaugural se convierta en la expresión del éxito del acontecimiento y de un país entero. Por ahí vamos a ver muchos disparates. Al tiempo (quien lo tenga)

¿Dónde está el dinero?

La crisis parece resumirse en que los bancos norteamericanos aceptaron conceder créditos a clientes potencialmente insolventes dando lugar a activos que fueron luego maquillados como activos atractivos que fueron usados en operaciones especulativas que aumentó su valor, que podríamos llamar, ficticio, gaseoso. Cuando se corre la voz de que la insolvencia potencial se convierte en real porque los endeudados empiezan a no pagar, los bancos advierten que una importante parte de sus activos no tienen valor y que son sospechosos para sus colegas que los retiran del flujo interbancario dejándoles sin liquidez. Entonces, los bancos en crisis sólo han sido desacreditados para participar en el flujo de dinero ajeno pero conservan "el suyo" o bien el "realmente" el dinero ha desaparecido de donde se le esperaba. Entonces, veamos, cuando el Gobierno USA acepta comprar las hipotecas contaminadas ¿las paga por la cantidad que deben sus propietarios (provisionales) o por lo que esos activos han sido valorado artificialmente?. Es decir, se quiere volve a la situación original o a la ficticia. Y, terminando: el dinero falta en algunos bancos que rompen la cadena de la confianza, pero alguien se llevó el dinero de la especulación posterior agravando el problema de los bancos crédulos que multiplicaban el valor de sus activos ficticiamente y, además, alguien ganó con la venta de las viviendas. Él dinero no parece estar donde se le necesita para mantener la economía activa. Entonces ¿Dónde está ese dinero si no está en los bancos?

11 Oct 2008

Como todo el mundo sabe en España gracias a Alonso, cuando hay un accidente en una carrera de F-1 sale un coche de la organización llamado Safety Car que neutraliza las distancias entre los coches en carrera para que los accidentes no se encadenen. Algunos coches pierden la ventaja que llevaban y otros recuperan la desventaja acumulada, pero nadie sufre un accidente. La crisis financiera, que es una crisis de confianza interbancaria provocada porque uno o varias instituciones bancarias han sufrido un accidente por su falta de prudencia, puede producir una catástrofe de choques en cadena. Hace falta eliminar la desconfiaza y neutralizar las ventajas entre los buenos y los malos gestores para que no colapse el conjunto. Puesto que el dinero no ha desparecido pero no fluye ni entre bancos ni hacia las empresas, es necesario una intervención muy especial. Sobre todo después que los intentos de los gobiernos desde fuera de los centros de decisiones de los bancos no han sido suficiente para acabar con el egoísmo y el miedo de cada uno de ellos. Esa acción especial no puede ser otra que intervenir los bancos para conocer su estado real y obligar a operaciones de financiación cuyo riesto compartan todos y que active la economía real. De este modo se acaban, hasta que se pueda retirar el "safety car", las decisiones particulares de cada banco que salvan su situación y, al tiempo, contribuyen a crear las circunstancias para que todos vayan al desastre y nosotros con ellos. Cuando pase el peligro, vuelta a corre cada uno por su cuenta. Esperar a que bancos e inversores se sacrifiquen por la causa manteniendo sus precarios activos y operando como hace un año es esperar sentados a que llegue el apocalipsis. ¡Ah! y antes de que la ira de "los espectadores" provoque, además del susto financiero el pánico político y social, convendría actuar con algunas detenciones ejemplares de los aventureros de la fantasía financiera que se ríen con sonrisa ebria gastando obscenamente el dinero de todos.

19 Oct 2008

En el Crash del 29 los potentados se suicidaban. En el del 08 se van de juerga a un resort. Ya no quedan hombres (ni mujeres). En todo caso, no puede ser que una serie de actores obscenamente codiciosos (remember Keneth Lay) y un serie de controladores obscenamente corruptos (remember Arthur Andersen), con la ayuda de generosos predicadores de la ortodoxia bancaria (remember Amusátegui y Corcóstegui) hayan creado tal clima de irresponsabilidad que comprometan la vida real de tres generaciones sin castigo. Porque ¿qué va a ser de la salud, la educación, las jubilaciones... tras este dispendio de dinero público?. Y ¿qué decir de los responsables políticos que están dando vueltas temerosas alrededor del problema sin abordarlo de frente?. Están esperando mucho para llevar a cabo la única acción posible: gestionar de forma coordinada todos los bancos del país para que el crédito vuelva a la economía real saltando por encima de los problemas particulares de cada uno de ellos. Cuanto más se tarde, más daño y más cólera. Si Paul Getty dijo aquello de que "cuando corra la sangre, ¡compra!", que sus descendientes vayan preparando el dinero. Me falta gente en la cárcel.

05 Ene 2009

¿Cómo horrorizarse con los que ocurre en Gaza sin caer en el antisemitismo?. Pues con un sutil bisturí que separa la condición de raza, religión y nacionalidad. Barenboim es buen ejemplo de sutileza humana y compromiso activo. En Gaza está actuando lo peor de cada uno de los pueblos: el fanatismo y el cálculo político a su servicio y al revés. Con una diferencia: la ausencia de simetría en la fuerza poseída y utilizada. Los cohetes de Hamás

más parecen un asunto policial, en el que Israel podría mostrar la potencia de sus servicios de inteligencia. Sin embargo movido por otros objetivos inalcanzables promueve el sufrimiento de inocentes ¿o todos los palestinos son culpables? aumentando la densidad de la algosfera (la capa del dolor) que alimentará el odio del futuro. ¿Cómo es posible que tanta gente se equivoque tanto en tan poco tiempo al tomar sus decisiones políticas y militares?. En el otro lado, ¿qué tipo de estupidez no catalogada es la que embarga a los dirigentes de Hamás?. Me recuerdan al juego de farol de Sadam Husein provocando sin respaldo real. ¿Qué locura es esta que espera que el sacrificio de los propios desacredite la locura de los otros?. Estas situaciones que ponen a prueba el nervio moral de cada uno tienen sus propios disparates. El más grande que he leído lo ha proferido el escritor israelí Abraham Yeshoshúa que ha dicho lo siguiente: "La comunidad internacional dice que es una respuesta brutal y demasiado fuerte. La gente habla de David contra Goliat, pero hay que darse cuenta de que la capacidad de sufrimiento de los palestinos es mucho mayor y eso les hace más fuertes. Por eso nuestra respuesta tiene que ser mucho mayor, porque hay que hacerles entender que tienen que parar los cohetes. Una respuesta moderada no les impresionaría." ¿Sobre qué escribe este escritor? Si hace literatura y considera que hay seres humanos que necesitan más dolor que otros, ¡estamos perdidos!

¿Para qué la filosofía monsieur Glucksmann?

El señor Glucksmann firma como filósofo y reprocha que se emplee la palabra "proporcionalidad" en el caso de la agresión de Israel en Gaza. Dedica todo un artículo de distribución internacional a una metafísica disquisición sobre la palabra, pero, en realidad, lo que quiere es curarse él mismo de buenismo, ese insoportable estado de conciencia al que se enfrenta el ser humano en el postcristianismo. Creíamos estar lejos del salvajismo, que era cosa del pasado. Pero, cuando nos damos de bruces con la violencia despiadada practicada "por los nuestros", estrangulamos lo que de ángel haya en nosotros para dejar que actúe la bestia (el ángel de Pascal es el fanático religioso no el ciudadano sensible y lúcido). El señor Glucksmann se libra de la nausea de forma civilizada: con las palabras, argumentando, ¿filosofando?. Su artículo es lamentable, al final sólo queda el eco de su lucha por rechazar la matanza de inocentes yendo más allá de la piedad: hacia la nada. Señor Glucksmann, ¿ha olvidado ya a Chechenia?, nadie se engaña sobre la estupidez criminal de Hamás, pero usted sí se engaña sobre la brutalidad israelí.

22 Ene 2009

Consumo virtual

Dada la inoperancia de las autoridades para atenuar o parar la depresión anunciada es que vale decir tonterías. Ahí va la mía: un mundo económicamente dinámico y sostenible será aquel que oriente todo el consumo de carácter suntuario o para calmar la pulsión de compra a productos virtuales que no dejen residuos y, complementariamente, aceptar el producir con residuos exclusivamente aquellos productos imprescindibles para las funciones de supervivencia: comer, vestirse, cobijarse y conocer. Todo lo demás sobra.

22 Ene 2009

Son de los nuestros

Nota breve para Rafael Schulz, embajador de Israel en España: su queja de que la protesta por las atrocidades de Israel en Gaza es una prueba de antisemitismo, basada en que no se protesta por las atrocidades en el Congo (pongamos por caso) es falaz. Saltamos como un resorte por la crueldad mostrada porque ustedes "son de los nuestros" y no los reconocemos en su comportamiento inhumano.

Mi hija y los banqueros

Mi hija siempre ha tenido ocurrencias divertidas. Una vez, con 7 años, cuando nos oía hablar de una época muy anterior a su nacimiento, preguntó aquello de "¿dónde estaba yo en entonces?" Por lo visto "el ser" no concibe el "no ser", luego había que estar en alguna parte antes de nacer. En otra ocasión cuando me acompañó a hacer un ingreso en el banco (tiempo de ingresos en metálico) me preguntó ¿cómo saben los bancos cuál es tu dinero cuando vengas a sacarlo si se mezcla con el de los demás? Me pareció un chiste ingenuo de una niña. Pues no, estaba equivocado. Los banqueros de Wall Street piensan lo mismo. Hoy he leído en El País (viernes 30/01/09 página 4) que Obama los ha llamado sinvergüenzas por pagarse cantidades obscenas, cuando han recibido enormes cantidades procedentes del común para sacarlos de las crisis en las que su estupidez los había metido. ¡Y ellos han respondido igual que mi hija de siete años! pues declaran que "no les constaba si esas primas... habían sido abonadas directamente con el dinero que han recibido del Estado". ¡Pero ellos tiene cincuenta años! y, además, saben que se puede mezclar el dinero "sin perder la cuenta". ¿Sólo les ha llamado sinvergüenzas? ¡Aquí va a pasar algo...!

El círculo viciado

Si los bancos no dan crédito, las empresas cierran, los trabajadores se van al paro y dejan de consumir, de adquirir patrimonio y acaban perdiendo el ahorro, vaciando los bancos, que no dan crédito, que...¿Cómo se sale del círculo? Evitando el desastre del paro. Y sólo hay una manera racional, utilizar los recursos que tengamos en que trabajemos la mayoría en producir bienes duraderos, para que no hundamos el futuro, pues mantener el empleo produciendo fungibles es la ruina. Es la ocasión para dejar caer los sectores frívolos y trasladar los recursos a las infraestructuras, el conocimiento, las comunicaciones y... las viviendas. Sí, las viviendas, pues hacen falta aunque no se puedan pagar, ni haya crédito para ellas. Los ciudadanos y los empresarios somos culpables de hedonismo y de codicia, pero los bancos los son de incuria y ceguera, pues está claro que no reconocen su parte de responsabilidad en su propio endeudamiento para exprimir la fantasía general en la que estábamos. Y dado que gente tan inteligente y que de forma tan enérgica nos explica nuestros errores, se muestran incapaces de ofrecer una solución coordinada los bancos deben ser intervenidos, aunque, en ningún caso, nacionalizados. Un gestor coordinador debe conocer los balances de los bancos principales para, después de fijar la situación para el reparto proporcional de pérdidas y ganancias tras el periodo excepcional, pasar a regular el flujo de dinero para el bien común. Si con lo que está cayendo y con la riada que se ve venir no dejan su egoismo suicida, estos gestores llenos de soberbia deben ser apartados. Mañana es tarde. Cada día comprobamos que las soluciones parciales son parches para tranquilizar la conciencia política. ¡De prisa, de prisa! o pronto tendremos una revuelta general en medio de los últimos signos de la reciente riqueza.

03 Feb 2009

El burbujeante precio de la vivienda

Hace año medio pensaba que la vivienda nueva no podía bajar su precio porque estaba prensada entre el precio del suelo y la especulación con la vivienda acabada. Y no porque existiera un aspirador en forma de dinero barato, sino estructuralmente porque las viviendas serán necesarias mientras crezca la población. Cualquier ligero balanceo en la economía para un ajuste como los presumidos hasta ahora sólo colocaría los precios en una meseta de espera. Pero ante un hundimiento tan descomunal como el actual, en efecto, las viviendas han bajado en porcentajes notables, pero ofreciéndose a un mercado ¡que no puede comprarla". Es decir es una bajada para los pocos buitres que queden por ahí, que no necesitan la casa, ni la prosperidad general, sino es para evitar la molesta mendicidad o la peligrosa delincuencia. ¡Ah!, si suman ustedes las inyecciones de dinero de todos los paises para sostener grandes grupos financieros, el resultado es un centenar de veces mayor que el costo inicial de las hipotecas subprime. Luego, por favor, no se hable más de ladrillo y burbujas inmobiliarias. Ha sido la titulación del crédito y la estupidez de los financieros la que ha hecho que doscientos mil millones de dólares de agujero se haya convertido en un socavón de billones, billones que ahora estarán donde no hacen falta, ¿quizá comprando viviendas baratas?

15 Mar 2009

La metáfora de Narayama

En un Japón medieval la subsistencia dependía de los brazos capaces de trabajar en el campo. No hay lugar para los ociosos, ni de vocación, ni por edad. Por eso la Montaña de Narayama se traga a los ancianos que ya no pueden ganarse su propio sustento. Un viejo muerto deja lugar para un niño nuevo, que es una promesa de músculo para el campo. Nuestra sociedad en el vértigo de la producción basada en la codicia y la publicidad desorientadora, nos ha llevado en medio del oropel a una situación parecida, con un añadido sorpresa, en el paquete de damnificados iba el propio planeta. Toda sociedad debe ser capaz de producir sólo la proporción de superfluos que no comprometa las necesidades más primarias (salud, comida, vestido, cobijo y conocimiento). Si se pierde el norte, para cuando advierta que ha gastado tiempo (factor económico por excelencia) y recursos en producir absudos productos destinados al olvido, es tarde. Nuestra generación está citada con su sensatez y ha llegado tarde. La *subprime* no son otra cosa que un pretexto o, mejor, han sido el campanazo. El problema es más profundo. Mares de bolsas de plástico y mares de chanclas infectan nuestros oceános. Son el indicador de nuestra estupidez. Huyendo de Narayama hemos llegado a Narayama. Nota.- La Balada de Narayama es una película de Umamura que ganó la Palma de Oro en 1983.

16 Mar 2009

La metáfora de Narayama (secuela)

Los dramático de la actual situación es que no son los ancianos sólo los que están siendo excluidos, sino los jóvenes, que no encuentran un modo digno de empezar a hacerse cargo de sus responsabilidades. Las cosas suceden como si los adultos instalados en su egoísmo han desviado tantos recursos a bienes superfluos que han consumido las posibilidades de los jóvenes. Narayama es una montaña a la que enviamos a nuestros hijos a desfallecer porque hemos creído que no los necesitábamos, que su fuerza y su inteligencia podían ser sustituidas por la tecnología.

18 Mar 2009

¡Era mentira!

La tercera generación de neoliberales (los de Tacher y Reagan) creían o hicieron creer que era necesario favorecer la riqueza de unos pocos para asegurar la prosperidad de unos muchos. Pues ha sido mentira en el sentido profundo que le dan al término los pragmatistas: es mentira porque ha fracasado. Un engaño, un laberinto de espejos en el que todos hemos visto nuestra imagen con trajes de alpaca y cuello de camisa mirando hacia atrás rodeados de corbatas llamativas junto a trajes de diseño compitiendo en los ayuntamientos y los parlamentos. Un engaño que ha sido posible por el poder ilusionista del color, la tersura y la trasparencia que la tecnología posibilita. Pantallas de plasma para el engaño, edificios de superficies pulidas para la conspiración de la codicia. ¿Burbuja inmobiliaria? ¡qué tontería! ¡pobre construcción!, burbuja planetaria, estupidez global. Con un resultado abrumador: el futuro de nuestro hijos comprometido por habernos comido el planeta por los polos para transformar su energía, conservada durante evos, en tonterías sin remisión y en residuos respulsivos. Y como metáfora el golf. Un deporte que consiste en "meter una bola" (una trola, habría que decir) en un agujero (el de nuestra boca abierta de papanatas).

18 Mar 2009

Póker de ases de la producción sensata

Hemos creado un sistema productivo en el que, con el único criterio de la riqueza individual y con la ayuda de la seducción publicitaria, no hay control sobre la sensatez de los producido. Hay un poker de ases de la producción que debían reclamar el 80 % de los afanes sociales: la salud, el alimento, el vestido, el cobijo y el conocimiento. Todo lo demás (de las joyas a las armas) debe quedar para lo que sobre y no al revés como ha ocurrido hasta ahora. La próxima crisis no debería pillarnos teniendo que paliar el paro apuntalando productos que nos sean del poker de ases. Hay que reconducir la producción a bienes intangibles como la salud o el conocimiento y muy, muy, muy tangibles como las infraestructuras para el cobijo y el transporte público. Si no cambiamos, el oro de nuestros escasos recursos naturales se convertirá, para desgracia de nuestros hijos, en el cobre de nuestros fútiles aparatos para la distracción. Con las cosas importantes que hay que hacer, ¿por qué hay que distraerse todo el rato?

05 Abr 2009

Los países no quieren perder talento, inteligencia, conocimiento, creatividad y, por eso, ¿qué hacen? ¿pagar a jóvenes o maduros científicos sueldos muy importantes y proporcionarles medios sofisticados para la búsqueda de soluciones a los problemas de salud, alimentación...? ¿Estimular la buena docencia y la extensión del conocimiento para que toda inteligencia tenga su oportunidad de ser reconocida y formar buenos ciudadanos?. NO. El único talento que les preocupa al parecer es el de manejar grandes empresas, bancos o entidades financieras. Para estos talentos gestores, dinero en cantidades obscenas, respeto a sus contratos, protección para que puedan evacuar sus oráculos. Pero ¿qué decisión brillante, qué acción audaz, qué intuición asombrosa, vale un sueldo equivalente a un presupuesto estatal? ¿qué pérdida de referencias ha experimentado el mundo para soportar el engaño sostenido de que las ideas en la planta 70 de un rascacielos tienen más valor que las que se dan en la planta baja de un laboratorio o un universidad? Esos extraños y silenciosos seres revestidos de alpaca y cordobán a los que rara vez se les escucha y cuando abren la boca no dicen nada más que obviedades y suele ser delante de un juez, estoy convencido que aceptaría sueldos más razonables si otros no los cobraran. Es decir, la cuestión es de agravio comparativo, de mera envidia, como con los deportistas, que son el segundo enigma en materia de sueldos. Una personita de 20 años con habilidades atléticas seguro que encontraría natural cobrar un millón de euros si el que más gana en su entorno gana un poco más, pero le resultará "insoportable" si los demás ganan seis u ocho millones, momento en el que "dejan de ser felices". Esta infelicidad es la que experimentan nuestros ejecutivos en sus agresivos todoterreno y desde sus sobredimensionadas mansiones. Que Prozac les asista.

11 Abr 2009

Soy raro, ¡quiero pagar!

Raro quiere decir poco abundante y abunda poco el consumidor que quiera pagar por los servicios que recibe. He aquí en la **gratuidad** el primer principio del hundimiento de los rescoldos de la verdad que quedan. Toda acción consume energía y toda energía tiene un dueño. Si queremos acciones gratis nos estamos engañando porque el dueño de la energía consumida nos la cobrará por otro lado. En el caso de la información, deformándola a su favor. La gratutidad es defendida por los jóvenes que se bajan cantidades masivas de música cargados de razones sobre la carestía de los CDs. Como tienen derecho a satisfacer todos sus deseos, no se puede consentir que haya impedimentos tan poco consistentes como los derechos del creador. Si fueran consumidores inteligentes serían consumidores moderados, lo que les daría el poder de la elección y por tanto la influencia sobre los precios. Esta **inmadurez** fue percibida hace décadas por los empresarios del entretenimiento e hincaron el diente ahí. Y todavía no lo han soltado. El joven es el consumido ideal por su inmadurez desde el momento en que contó con dinero. Desde ese momento originario, el mundo cambió y todo, ¡incluso la política! se ha transformado en espectáculo, **entretenimiento**. Los empresarios del entretenimiento ya no se dirigen a los padres, que no comprenden nada, sino a los hijos con paga. Pero los empresarios son adultos que han cavado su propia tumba, porque hasta la discoteca y la bebida se podrá servir por Internet y, entonces, la querrán gratis. Pero de esta situación hay víctimas sorprendentes que caen sin saber quien les dió el golpe fatal. Así, la verdad, la belleza y la bondad, nada menos. Y no en sus caricaturas platónicas o escolásticas, sino en su versión moderna de intentos palpitantes de construir un mundo soportable. Su fracaso nos trae la confusión entre la información y la publicidad, la zafiedad como estándar natural y la muerte gratuita ante el menor intento de resistirse al deseo. Todo esto envuelto en la tersura de la juventud y el brillo del plasma. Es un vértigo de consolas, móviles y láseres que se lleva, quizá para sorpresa de los propios deseantes, los recursos para las viviendas, el estudio y la educación en la *áurea mediocritas* necesaria para hacer de la vida nuestro auténtico hogar, aún con todos sus desconchados.

12 Abr 2009

Si no estás de acuerdo, razónamelo. Lo que yo creo es que el mundo bloguero es un mundo autista que ha venido a sustituir a lo antiguos diarios, pero sin candado en el cuaderno y sin disimulo sobre su carácter arcano. Hay también otra diferencia: hay menos intimismo, no se cuentan las emociones que producen las personas, sino el mundo. Si reuniéramos todas las opiniones sobre un acontecimiento tedríamos todo el espectro de actitudes posibles. Alguna sería mejor que otra, pero ¿cuál?. Si veinte adivinos dicen que la liga la va a ganar uno de los veinte que componen la liga, uno de ellos acierta seguro cada año, lo que no aumentaría el prestigio de los adivinos en absoluto. Cada uno somos portadores de unas creencias y el Blogmundo nos da la oportunidad de experimentar la sensación de que la damos a conocer al todos, pero en realidad la encerramos en un cofre pequeñito por el que nadie siente interés alguno. Eso sí, de ve en cuando, lo abrimos y miramos nuestras caquitas con arrobo.

¿Por qué quitar la vivienda al moroso?

Esto va de activos. Los bancos cuando suscriben una hipoteca apuntan en su activo la deuda que tenemos con él. En cuanto dejas de pargar unas cuotas embargan la casa y se quedan con ella. Su activo sufre porque la vivienda ya no vale lo que entregaron para su compra a su dueño inicial, pero al menos puede sustituir en sus balances el préstamo por el valor potencial de la vivienda de la que, ahora, es el dueño. Paliativo para el banco y aún mejor para quien contando con dinero contante y sonante se apresta a comprar barato en la subasta o, con las iniciativas de los bancos que han pasado de vender (de algún modo) vajillas a vender viviendas, a comprar barato a los bancos. En todo este trajín los que se quedan con cara de tontos son los componentes de las familias que pusieron en marcha el asunto subrogando la hipoteca que ya tenía el promotor con el banco. Ellos pierden todas las entregas y no reciben, ni siquiera, la diferencia (si la hay) entre el precio de venta del piso y su deuda. ¿No sería mejor dejarles la casa y pactar una moratoria de un tiempo razonable (pongamos dos años) para empezar a pagar de nuevo?. Tiempo en el que el propietario debería buscar el modo de reanudar el pago. Al finalizar el plazo sin resolver el problema se activa el mecanismo de embargo. Las viviendas son bienes de primera necesidad principalmente para los jóvenes. ¿Qué modo de incorporarlos al sistema es éste despojándolos de sus primeros ahorros?. ¿Qué tipo de resentimiento estamos alimentando? Y que nadie aluda a la irresponsabilidad de novicios de aceptar la irresponsabilidad astuta de los bancos con sus ofertas irrechazables. Espero que, al igual que los procesos de La Haya (tan lentos y garantistas con los dictadores, pero con sentencias al fin y al cabo), se produzca un juicio a la desfachatez de tanto y tanto encorbatado en los últimos diez años.

12 Jul 2009

Puesto que no ha habido motines en las calles, se nos ha pasado el susto y, finalmente, la crisis va a resultarnos beneficiosa. Hemos puesto a salvo el dinero ganado con la hipervaloración de la nada y ahora hemos convencido a los estados de que fabriquen más dinero para cubrir el agujero. Ya sólo falta que se desaten todos los nudos laborales y la operación habrá resultado perfecta. Por fin todas las ciudades tendrán una plaza que llamaremos de La Solidaridad donde iréis a pedir trabajo cada mañana, tengáis título universitario o no. Qué más da si, a la postre, sólo tendréis que apretar botones de las benditas máquinas electrónicas. Sólo nos queda un cabo suelto: el futuro de los jóvenes actuales que antes o después se darán cuenta de que nos hemos gastado su dinero, sus recursos y su inteligencia en mercancías absurdas para coleccionistas, en barcos inútiles para el transporte y en deportistas canallas mientras os entreteníamos con concursos para la fama y juguetes con leds de colores como a los primeros indígenas (los segundos indígenas habéis resultado los jóvenes de ahora). Lo peligroso es que nosotros no tenemos hijos (son un estorbo para cambiar de mujer cada diez años). En fín no podemos hacer por vosotros lo que vosotros mismos no sepáis hacer. Este mensaje, en realidad, es una traición a los míos, pero yo ya estoy viejo y ni un maremoto (por cierto cuantos terreno libre de nuevo tras el paso de la ola) va a impedir que muera entre suaves eruptos de placer gracias a carísimos opiáceos. Os espero en el infierno, porque lo que realmente no existe es el cielo, ¡estúpido!

27 Sep 2009

Medias verdades y mentiras completas

Un ejemplo de media verdad es decir que subir los impuestos es progresista y uno de mentira completa es que se van a subir los impuestos a los ricos. Esta semana el G-20 no se ha decidido a limitar (no suprimir) los escandalosos sueldos e indemnizaciones de los que dirigen las grandes empresas financieras. Y hoy el gobierno español concreta su propuesta de subida impositiva y se ha comprobado que básicamente es subir los impuestos indirectos (como en los tiempos de la ominosa). ¿Qué es lo provoca tanto respeto a gente que, aún teniendo éxito en sus gestiones, no debería ganar cantidades provocadoras para el resto de los mortales (porque se van a morir también)? Gente que, además, no es que no hayan tenido éxito, sino que han estafado o han dejado que se estafe al mundo. Razones que se oyen: si no les pagamos esas barbaridades se van a ir a donde se las paguen. Razones que no se oyen: 1) El ser humano normal solo trabaja si lo necesita para comer, verstirse, comprarse un coche, tener vacaciones, etc. De este modo, se consigue que trabaje por un salario; 2) Por lo visto, el ser humano sólo monta empresas si puede ganar lo que no está escrito (excepto en los cuentos de sultales y marajás orientales). Por lo visto "si no pueden ganar todo" no estará morivados y como necesitamos empresas para que lo hombres comunes trabaje,no queda más remedio que evitar que nuestros prohombres de la empresa pueda enriquecer hasta atragantarse. Por lo visto todos los responsables políticos han llegado a esta misma conclusión y no quieren desarmar la máquina de acumular dinero hasta el vómito. Además el dinero que reúnen las grandes fortunas en relación con el de la gran masa debe ser poco. Por eso es más rentable sacarle el dinero a la masa que tiene menos en su bolsillo pero que suma mucho en su conjutno. Conclusión: no merece la pena sacarles dinero y, de paso no les damos el disgustos subiéndoles los impuestos (se pueden deprimir).

Flexibilidad laboral para todos

Tradicionalmente se era rico por la fuerza. El aristócrata era ocioso por naturaleza (trabajar era de plebeyos) y la economía (de bajo nivel) era suficiente para su vida innecesaria y para la ausencia de vida de los pueblos que gobernaban y explotaban. La llegada del industrioso siglo XIX y el tecnológicamente exuberante siglo XX ha generado tal productividad que hubiera hecho ricos a las poblaciones anteriores. Pero simultaneamente el crecimiento de la población cortó el avance. Pero si, además, la codicia potenciada por los atractivos bienes que la tecnología pone a disposición de los nuevos ricos en forma de tecnología de uso (barcos, coches, aviones) ha provocado tan deseo de posesión que ha desestabilizado el sistema. Una vez registrado el seismo económico, emergen las ideologías pseudoliberales con la pretensión de reventar el estado del bienester. Los actuales envites para desregular el mercado laboral (qué verguenza de sistema le dejamos a nuestros hijos) tienen como pretexto el carácter lábil de la realida social y económica hoy en día. Esta característica (sobre todo de los servicios) obligaría a una economía muy flexibles con proyectos perecederos organizados por empresas cuyo mayor mérito sería la capacidad planificadora para estructurar recursos materiales y humanos. Recursos de los que se prescindiría en cuanto el proyecto estuviese terminado (el contrato de obra generalizado). Ese es un panorama atractivo: trabajadores con una formación flexible trabajan en empresas flexibles (de geometría variables, se diría ahora). Aceptado, pero flexibilidad para todos. Jefes y emprendedores que son despedidos por sus equipos y sueldos en una gama con un rango máximo de 10. Todos en la flexibilidad y no mandarines riéndose con el palillo en los dientes contratando y despidiendo con la hoja de cálculo que le diseña un futuro parado.

03 Abr 2010

¿Por qué no funciona el mundo moderno?

El mundo moderno camina hacia una decadencia lenta y reversible porque de forma premeditada o espontánea está organizada en base a decisiones colectivas de todo tipo de órganos colegiados en los que se impone una voluntad individual. De forma que la voluntad de uno o unos pocos queda legitimada por el asentimiento de unos muchos cuyo interés en que se tomen buenas decisiones no supera el umbral que le obligara al compromiso. Así, claustros de colegios, plenos de ayuntamientos, juntas de gobierno de partidos políticos o corporaciones, consejos universitarios, consejos de gobierno, consejos de administración, G-8, G-20 o los siete sabios de Grecia, no funcionan como verdaderos limitadores o moduladores de las ideas propuestas, sino como amplificadores de la voluntad originaria que se materializa en acciones y consumo de recursos hasta el fracaso más o menos diferido del proyecto colectivo. Fracaso que contrastará con el beneficios de los portadores de la voluntad manipuladora. O cambia esto, o pasaremos un calvario duradero.

25 May 2010

Los extraños patricios

Son personas con el aura que da un buen traje, una corbata a juego, camisa con el cuello a la moda y zapatos que masajean sus pies. Sus cabellos son canos (en general) y sus rostros estólidos muestran los rasgos de la serenidad necesaria para las complejas decisiones que toman cada día. Son el soporte discreto, fuera de las cámaras, de las estructuras del país y merecen cobrar cantidades que, injustamente, consideramos exorbitante. Pues bien, ahora descubrimos que estos patricios, son puro disimulo. En realidad son estatuas de escayolas animadas, exclusivamente, por la codicia y que han llevado al país por su ignorancia o su triste ambición al borde del abismo. Son gente que se mueve entre la osadía con los bienes de otros y un miedo cerval con lo indignamente conseguido con su pirotecnia financiera. Espero que sí, desgraciadamente y por su estupidez, España es arrastrada al abismo que han construidos otros como ellos para comunidades de seres humanos (y sus hijos), que miran con ojos asombrados el precio que tendrán que pagar durante largos años, recordemos quienes estuvieron detrás del desastre. No habrá que buscarlos lejos, estarán en sus sillones de diseño preparados abnegadamente para aportar su esfuerzo al país tropical en el que recalen. (Publicado en Cartas al Director del diario El País de 27 de abril de 2010)

25 May 2010

No va más

Al presidente Zapatero se le ha acabado el crédito a más velocidad que al país. Lo ha conseguido solo. A mí me pareció que su negación de la crisis en otoño de 2007 y primer trimestre de 2008 era pura argucia electoral. Pero cuando pudimos ver que siguió con la misma canción perdí toda esperanza. Ya no hay tiempo para más pomada en forma de "se avizora el final" sin pruebas. La grandeza de un político se ve cuando comprende que su permanencia ha perdido importancia y emergen cuestiones más relevantes. Podemos estar meses lamentando con justicia la extraña condición de los especuladores que en vez de apostar por resultados de fútbol lo hacen sobre países y sus atónitos ciudadanos, pero lo que está en nuestra mano hay que hacerlo y hacerlo ya. Desvelo mi propuesta: Zapatero debe llamar a Rajoy y ofrecerle la Moncloa, quiero decir elecciones dentro de seis u ocho meses. A cambio debe pedirle ese tiempo de apoyo efectivo y convergencia de ambos partidos en políticas que devuelvan la confianza a los pobrecitos especuladores. O bien debe pedirle a su partido que ponga al frente del gobierno a Rubalcaba. Si lo hace será recordado por una hazaña que compensará su optimismo patológico. Si no, irá al basurero de la historia. Una pena, porque prometía.

25 May 2010

No habíamos tenido en España un caso Dreyfus en el que la contumacia de determinada parte de la justicia se empeñara en un condena a modo de acto ritual provocando la división del país y el bochorno internacional. Ya lo tenemos con el caso del juez Garzón, al que se lleva a la pira ante el escándalo de técnicos y profanos con argumentos tan débiles como que la demanda no es absurda. Prescindo de la verguenza añadida de quienes son los demandantes, pues son más pretexto que texto y ni son víctimas del supuesto crimen (se trata de una causa judicial) ni son amparados por el fiscal. Su aparición en lugar tan solemne es un signo preocupante en extremo, pero lo es más que haya recibido respaldo de los patricios de canos cabellos que cuidan nuestro ser legal. El necesario respeto por nuestras instituciones nos paraliza y nos convierte en testigos gesticulantes pero ineficaces. Dreyfus fue condenado a cárcel y escarnio, primero, y rehabilitado después, cuando las pruebas de su inocencia se hicieron ineludibles. Esto lleva el mismo camino, pero ¿quién es nuestro Zola?.

¿Merecemos nuestros dirigentes?

En el gobierno, Zapatero. En la justicia algunos jueces. En la oposición, Rajoy. En el empresariado Ferrán. En el Madrid, Florentino. En las cajas de ahorros sus anónimos directores generales. ¿Qué hemos hecho los españoles para que nuestra clase dirigente nos lleven tan alegre al desastre? Ahora se comprende por qué la historia está plagada de catástrofes no advertidas. Tal parece que la dirigir y reaccionar son dos verbos incompatibles en una misma persona con responsabilidad. Debe producirse un fenómeno (que deben estudiar los psicólogos) del tipo ¡esto no me puede estar pasando a mi... ergo no me está pasando! En la construcción o la conducción hasta un segundo antes de la muerte no duele nada. Y eso hace creer que nada va a pasar nunca. La inercia es la ley política por excelencia. Pero el caso es que nuestro país está dando un verdadero espectáculo ante unos piratas financieros que salivan viendo nuestra debilidad. ¡Hay que reaccionar! y como la clase política no lo hace, deberá hacerlo la ciudadanía. La política no es obligatoria como era el servicio militar. Se va voluntariamente y, por tanto, no caben lamentos. Ahora hay que actuar con resolución aunque sea a costa de uno mismo. ¿Qué necesidad tiene un partido de izquierda de practicar una política de derechas? Precisamente la alternancia de poder es para lo contrario. Si hasta con una reforma laboral va a transigir Rodríguez Zapatero, ¿Por qué no deja que lo haga el PP y así la cosa resultará natural? Este país es la caraba: las reconversiones industriales y el recorte de pensiones las hace el PSOE y el partido de los trabajadores es el PP. ¿o es al revés?¡Cuanta confusión producen mentes tan preclaras! Está ya claro, Dios y los reyes eran figuras preservadas de toda imperfección para que los pueblos no se deprimiesen con la mediocridad de todo dirigente. Se necesita una mutación, pues estamos solos y solos hemos de convivir y administrarnos.

16 Jul 2010

Cuando Renzo Piano y Richard Rogers pensaron el Centro Pompidou probablemente eran ya conscientes de lo que llegaba al galope: una era de paulatino desventramiento de toda la carcasa que desde el siglo XVI se había construido a base de falsedad y de miedo. Hoy en día ya no queda el tipo de falsedad más grosera, pero el miedo reina. En efecto, hemos vivido la inercia de la contrarreforma hasta prácticamente este momento en el que la mina colocada en 1789 termina de explotar, ahora, en forma de exhibición de todas las infraestructuras del mundo(cloacas las llamó alguien). Así, la economía deja de ser un instrumento y se convierte en el tema de conversación global, la codicia deja de ser un defecto para mostrarse orgullosa con el halo del glamur y, una buena noticia al menos, el pus de las prácticas morbosas en la Iglesia Católica sale manchándolo todo, pero aclarándolo todo al tiempo. Al menos ahora se sabe qué y dónde limpiar. Las tripas al aire. Todo el intento barroco de superponer capas de ornamento a las formas que resultan de la función ha sido desechado. Es hora de limpieza. Pero esa limpieza llega con su luz y su sombra. La luz del desenmascaramiento de la mentira institucional más grave y la sombra de la franqueza obscena de la codicia sin frenoque perfilan nuestro futuro más inmediato.

04 Jun 2010

Preguntas

Si después de las propuestas autodestructivas del presidente Zapatero y la reacción autodestructiva de Rajoy; si después de los planes de ajuste de un Cameron recién llegado, las bolsas se desploman y las agencias nos bajan la clasificación (las torpes agencia a las que no se quién les confía lo que no puede confiarse a nadie), es que una nueva delincuencia se ha infiltrado en las sociedades avanzadas de forma subrepticia y su delito no puede ser perseguido porque no está tipificado. Delincuencia que juega a encarecer la deuda de países sólidos para extraer de la confusión algún punto más en los intereses. Ya no se trata de manadas de lobos (el lobo ataca para comer) se trata de un nuevo nihilismo, un juego de dementes bien alimentados transportados por su poder finaciero a una nueva dimensión destructiva, un delirio alimentado por la fruición del dominio planetario. No son miles de pequeños accionistas que, como nubes de pájaros, dibujan absurdas formas bursátiles. Son unos pocos adictos al riesgo de los demás, verdaderos tahúres de la artificial incertidumbre creada por la multiplicación de los operadores en tiempo real. En sus armas no dibujan figuras humanas tras cada disparo, sino países enteros, sistemas monetarios regionales completos. Ha llegado el momento de reaccionar. Se necesitan leyes expropiatorias de capitales corsarios, un estado de excepción financiero que lleve a la cárcel a quienes se refugian tras legalidades obsoletas mientras se aguantan la risa por los reproches éticos. En España se paró el cinismo de los falso políticos de Batasuna, ¿a qué se espera para una ley de piratería financiera mundial? ¿Qué extraña parálisis tiene perplejos a los políticos de un continente entero? ¿Qué extraño conjuro recita la aristocracia económica para cerrar las puertas del futuro de tres generaciones sin respuesta contundente? ¿Por qué los empresarios honrados no advierten quienes son sus verdaderos aliados en esta hora? ¿Por qué los sindicatos tienen tanta grasa en sus cinturas? ¿Por qué los principales jueces de nuestro país, con la que está cayendo, pierden su tiempo a una velocidad insólita en odios africanos hacia esta especie de Dreyfus que han construído en Garzón? ¿Qué locura lleva a nuestros políticos a jugar a la ruleta rusa con la pistola aplicada a nuestra sien? ¿Qué demonios está pasando? ¿Hay alguien ahí?

16 Sep 2010

La idea es sencilla, creíamos que la socialdemocracia consistía en un sistema reformista que redistribuía la riqueza mediante los impuestos para dotar al conjunto de la ciudadanía de los servicios sanitarios, educativos, etc. socialmente convenidos. Los impuestos progresivos irían de los muchos con algo y los pocos con mucho a los muchísimos imprescindibles pero sin nada. Y ahora nos enteramos que los pocos con mucho son intocables, por si en un arranque patriótico se van del país con lo puesto (en Suiza). Y también nos enteramos que el bienestar disfrutado se ha pagado a la púa a cuenta de nuestros hijos, que tendrán que hacerse cargo trabajando mucho, parando más y cobrando menos durante largos años. ¿Socialdemocracia? ¡No, gracias! Al menos la socisldemocracia tramposa que alardea de un estado del bienestar que no puede pagar pero finge hacerlo.

04 Oct 2010

Leyendo la noticia el sub-empleo de universitarios y recordando las encuestas de El País sobre los jóvenes (pre)parados y su escandaloso estado de paro, pensaba en lo escasamente competente que es nuestra sociedad para castigar a los responsables y corregir comportamientos en el futuro. Quizá uno de los aspectos que más me ha desconcertado de esta crisis es que aquellos que tenían la información y la obligación no actuaran en consecuencia. Unos por miedo y otros por cinismo han dejado que la sociedad española pensara que estaba progresando por sus propios méritos (España va bien) cuando en gran medida era el esfuerzo de otros el que nos financiaba. Mientras se firmaban sin descanso títulos de deuda que antes o después se vendría a cobrar o se estimulaba irresponsablemente al ¡todo vale! urbanístico, se mantenía una estructura productiva frágil y necesitada de grandes cambios. A lo que se sumaba que los órganos de la administración en vez de financiarse con los impuestos había mordido la manzana prohibida de la deuda a go-go. De este modo, los jóvenes se encuentran con que lo que heredan de sus padres es un país endeudado, que se ha gastado en dúplex, coches y viajes lo que no tenía estimulados por políticos y publicistas, y pensando que el crédito procedía del ahorro del propio país. Con lo que no les permitimos que vivan y creen su propio mundo comprometiéndose con él para progresar hacía las actividades que exigen los retos actuales, tales como la producción basada en el conocimiento orientada a verdaderas necesidades, el respeto medioambiental mediante la contención del consumo frívolo o la resolución de los problemas de redistribución mundial de las poblaciones y su pacífica convivencia. Al contrario, los dejamos sin recursos e incapaces de redimir nuestros pecados sociales, al tiempo que inventamos para ellos nuevas formas de aturdimiento. Y parafraseando a

Machado, al fondo, los ecos de los que no distinguen las voces: políticos asustados, desconcertados o con bajo nivel de vergüenza por lo que se escucha. No hay más mensaje que desear que se busquen sus propios líderes, desarrollen sus propias ideas y hagan cuanta presión cívica y civilizada puedan para corregir cuanto antes este disparate de los adultos.

17 Oct 2010

Ni jubilado, ni ocupando el puesto de un joven

Los que hemos cumplido sesenta años, situados en el pensamiento vigente, estábamos ya conjugando el verbo "jubilar". Una palabra que indica a las claras que los españoles esperamos con júbilo el final de la obligación de trabajar (la primera maldición bíblica). Los anglosajones dicen "to retire", que apuntaba a una cierta tristeza por dejar de trabajar hasta que descubrieron el sol en Mazarrón. Sin embargo ahora estamos descubriendo que jubilarse es una irresponsabilidad y se propone prolongar la vida laboral. La razón no puede ser otra que reducir al mínimo el tiempo que un trabajador esté cobrando sin producir algo. Pero los jóvenes alertados, saliendo de la modorra en la que los estaba sumiendo los tóxicos electrónicos diseñados por los adultos, sospechas que eso prolongará por el otro extremo la duración de su tiempo de carencia. Supongo que el Estado cree que económicamente es mejor pagar a un jubilado y que, al tiempo, el joven viva con sus padres (pre)jubilados. Un disaparate. Hagamos una propuesta mejor para todos. Los mayores dejamos los puestos de trabajo convencionales que serán ocupados por los jóvenes para que experimenten la emoción de hacerse cargo de sus vidas. Hasta ahí no hay nada nuevo excepto en lo de "puestos de trabajo convencionales". La propuesta resuelve los dos problemas planteados (jubilados que cobran para el ocio y jóvenes que no se integran). En efecto, los jóvenes ocupan los puestos de trabajo convencionales y los mayores nos ocupamos (en tiempo reducido proporcional a la caida de ingresos) de los puestos no convencionales con interés estratégico para el país. Veamos qué es eso de puestos no convencionales. Hace tiempo que distinguimos entre trabajo y empleo. La buena marcha de país ofrece más trabajo que puestos de trabajo, puesto que hay gran cantidad de tareas con gran impacto en la calidad de los servicios y productos que hoy en día no se realizan revistindo a nuestro país de cierto halo de chapuza, tando en servicios tradicionales como en las empresas de tecnologías de moda. Ejemplo convencional: uno entra en un juzgado y experimenta verguenza al ver los legajos amontonados. Ejemplo de empresa moderna: los procedimientos de calidad no se aplican por falta de personas que sepan relacionar la realidad con la formalidad. ¿Cuántos expertos informáticos se van a jubiliar con la cantidad de soporte lógico (software, dicen algunos) que se necesita en todo tipo de actividades?. En el ámbito educativo, se podría contribuir a personalizar la educación y formar trabajadores de sectores decaidos para su incorporación a sectores emergentes. Y siempre quedan la tareas que tradicionalmente llevan a cabo el voluntariado. Es decir los problemas son de tal importancia que, del mismo modo que saltaron la levitas y los sombreros de copa por poco funcionales, tienen que desaparecer los actuales esquemas en el mundo del trabajo (me niego a llamarlo mercado) para que los logros de la medicina prolongando la vida y la salud no se convierta en una maldición. Por lo menos hasta que lleguen los robots y todos podamos estar aburriéndonos jubilosamente jubilados.

18 Dic 2010

Lo inevitable estos días es asombrarse por la extraña estructura mental a la que han devenido los controladores aéreos, que son tan capaces de desconectar de la realidad que parecen aristócratas franceses en una fiesta tres días antes de la toma de La Bastilla. Pero lo que quiero comentar es este fenómeno preocupante de mezcla de "información" y publicidad que ha accedido a televisiones y radios derribando los último bastiones invisibles de la decencia periodística. Todavía esperaba que los grandes comunicadores estuvieran al margen, pero el domingo por la noche perdí toda esperanza. Supongo que estamos ya cerca de que los locutores de los informativos liguen con suavidad una frase sobre la tortura con cables en los genitales con un consejo publicitario sobre lámparas de bajo consumo. Çuando alguien nos informe ¿estará al servicio de la ciudadanía o de un corporación? La verdad acosada por la publicidad será imposible de reconocer. Tal parece que un sistema en el que todo el mundo es "empresario", algunos sin más patrimonio que su cuerpo y su mente, va a faltar tiempo y espacio para toda la publicidad necesaria. Así Gorvachov se agarra a un bolso y quizá pronto veamos a los parlamentarios hablando en el Congreso con un panel publicitario detrás ¿o quizá ha ocurrido ya y me he descuidado? ¿Para cuándo, pues, publicidad en nuestras prendas en invierno y en nuestra piel en verano? Es un horror, pero parece que toda la cultura se va a disolver en mercancia banal. ¿Es eso lo que nos espera? ¿O, los que otean las tendencias ya puede certificar su imparable emergencia

18 Dic 2010

Silencio Sr. Walker. Silencio, por favor

Acabo de oír a Antonio Garrigues en la Ser. Ha hablado de actitudes de los españoles ante la crisis y considera que no tenemos derecho a quejarnos, pues crisis es oportunidad y el que no es feliz es porque no quiere, aunque no es fácil una vez que se toma la decisión. Sostiene que no hay derecho a quejarse porque aunque percibamos un deteriroro no estamos objetivamente mal. Supongo que parapetado detrás de un bunker de cristal stadip económico se pueden dar lecciones de ataraxia. Señor Walker no sé con quién habla usted. Se lo hiciera con los españoles que han sido engañados por sus líderes políticos, económicos y mediáticos. Los mismos españoles que ven que sus hijos van a tener, no menos oportunidades que sus padres de tener una vida digna, entiéndase educación, sanidad y una vejez, también digna, sino ninguna oportunidad en manos de las aves rapaces que han levantado el vuelo esta última crisis, ya veríamos que impresión recibía. ¿No hay derecho a quejarse que todos ustedes tan bien informados no hayan movido un dedo para decir el orteguiano ¡no es esto, no es esto! y vengan ahora a predicar felicidad? ¿No hay derecho a quejarse de que el país se haya deslizado hacia la bancarrota entre el fru-fru de los trajes de caros tejidos en el parlamento, el Banco de España y los clubes financieros? Le parece inmoral quejarse, ¿quizá le parece moral el silencio cómplice de toda la élite haciendo creer al país que el dinero circulantes era resultado de nuestra capacidad de trabajo e inteligencia, cuando, en realidad, era el resultado de una operación de prestidigitación para quedarse con un "bonus" en forma de regalía parlamentaria, honorarios en conflictos financieros, intereses bancarios o estímulos de los gestores empresariales de un nominal que no era nuestro sino de los detestables mercados? Sr Walker, los que nos quejamos les exigimos silencio.

Adiós CNN+, ¡Hola mercados!

Iñaki, tan oportuno, puso un nocturno para la vibración del aire que debía acompañarlo en la despedida. Es el final de una propuesta que la sociedad española ha rechazado, la de televisión de calidad pagada directamente por la audiencia. De sobra sé que la CNN+ era gratuita, pero formaba parte de un proyecto en el que usuario sostenía directamente el sistema de producción de contenidos de alta calidad periodística para la información y de contenidos para la cultura. Los españoles gustamos del engaño y hemos preferido que sea la publicidad quien oriente nuestros sueños. La publicidad, esa extraña forma de círculo viciado que nos dirige tirando del ronzal de los deseos inventados. Y esto no ha hecho más que empezar, que el neuromarkenting asoma las orejas y pronto no sabremos el porqué de nuestras pulsiones apabullados por una disolución de la verdad en medio de ecos verosímiles pero falsos. Un proyecto de calidad elegida que se refugia ahora en el Canal+ y el Canal Satélite y veremos a ver lo que dura. Hemos perdido. Llega la noche oscura de las Fox y los Murdoch. Un medievo de charlatanes y malabaristas, de corrupción tan diluida que parecerá virtud. No pierdo la esperanza, por el carácter cíclico de las aventuras humanas, de que se dé el regreso de un nuevo impulso de justicia y de verdad (la que está a nuestro alcance), pero sí de verlo. Dos convulsiones recientes (vividas por nuestra generación) crearon el espejismo de un cambio radical: la caída del muro de Berlín, como final de la tiranía voluntarista y la crisis económica como final de la satrapía económica. De las dos sale reforzado lo peor del ser humano revestido por los publicistas de energía dionisíaca y vitalidad genuina frente a la bladura de la compasión y la inteligencia aplicada a los problemas del ser humano. El Ex-tado del Bienestar se deforma retóricamente, primero, en estado de pereza y, después, se ataca con el cinismo más desvergonzado de la derecha y con la ingenuidad más débil o cómplice para aceptar los hechos consumados de la izquierda. Ser malo es divertido, por eso yo soy de esos raros que no le gustan los juegos malsanos de las consolas, tecnología que bien podía aplicarse a la educación tan necesitada como está de una verdadera revolución cognitiva y moral. Sí, hemos perdido, pero provisionalmente, volveremos reencarnados en los jóvenes.

31 Dic 2010

Ex-tado del Bienestar

Es necesario acabar cuanto antes con la falacia del "hombre de paja" aplicada al fin del Estado del Bienestar. Es decir, inventarse un irreconocible estado de cosas para destruirlo después, como hace Aznar, que pretende hacernos creer que tal estado es aquel en el que se quiere trabajar poco y cobrar mucho. Una pretensión que, precisamente, ha escandalizado a la sociedad española con el especial "estado del bienestar" de los controladores aéreos. Por lo visto, hay que decir muchas veces una verdad para que parezca verosimil. La verdad de que el Estado de Bienestar es sanidad, educación, justicia y vida digna en la vejez. El resto, es decir, la corrupción, los coches lujosos, el safari en Kenya o la juerga del suelo vía convenio urbanístico, ha sido un invento de nuestros próceres, lúcidos ellos, para engañarnos pagándonos un sueldo cuya mitad estaba pedida a préstamo al mismísimo diablo, en forma de mercado financiero, para simular el progreso de la sociedad que regían. El Estado de Bienestar en el que piensa Aznar es, parafraseando a Borges, estar en "permanente estado de vagancia", que es, precisamente, el que las revistas del corazón (la wikileaks de los ricos) y las páginas salmón de los periódicos (la wikileaks de los saqueadores) demuestra que practican los creadores de escasez (Anisi en el recuerdo). Las medidas que se piden tomar con firmeza ahora son resultado de un movimiento circular que antes ha creado las condiciones para que tales medidas sean inevitables. Trampa en la que resulta sonrojante que haya caído la izquierda socialista española que, primero, no tuvo valor para desenmascarar en 2004 la farsa de la riqueza infinita ni, segundo, una vez reconocida la debilidad de haber seguido con la misma locura, no sabe dar un paso atrás para que las "medidas realistas" las tomen los que disfrutan haciéndolo. Muy al contrario, está iniciando el ignominioso camino de "hacer lo que hay que hacer" dotando de coartada a la derecha que, dentro de unos meses (dicen las encuestas) reducirá a cenizas el verdadero Estado de Bienestar, el que toda sociedad moderna y austera debe tener, con el argumento de aludir continuamente a los antecedentes socialistas. Vivir para ver: reforma laboral, bajada de pensiones, empobrecimiento de funcionarios, encogimiento de la actividad promoviendo el paro, privatización de servicios indiscutibles. ¿Cuándo tendremos políticos que se entusiasmen menos la noche de la victoria y sepan decir que no a la *hibris* del poder cuando llega la hora de la verdad? Hora que, a veces, es la del fracaso llevado con entereza.

04 Ene 2011

Hace una semana figurada se dijo que "bajar los impuestos es de izquierdas" y se hizo. Ayer se dijo "y lo haré cueste lo que (os) cueste, me cueste lo que me cueste...". Querido presidente, como dijo el torero al recibir el chorro de vapor de la locomotora en los andenes de Atocha: "esos cojones en Despeñaperros". Por fin, hoy se proporciona una teoría para que todo sea de izquierda. En efecto, en la potente página cuarta de El País se completa el deslizamiento por la pendiente y se ofrece ya un teoría Ad Hoc completa: engañarse es de izquierdas. Para ello, se sigue el manual de autoengaño. Primero, no se da una visión global de los antecedentes. La historia empieza donde conviene. Y conviene empezarla diciendo que estamos endeudados hasta las cejas en las siguientes proporciones relativas: Gobierno 1,

Gente y Empresas (no sé porque se mezclan) 3,5 y Bancos 2. En cuanto a las proporciones entre deuda procedente del ahorro nacional y extranjero, ganan los extranjeros 4 a 3. En términos de PIB (la traducción a dinero que produce el país cada año) debemos casi cuatro veces el trabajo de un año y más de la mitad al extranjero. Pero no se dice que si los gobiernos de Aznar establecieron las bases, los de Rodríguez consideraron que para qué chafar la fiesta y dejar de disfrutar del castizo "España va bien". Ya habría tiempo de poder pasarle el testigo al incauto que pagara la cuenta. Y ese incauto ha resultado ser la siguiente generación de españolitos que mira con asombro a sus mayores y a su cara estúpida al despertar de la resaca. Estupendo, aquí tenemos la radiografía del éxito de nuestros gobernantes desde hace más de una década. Una vez que le cogimos el gusto al dinero europeo cuando pasábamos por pobres, decidimos seguir la juerga. Ni un toque a tiempo a los bancos para que dejaran de estimular la catástrofe privada, ni una señal a los inversores para que dejaran de inflar la burbuja, ni una señal a las Comunidades Autónomas y Ayuntamientos para que dejaran de quitar aceras en buen estado para sustituirlas por otras construidas a toda la prisa que exigía la comisión. Ni una señal, ni una reprimenda, sólo irresponsabilidad que ahora nos presenta en forma de hechos consumados que hay que corregir con reformas. Reformas que creíamos propias de la derecha política que, coherente con sus predicados, juega al casino desde la seguridad económica y exige esfuerzo a los más desde la comodidad personal. Pues no, ahora resulta que ajustar las estructuras a costa en exclusiva de la mayoría es de izquierdas y, para que no se contamine esta nueva visión del progreso, no se tocan las grandes fortunas (los ricos son útiles) ni el fraude fiscal (los grandes estafadores son simpáticos). Y no se hace ni a título ejemplarizante. Ni para enviar el mensaje de que no se juega con el esfuerzo y el sufrimiento del país entero. Que tiene un coste endeudar a un país olvidando la fragilidad de su estructura productiva. No, ahora nos explican lo que ha pasado y cobran por ello, nos aturden con una televisión comercial tipo "Call now" y los gritos patéticos de supuestos analistas al ritmo de unos presentadores cómicos que se sienten todopoderosos al ver el papel preponderante que les toca jugar cuando ha colapsado la inteligencia. Ya sólo falta que se legalice el porro y se promocionen los manuales para buscar la felicidad en lo cotidiano. Olvidando que los ciudadanos de este siglo son gente capaz de soportar de sus políticos que digan la verdad. Que este país mal conducido por sus responsables (políticos, económicos, empresariales y sindicales) ha cometido un error de lesa juventud y que todos, todos, hemos de responder por ello, y que las casas no están bien en manos de los bancos, sino habitadas por seres humanos y que los dirigentes democráticos dimiten y el resto cesan o son cesados. Decir la verdad es de izquierdas y engañar y engañarse es de estúpidos. Y todo lo demás no es de izquierdas no basta con desearlo para que lo sea. No basta con tocarse las sienes y decir "este disparate es de izquierdas" 100 veces hasta comprender y luego, cuando se ha comprendido, ir y escribir un artículo o dar un discurso. Y eso es lo que desde hace cuatro años se está haciendo. La de hoy no es más que una tesis preelectoral. Concluyamos resignados: engañarse es de izquierdas.

05 Ene 2011

Deuda pública - Deuda privada

En casi todas las discusiones sobre la situ 97ación económica se suele dejar caer de soslayo que todos tenemos la culpa de la crisis porque las cifras de la deuda de las familias y de las empresas es la fracción más alta de la deuda total de España. Así la baja deuda del Estado vendría a ser la prueba de su austeridad. De hecho antes del comienzo de la crisis, el Estado tenía superavit. Sirva este artículo breve para neutralizar el argumento falaz. En efecto, el buen estado de las finanzas públicas se debía a los impuestos y estos proceden de la renta de las personas y los beneficios de las empresas. Y si me apuran la renta de las familias es un componente (negativo) de la renta de las empresas. Es decir, si la gente no cobrara por su trabajo, la empresas, obviamente, tendrían más beneficios. Pues bien, en ninguna de estas dos "bases imponibles" se refleja explícitamente la deuda de familias y empresas. Por tanto, el estado cobra impuestos sin tener en cuenta que lo hace sobre un dinero prestado con lo que puede actuar con la ligereza del nuevo rico. Si además se considera que ese dinero no se debe al ahorro nacional depositado en los bancos, sino que en su mayor proporción se debe a bancos e inversores extranjeros que juegan también un doble juego: el de prestarte para que compres en sus áreas de influencia. Porque a todo lo dicho hay que añadir que las mercancías más caras que compra el español sobrevenido rico a préstamo proceden de los mismos países en los que residen los prestamistas. Como se ve, el juego se llama Ruleta Rusa y la bala estaba esperando al incauto. Develado que la prudencia estatal es ficticia, porque eludieron su responsabilidad de parar el disparate y reorganizar la producción y productividad nacional. Desvelado que el último responsable de esta locura es la familia es hora de reclamar que las únicas viviendas que debe quedar en los balances de los bancos son las de los inversores inflacionistas, que hicieron subir artificialmente los precios. Pero que las de las familia sin casas deben volver a las mismas y que debe prohibirse hacerles recaer el diferencial entre el precio del mercado entonces y el actual. ¿Habrá tragedia mayor para un pobre que no poder disfrutar la casa y que encima quedes endeudado para que el banco compense el desvalor del inmueble con la nueva deuda del desgraciado?. Nuestra generación no había vivido las injusticias sociales nada más que en las novelas de Victo Hugo. Ahora, sin embargo, ya sabemos el color que tiene la codicia y la complicidad entre gobernantes y negociantes. Es un color metálico, frío, con el sabor confuso del sufrimiento, pero envuelto en el glamur de la disipación. Los responsables políticos con mala suerte en el sorteo van a pagar su estupidez ideológica duramente ahora y no echaré una lágrima por ellos. Los gobernantes políticos con buena suerte en el sorteo van limpiar su certificado de penales político con un triunfo avasallador (se dice) y tendremos que aguantar su jactancia. Los altos gobernantes administrativos y empresariales de rositas y la gente a ver la tele gratuita, vociferante y zafia.

08 Ene 2011

¡Viva el 2011!

Se está extendiendo la especie de que el año 2011 está ya amortizado, descontado, en unos términos economicistas que empiezan a empachar un poquito. Ya está bien de que consintamos que la economía lo contamine todo. Como mucho, la economía debería pedir perdón por no ser capaz de utilizar sus algoritmos y gráficos en tiempo real para resolver los problemas de la gente. Nunca he visto una ciencia más soberbia con menos eficacia. Aplíquense a encontrar el polinomio que permita que los subasteros se queden sin su botín y que en las casas se oíga el trajín de la vida en vez del silencio de lo muerto en un balance bancario. Vivir es irrepetible y, por tanto, dar un año por vivído por la zozobra económica sólo se justifica para aquellos que su falta de ingresos sea de tal gravedad que crucen el umbral de la indignidad asociada a la probreza. Mientras la sociedad encuentra el modo de ajustar cuentas con los fatuos vividores, oportunistas o simples delincuentes económicos que se han hecho cargo como aprendices de brujos de algo cuya complejidad no comprenden, hay que vivir cada año como lo que es: un regalo de permanencia en el ser que es de desagradecidos rechazar. La vida está llena de matices que ni la abundancia debería ocultar. El año 2011 hay que vivirlo con un ojo puesto en el peligroso hundimiento de la política y otro en el cada día personal, familiar y profesional. Todavía está por llegar la lectura completa de nuestro tiempo. Un tiempo en el que los expresidentes se vuelven consejeros de administración y piden valor añadido, mientras son incapaces de balbucear dos frases seguidas que contribuyan a la interpretación de la vida. No hay esperanza subjetiva porque no hay quien articule el discurso adecuado. No hay esperanza histórica porque no somos conscientes de que la historia no es algo que les pasa a los muertos, sino que se produce cada día con los errores de nuestros dirigentes y con nuestra pasividad. Pasividad alentada, pero pasividad culpable. Obviamente hay esperanza objetiva porque al cansancio o la rendición de nuestra generación se impondrá la pujanza de la juventud. ¡Viva el 2011 y nosotros con él a pesar de la pretensión de la economía de sustituir a la vida

12 Ene 2011

Bala de oro, mira de plata y fusil de bronce

Contra mi costumbre, hoy voy a usar este cuaderno para hablar de futbol. No entraré en el victimismo patriotero, pero me moveré en su mismísimo margen. Empezaré suave diciendo que los que no han votado a Xavi no entienden de futbol. Premiar preferentemente al que finaliza es tener una visión infantil del futbol. El futbol moderno es pura trama sutil casi ajedrecística. Para que Messi marque un gol es necesaria una construcción de gran complejidad táctica y estratégica. Por supuesto que no olvido que le marcó un gol al Getafe para el que no necesitó a nadie de su equipo, pero eso son destellos que se dan en escasas circunstancias. La mayoría de su juego es deudor de todo los que sucede en el margen del área a pies de Iniesta y Xavi. No digamos cuando se apoya en dos o tres paredes con Pedrito que actúa como un muelle calibrado para dejarle la pelota al pié con la suavidad de un reloj suizo de antes. Él mismo en cuanto retrocede es un pasador normal y fuera de la influencia benéfica de sus elegantes compañeros no puede sustituirlos por la desmesura del esfuerzo necesario, como ocurre en su selección. Si a esto se añade la brillantez de la conquista del Mundial de la roja y los deslumbradores antecedentes de la Eurocopa y de los seis títulos en un año ¿cómo es posible que el mundo del fútbol consienta que Xavi se vaya a su casa con las manos vacías? Pues porque no entienden de fútbol. Y dicho esto ojalá Messi conserve su talento para batir el record mundial de balores de oro y dar alegría sucesivas a los culés y a todo el universo del balompié. Si se premia sólo a la bala y se desprecia a la mira y arrumba el fusil, se olvida que como dice el viejo chiste no hay porque tener miedo a las balas sino a la velocidad que llevan que obviamente se la proporciona el fusil (de bronce). Epílogo: este texto ha sido escrito mientras Messi se hincha a marcar goles al Betis.

Murcia es pacífica

La violencia es siempre un fracaso. Pero la agresión que el consejero de cultura de la Región de Murcia Pedro Alberto Cruz es también una sorpresa, porque Murcia es una tierra pacífica en la que jamás en democracia se han dirimido las disputas políticas con violencia. Esta certeza obliga a esperar el resultado de las investigaciones para saber quién ha inducido y quién ha ejectuado la agresión. Pero sea cual sea el origen, en Murcia hay una reacción generalizada y espontánea de rechazo a lo ocurrido. Hay, incluso, perplejidad y nos miramos unos a otros (facebook mediante) preguntándonos las claves. Porque si las protestas tienen origen en un recorte económico no tiene mucho sentido un ataque al responsable de una consejería tan periférica respecto del núcleo del cabreo funcionarial. Todo se aclarará y pronto tendremos al joven consejero en acción con toda seguridad. Entonces, además de alegrarnos de la recuperación de un conciudadano, podremos descansar pensando que ha sido un delito concomitante o terminar de deprimirnos porque en nuestra región en vez de aplicar la inteligencia y la voluntad a la resolución de los problemas comunes hayamos gestado una veta violenta más allá de las fantasías incubadas en los juegos de consola. Entre tanto, afirmo, Murcia es pacífica.

Mis desencuentros con un premio Nobel

Mario Vargas Llosa tiene toda mi admiración como escritor y todo mi respeto como liberal a ultranza. Pero hay cosas que rechinan en su pensamiento, o mejor en el mío cuando lo leo. Como parto del derecho (da vergüenza mencionarlo) a la libertad de expresión, me limito a discrepar civilizadamente. La discrepancia la limito ahora a dos episodios: su defensa del fondo de verdad en el Tea Party y su ataque a Wikileaks. En el primer caso, echa mano de la metafísica para suponer que detrás de las auténticas barbaridades de su discurso explícito reside la nobleza de espíritus indómitos que hicieron grande a los Estados Unidos de América (De Crokett a Sara Palin). Si algo sabemos en nuestros días es lo peligroso que es hacer juicios de intenciones a quienes juegan con el fuego metafórico del infierno y el real de las armas. Supongo que el clima de odio casposo que este movimiento (¿recuerdan el último "movimiento" en España?) propone y expande le repele tanto como a mí. Pero, en ese caso, ¿por qué hace el ejercicio académico de aceptar las buenas intenciones de fondo de quienes cada día prueban su locura política? Recuerdo que hace unos años leí un artículo suyo que aún menciono en mis debates de batín y zapatillas en el que reprobaba el racismo incluso en los chistes (como juego mental incitador de violencia). Reconocerá, Mario, que los discursos del TP son algo más que chistes groseros. El otro asunto es su rechazo al destape de Assange, el internatura "zahorí". Asunto que aprovecha para discutir algo que a todos preocupa, como es el estímulo grosero de la venta de toda intimidad e, incluso, el acceso sin permiso a la intimidad de ciudadanos que deploran este deslizamiento por la pendiente. Pero es una confusión notable, en mi opinión, trasponer al asunto Wikileaks los mismos argumentos. Primero, porque el valor higiénico de esta mega confidencia no se podrá repetir por las precauciones que se tomarán en los sucesivo y, segundo, porque los Estados nos sólo guardan cotilleos sobre sus congéneres, sino algo más letal para sus ciudadanos. No está mal que lo que suponen guionistas y escritores (recuerden La fiesta del chivo) de vez en cuando se contraste con los textos escritos "sólo para tus ojos" por los diplomáticos. ¡Qué decir de lo que viene en relación con las operaciones de blanqueo de dinero!. A ver si el escándalo ciudadano y la reacción correspondiente llega hasta donde no quieren llegar los estados vergonzantes a pesar de todas sus declaraciones anunciando el nuevo capitalismo. Mario, el mundo como sabe por su fino olfato literario, está bastante podrido en alguno de sus estratos. Los individuos en contacto con los sistemas no saben decir que no hasta que están desesperados. Es necesario algo nuevo que contrarreste, neutralice la maldad institucional sin poner en peligro las propias instituciones democráticas. Se necesita valor, sutileza, amor por la verdad y compasión con tanta desgracia planetaria. No sustituyamos esos valores por razonamientos superficiales (y que me perdone mi también admirado compatriota Savater). Sospecho que el ataque de Wilileaks al recato institucional es bueno de vez en cuando y que confundirlo con el destape planetario de los reality show es banalizar algo que los principales diarios del mundo han considerado un deber publicar. Esta confusión compite con la que enarbola la libertad de expresión para insultar o hacer caricaturas ofensivas. También con la de confundir la libertad de cátedra con el derecho a una docencia negligente. Ambas libertades son logros para derribar tiranías, no pretextos para hacer daño o hacer el vago. Ya sabemos que los límites son difíciles, pero nadie dijo que sería fácil. Ya nada más que falta escuchar que proteger los resultados del talento artístico sea considerado un atentado a la libertad de robar. Está claro que está en pleno vigor el combate de valores que su admirado Ishaiah Berlin identificó (por cierto, lo descubrí leyendo la elegía que escribió en su momento).

26 Ene 2011

España dormita porque salvo que tu profesión consista en protestar (liberados sindicales) el ciudadano corriente sólo reacciona cuando las circunstancias sobrepasan determinados umbrales. Estos umbrales son relativos a cada época, aunque hay mínimos absolutos para la especie humana que, obviamente, no lo son para otras especies. Por ejemplo, el daño directo a la familia es uno de esos umbrales absolutos. Mientras esto no llega, hay niveles de atropello cuya eficacia como fulminante para la reacción no se manifiesta en según qué circunstancias concomitantes. Y una de estas circunstancias concurrentes es la industria del entretenimiento, que tan eficazmente ha conseguido bajar el nivel de lo que nos interesa y, en consecuencia, elevar el nivel de la ofensa que moviliza. De este modo, con muy poco gasto, es posible tener a toda la población ocupada en trifulcas y saraos virtuales literalmente desplomada sobre el sofá convertido en centro de operaciones con el socorrido mensaje publicitario: "del sofá a la cama, de la cama al sofá", que reverdece el de la España pre- europea: "del gimnasio a la Casa de Campo" acuñado por el inefable Toni Leblanc. Entre el acto de desear y el de consumir la libido está satisfecha. Este pueblo adormecido descubre atónito que sus clases dirigentes no han cumplido con su obligación de cuidado que les fue encomendada. Entre otras la de legislar, vigilar, impedir o castigar por la ausencia de ese cuidado. La explicación es muy sencilla: todo responsable no lo es o, al menos, no se siente así mientras no cobra los suficiente para considerar que su servicio al pueblo está compensado. Pero en el mismo acto de conseguir ese estatus está, en realidad, siendo maniatado para cualquier acción que contradiga los intereses de los que ya estaban instalados previamente. Así nuestros señores, parafraseando a Carlyle hablan de sus cosas y nosotros, sus criados, de ellos en interminables y deleznables programas sobre la *beauty people*. Es obvio que tenemos una gritona televisión y radio propia de criados, dicho se figuradamente. Un amigo me decía que la vida es como una higuera. Arriba unos pocos comiendo higos y abajo el resto tratando de subir dificultados por las patadas de los instalados en las ramas. Pues eso, sigan comiendo higos los señores que no hay nada que temer. Al fin y al cabo su sistema es más sofisticado que el de Túnez o Egipto y, desde luego, aquí todavía no hay que quemarse a lo magrebí.

12 Feb 2011

La física se ocupa de los cuerpos y la física cuántica de las partículas subatómicas. Nada que ver con las personas salvo el que estamos constituidos de ellas. Pero nadie confunde una mesa con sus patas. Esta limitación de la fantástica ciencia física está empezando a desaparecer. Y no porque por un sorprendente avance de esta ciencia haya conseguido explicar desde su sequedad nuestra húmeda complejidad. No, es porque la mezcla letal de la ignorancia y debilidad política junto con la ideología de los economista neodestructores está convirtiendo a las personas en partículas. Para ello están eliminado todo tipo de vínculos entre ellas: familiares, profesionales y personales. El método empleado es, primero, el palo del miedo a quedarse fuera del sistema expendedor de salud, alimento, vestido, cobijo, conocimiento y, segundo, la zanahoria del entretenimiento multicolor de las TIC. Por supuesto que nada que objetar a éstas, pero como toda tecnología es neutral en su nacimiento, pero en las manos adecuada es un disolvente poderoso. En este caso contribuye con la televisión a separarnos en casa y con el móvil pronto a separarnos en la calle. Puede parecer paradójico, pero el móvil y sus sucesores no va a ser utilizado para unir a la gente entre sí, sino para llevar al paroxismo el control de nuestros deseos para orientarlo al consumo. Estos poderosos instrumentos en su uso disolvente nos convierte en partículas no sólo respecto de nuestros coetáneos, sino, también respecto de nuestros antepasados, al rivalizar hasta casi la extinción con la lectura de los textos que nos llegan desde atrás. También, espectralmente, nos separa del futuro al neutralizar nuestra imaginación bloqueándola con imágenes que provienen de una combinatoria monstruosa con todo lo conocido. Aislados por los que hacen un uso perverso de maravillosas tecnologías empezaremos a ser objeto de leyes cuasi-físicas pues reaccionaremos a leyes de probabilidad buscando niveles de menor energía atraidos hacia un núcleo impuesto por los intereses de los aprendice de brujo de nuestro tiempo. Que estúpidos ellos, ni siquiera son malignos con fines escatológicos, sino vulgares seres que aspiran a la seda de sus trajes regalados, a la piel comprada de sus mujeres provisionales y a la suavidad impostada de sus ingenios rodantes o surcadores de mares y cielos (a todos les da por la vela). Mala suerte la nuestra, mucha de la gente más vital es también la más estúpida. Los que se levantan por la mañana queriendo conquistar imperios comerciales, al final reducen sus aspiraciones a caca, culo y pis, como escolares a los que les ha crecido el cuerpo y se les ha quedado pequeña la amidgala de nuestras emociones. Ni siquiera hay una gran conspiración que combatir, como le gusta a Hollywood, con un duelo de campeones final. No, es una nube pequeña pero oscura de hombres corrientes, que como el mago de Hoz aparentan fiereza para asustar a su gente, pero son pequeños y acaban huyendo en cuanto la gente percibe la fuerza que reside en la toma de conciencia de la tomadura de pelo que soportamos cada día. Separados unos de otros por poderosas líneas de fuerza revestidas de los colorines de los LED seremos fácil de controlar. Ha resultado emocionante comprobar la inutilidad de los tanques, excepto para hacerse fotos sobre ellos, ante la gente unida. ¡Que Alá impida que los ladrones de poder, dinero y almas arrebate a los egipcios y tunecinos la libertad recién conquistada!.

13 Feb 2011

La mariposa egipcia

Cuando Edward Lorenz descubrió el efecto del azar en los resultados finales de sus predicciones atmosféricas no podía imaginar que las nuevas tecnologías crearían las condiciones para que los individuos pudieran inteactuar generando condiciones complejas que produjeran efectos igualmente impredecibles para el poder político. Si Mubarak no tiene facebook o no twitea no podía anticipar la revolución que lo expulsaría de su trono de barro y sangre. Un bloggero egipcio Khaled Saeed y trescientas personas más tuvieron que morir por la estupidez de un régimen que cree todavía que el poder se mantiene produciendo muertes que paralizarán a los demás. Franco también lo creía, con más fundamento desde luego, cuando se despidió con algunos fusilamientos, al igual que sus esbirros con bigotito tirando a un estudiante a un patio de la plaza del Sol o los revolucionarios de Barcelona y Madrid que creían que bastaba con matar ricos para acabar con la codicia. El efecto mariposa es el nombre que reciben aquellos fenómenos a gran escala que tienen origen en pequeños cambios de la situación de origen. Si las tecnologías de comunicación actuales presentan el peligro potencial de un Big Brother (lo pongo en inglés para no confundirlo con la versión poligonera de la televisión), también tiene la virtud todavía de sorprender a los poderosos Magos de Hoz convocando a la gente a días de ira. Hermoso espectáculo el de los tanques con niños encima como en una atracción de feria. Buen final para esos artefactos de muerte. Hermoso destino también el de las TIC si no son neutralizadas por satélites esquiroles que se chiven del carácter incómodo de este o aquel mensaje para localizar al emisor y aplicarle el último invento de la neurociencia. Tecnologías de liberalización y tiranía. La diferencia depende de nosotros. Entre tanto mostremos nuestra desesperación y respeto por la mariposa egipcia, Khaled Saeed y la martirizada mariposa tunecina, Mohamed Bouazizi, porque nadie podrá devolverles lo que la maldad y la estupidez que siempre va asociada les ha arrebatado.

أحبك(te quiero)

أحبك pensó el bloggero con rubor al presionar la última tecla. Desde que su baba le había enseñado en la oficina del gobierno en la que trabajaba cómo podía utilizar el correo electrónico para comunicar con Fátima, sabía que ese era el modo en que le declararía su amor, pues sus mensaje sobre la corteza de un árbol, junto a la entrada de la Kabila donde vivía aquella niña que captó su corazón diez años antes, no le habían servido de mucho. Pero, él sabía que ella había estudiado en Alejandría una ingeniería informática y que se comunicaba con sus amigas por correo electrónico habitualmente. أحبك dijo en voz alta sin darse cuenta de que llamaba la atención de hombre oscuro que estaba a su lado en el cibercafé. Tampoco se dio cuenta que en una ventana del monitor tenía abierto el texto del post que pensaba enviar a su blog. Texto al que se fueron los ojos del hombre. Alarmado quiso cerrarlo pero el hombre le dió un manotazo y se cayó del taburete. Terminó de leerlo y se volvió con violencia para darle una patada en el suelo. Con un móvil llamó y poco después se presentaron dos hombres más. Iban uniformados y lo cogieron para arrastrarlo hacia la puerta. Lo hicieron con tanta violencia que se golpeó la cabeza con la jamba de la puerta. Sangrando trataba de comprender qué le estaba pasando. Los hombres gritaban para que los transeúntes supieran que estaban deteniendo a un terrorista. El trató de explicarse pero sus encías hinchadas no le permitían hablar. El miedo subía y bajaba de su garganta al estómago y lo irreal de la situación se acentuaba con el fuerte pitido que escuchaba dentro de su cabeza. Estaban metiéndolo en un portal cuando encontró el modo de emitir sonidos venciendo todo obstáculo fisiológico. Tan fuerte fue su chillido, que el hombre de paisano que había iniciado su tormento le dio una patada y el policía que estaba a su lado le golpeó de forma refleja con el radio transmisor que llevaba en la mano. El golpe seco le abrió una brecha en el cráneo. Por ella se escaparon sus jóvenes neuronas. Unas pocas iban repitiendo su último pensamiento: أحبك Allí en el cibercafé quedó la página que motivo la brutalidad policial. Un joven que presenció la escena se colocó ante el teclado y colgó el texto en Internet. Un mes después el presidente de país pidió asilo á otro sátrapa vecino abrumado por las protestas de jóvenes airados pidiendo aire en el que respirar, un mundo en el que poder decir أحبك sin que un esbirro te eche el aliento hediondo que se escapa por sus poros procedente de su alma podrida. En una de las fotos, que la prensa internacional exhibía en las primeras con la gente abrazándose feliz, aparecía el hombre que lo denunció acompañado de sus hijos haciendo la señal de la victoria encima de un tanque. Fátima repasaba un año después en su ordenador el incomprensible correo que aquel joven, que todos proclamaban mártir de la revuelta, le había mandado con una declaración de amor. Lo había guardado en una carpeta local y se fue a la manifestación para echar a los militares que habían olvidado su promesa de convocar elecciones. Por el camino susurraba sin saber porqué أحبك

Todos a una, Fuenteovejuna

El dinero es un intermediario entre nosotros y los bienes que nos atraen. Pero el mismo dinero tiene su atractivo por la seguridad que proporciona. Pero sabemos que es un amante esquivo y traicionero. Que se lo digan a los alemanes que lo utilizaban en los años treinta para mantener sus calderas en uso. Es decir es un intermediario que, a veces, pierde completamente su valor y que, por otra parte, siempre está oscilando en relación a los bienes y a otras monedas. Esto lo saben bien los banqueros y grandes gestores del dinero ajeno. Por eso, aprovechando que pueden tomar decisiones que avalan los consejero bien suavizados por dietas suculentas y las asambleas bien engrasadas con dividendos y regalos, se ponen sueldos obscenos que desbordan toda proporción con sus supuestos méritos como gestores. Y lo hacen por miedo Hobbesiano protegiéndose de las destelladas de la inflación o del euribor. Por otra parte cualquier desfase entre productividad de un país y sus gastos e inversiones a la larga sólo puede compensarse con deuda, como hemos descubierto ahora los ciudadanos de a pié. La deuda que otros han contraído por nosotros con financiadores internacionales la vamos a devolver a sugerencia de Markel (El País, 13/02/2011) devaluando los sueldos. A mí me parece bien. Tendremos que pagar como comunidad los pagarés firmados. Esto es lo que hace todo grupo decente. Pero eso sí, aclaremos algunas deudas, digo dudas: ¿quienes dirigían los principales bancos y cajas emisores de hipotecas irresponsables? ¿quiénes controlaban los flujos globales de deuda desde el gobierno?, vengan aquí, vacíen sus bolsillos, abandonen sus poltronas, hagan un máster y empiecen desde abajo. Devalúen también sus sueldos y pensiones, bonos y golden puñetas. Expliquen sus decisiones, pidan perdón. Señores legisladores limiten los beneficios y sueldos de todos aquellos que de forma directa o indirecta llevan a cabo sus negocios arriesgando con gran valor nuestro dinero. Señores gobernantes, rojos o azules, dejen de escurrir el bulto, que el día que sus falta de resolución y sentido del servicio a la ciudadanía pueda ser expresada con escaños de la abstención se quedan sólos en el hemiciclo con los votos de su clientela. Estoy de acuerdo en devaluar los sueldos. Estoy de acuerdo en pagar mi cuota parte de sacrificio para que nuestros hijos hereden un país sensato, pero ¡todo a una!, Fuenteovejuna.

13 Feb 2011

Megaingenieros I

Una maldición china dice así: ¡Ojalá vivas tiempos interesantes! En ello estamos los profesionales de la técnica en este momento. Sabemos que no es que el ministerio de economía nos tenga inquina, es que la crisis no ha durado suficiente como para frenar la última ola de la biblia hayekina. Hay que eliminar todo rastro, indicio traza o picoestorbo a una acción empresarial libérrima. "El mundo será alguna vez deleuziano" dijo Foucault y está empezando a serlo. A ello se están aplicando los ideólogos y ejecutores del ideal economicista. Están convirtiendo al ser humano, ser social de hecho y de derecho, en una partícula aislada. Además de los vínculos familiares y sociales se están demoliendo los vínculos profesionales. Se empezó con la eliminación de los visados, se seguirá por la voluntariedad de la colegiación y ,finalmente como traca final, la promiscuidad profesional que supone la eliminación de las reservas de actividad. Para el profano esto significa que cualquier ingeniero podrá llevar a cabo cualquier acto ingenieril sea cual sea sus estudios especializados de partida. Más claro: un Ingeniero de Caminos podrá proyectar instalaciones industriales y un Ingeniero Industrial podra diseñar una mina. Esta atrevida propuesta confía en el sentido del peligro de los ingenieros que procurarán, según presume el redactor del borrador circulante, no meterse en camisas de once varas para no acabar ante los tribunales. Pero, entre tanto, el mercado (¡vaya! había pensado no decir "mercado" en todo el post) contará con muchos chicos con su título esperando la furgoneta que vendrá a las cinco de la mañana a darle trabajo, ese día, en la gasolinera de turno. Cuidado chicos con las confusiones de furgoneta, no acabeis tensando un plástico en El Ejido. Un vago argumento sobre los estudios comunes (¡matemáticas, física y quizá, inglés!) parecen permitir al autor del papel lavar su conciencia ante los avisos que recibe del fondo de su cerebro de que pueden complicarse las cosas. Sin embargo, uno no puede dejar de experimentar un cosquilleo de curiosidad por ver "que pasará" ante un escenario que sólo se le podía ocurrir a alguien que está pensando en otra cosa muy distinta de la solvencia profesional al servicio de la sociedad. Está pensando, con una fe sospechosa, en la necesidad de que entre los jueces y los empresarios sólo haya individuos desprotegidos que portan una mochila. En ella se acumularán el título (arrugado en el fondo con manchas de aceite), un papel que acredite su condición de autónomo al corriente de las cuotas, otro que pruebe que ha concertado un plan de jubilación a los 16 años y, finalmente, un certificado de persona, no de buena persona, sino de que posee determinadas competencias emitido, naturalmente, por una agencia AA+ o similar, que como es sabido aciertan todos sus pronósticos de solvencia.

28 Feb 2011

La historia juzgará a Rodríguez (y lo condenará)

Llevo años quejándome de la obsesión grosera de algunos por atribuir a Rodríguez Zapatero todos los males. Pero las últimas decisiones (en dos años) y una última especialmente lacerante y reciente, me llevan a considerar que está actuando de mala fe en esta última etapa de su mandato. De sobra sabe él que fue una mendacidad hacernos creer que no sabía que "algo" grave pasaba en las finanzas mundiales. Su retraso por ignorancia fingida ante todo un país ha contribuido a que el sector de la construcción siguiera produciendo viviendas que ahora se atragantan. Pero no a los que forzaban a los tasadores a que sobrevaloraran las viviendas para aumentar sus bonus obscenos, no, sino a los que descubren que devolviendo a su pesar las viviendas quedan apresados en una kafkiana deuda de un diferencial que ellos no pueden controlar. Hasta ahí el egoismo culpable de la banca (ni una lágrima echaremos por ellos cuando corresponda). Pero qué decir del rápido paso y rechazo por las Cortes de una propuesta de "dación de pago". Pues que unos han estado en su papel perfectamente coherentes y que otros han cruzado el Rubicón de la rendición al sistema más cruel con las familias de los últimos cien años. Deber lo que no se disfruta, como si esas familias hubieran jugado una disparatada partida de póker con cinco fuleros en la mesa y en la madrugada, intoxicados de humo y licor, hubieran puesto sobre la mesa su casa y sus hijos, si cabe. Y este disparate lo avala Rodriguez Zapatero y pretenderá todavía seguir sosteniendo aquello de "no os fallaré" que dijo en la puerta de Ferraz cuando ganó en 2004. Teniendo en cuenta su lapsus con ocasión del turismo en Rusia, ya no sabe uno que pensar sobré a qué se refería. Una pena, un prometedor y joven presidente progresista ha devenido en una caricatura de sí mismo buscando ser fiel a sus ideales en tierra hostil. Debería saber ya que en tierra hostil no hay disimulo: o mueres o te alias con tu enemigo. Él ha elegido vivir. El efecto es una catástrofe moral de la que tardaremos en recuperarnos.

¿Saps aquell que díu?

No es un chiste, el algo muy serio, pero recordarán a aquel lord inglés que se había ido un viernes de farra a Londres desde su castle en el country y recibió una llamada de su mayordomo, que naturalmente se llamaba Hopskins (Anthony). El mayordomo le relató angustiado el pavoroso incendio que estaba destruyendo su propiedad. El lord sin alterarse le respondió "menudo disgusto me voy a llevar el lunes". Pues tal parece la actitud de la Unión Europea con el drama de Libia. Anuncian una reunión para el día 11 de marzo para llevarse un disgusto. Si para entonces saben ya a quien hay que comprarle a buen precio el petróleo, pues mejor. Un gobernante autocrático es alguien que quiere permanecer en el poder toda la vida y que ama tanto a su pueblo (pues le permite vivir muy bien) que quiere dejarle en herencia varios hijos. Un gobernante democrático es alguien que quiere permanecer en el poder también mucho tiempo y, por eso, toma sus decisiones o las omite en función de lo que él cree que son los intereses de quien le ha de votar. Pero la diferencia es enorme, cualitativa, pues el gobernante democrático tiene que servir a su pueblo y el otro se sirve de él. Pero cuando se trata de cómo comportarse con otros pueblos las diferencias se amortiguan. En ese momento se hacen cálculos en los que la desgracia ajena cuenta poco. Y Europa está en este momento haciendo un peligroso experimento. Consiste en esperar a ver qué pasa en Libia, por si se restituye el régimen de Gadafi y se para, ipso facto, el incendio del África. Porque Túnez es una incidente al lado de la desestabilización de los países de Golfo. Eso es lo que espera Europa que suceda de aquí al 11. Espera ver si el incendio del castillo se ha consumido el sólo sin que su exquisita alma se perturbe. (Publicado en Facebook el 10/03/2011)

15 Mar 2011

Qué distintas energías se han desplegado en las últimas semanas. La benéfica de la juventud africana, la maléfica del Gadafi, la vibrante de los terremotos en cadena, la aterradora de los sunamis del pacífico y la apocalíptica de la central nuclear de Fukushima. ¿Cuándo elegiremos bien sin necesidad de llegar a la catástrofe. El sufrimiento del pueblo japonés por el terremoto y posterior golpe de océano se considera natural como lo fue la peste en el medievo. El pintor de Calos V, Tiziano, murió sumido en la amargura de perder a su familia en una epidemia que también acabó con su vida. Ahí no hay más lección que constatar nuestra limitación actual ante elementales ajuestes de las corteza terrestre. Pero la energía nuclear es otra cosa. El hombre no sabe parar nada de lo que comienza hasta la propia inmolación. El hombre fue posible precisamente porque el planeta Tierra esconde la radioactividad propia y filtra la que procede del universo. Pero no podíamos estarnos quietos. Una vez descubierta el lugar de la puerta había que abrirla. Y se hizo a lo grande acabando de repente con 300.000 personas, japoneses para más señas (Truman debe ocupar por méritos un lugar en el museo de la ignominia). La razón de que sigamos jugando con fuego, se dice, es que somos adictos a la energía y la que teníamos a mano se agota, además de ser perjudicial para la naturaleza. Por lo visto la EN es beneficiosa. Nuestros cementerios nucleares son las reservas de muerte activa que volverá sobre nosotros seres de estupidez a prueba de bomba (atómica). ¿Qué sería lo razonable? es decir ¿Qué es lo que no vamos a hacer? pues sencillamente reducir nuestro consumo de energía eliminado lo superfluo y ocupándonos más de extender el bienestar esencial (salud, alimento, vestido, cobijo y conocimiento) que yates, perfumes, joyas, marfiles, pieles y demás signos de putrefacción humana, cuya feria se celebra en Rusia cada año. Reducir a mínimos justificados el transporte motorizado privado y acabar con los paraísos fiscales, refugio del comercio con la debilidad humana. En definitiva pedirle al capitialismo que dirija su codica a mercados de solidaridad y no permitirle fugarse hacia la locura con nosotros a la grupa. Dejar que la creatividad artística y tecnológica llene de alegría nuestras vidas sin necesidad de dispendios que todo identifican y nadie tiene el valor de abolir. Vuelva el periodismo deudor de la verdad que nos abandona cada día. Confiemos en que la democracia se refien con la ayuda de la velocidad de transmisión de la buena voluntad que hace posible la red Teilhardiana que se está tejiendo sobre la Tierra. Rechacemos la resignación ante una supuesta maldad intrínseca del hombre. El futuro nos constituye. Más que lo que fuimos, somos lo que seremos, o al menos lo que aspiremos a ser.

17 Mar 2011

En los partidos de fútbol se observa últimamente (50 años) que siempre que la pelota sale de banda, los dos futbolistas en liza dicen que la pelota la sacado el otro. Es decir que siempre mienten los dos. Aunque, como los relojes parados, aciertan dos veces al día. En las tertulias los defensores de posturas hacen algo parecido, se matiza poco y se argumenta, en general, mal. Cuando se hace mal es porque el contertulio no trae preparado el tema y navega con principios generales sobre la cuestión. Pero si se ha de profundizar se necesita cumplir determinadas reglas de la lógica informal que no se cumplen porque, en general, los moderadores no son expertos y también navegan a golpe de intuiciones. En estos días se discute sobre energía nuclear a cuenta de la desgracia de Japón. Es verdad que una tertulia con datos es menos fluida y divertida pero, sin ellos, no le sirve nada más que a los forofos. Los únicos datos que han aparecido han sido los de 6 euros/kw para el petróleo; 8 para la nuclear y 78 para la solar. Es decir, dado que se anuncia el agotamiento del petróleo sólo quedaría la nuclear como fuente de energía barata. ¿Barata? Cuando se divida el coste total de los daños producidos por Fukushima por el número de kilovatios producidos hasta el día del terremoto veremos a ver a cuanto ha salido la dichosa energía. Pero, además, en vez de empeñarse en la energía nuclear como hacen los cortoplacistas de los beneficios, ¿no será mejor, mientras quede petróleo, reducir el consumo en estupideces e invertir fuertemente en investigación para unas fuentes de energías renovables más efectivas? Si la factura del petróleo es de 25.000 millones de euros al año, necesitamos saber en qué se consume. Hace falta un cuadro público de distribución de la energía, que se publique en los periódicos del mismo modo que la cartelera de cine o de televisión. Un cuadro sencillo de grandes partidas. Y luego preguntamos a la gente a qué estaría dispuesto a renunciar para no seguir mansamente las propuestas de los que sólo están interesados en el beneficio privado a corto y el endeudamiento público a largo, muy largo. Se suele decir que nada es seguro al 100 % como argumento a favor. Eso es una falacia, porque el concepto a utilizar es el de riesgo como producto de la probabilidad de que algo suceda multiplicado por el costo de las consecuencias. Y ahí las energías renovables tienen toda la de ganar, porque las probabilidades de fallo son bajas y las consecuencias baratas (lo que se tarde en la reparación). Es decir, riesgo bajo. Por el contrario, la energía nuclear aunque tenga una baja probabilidad de catástrofe, las consecuencias son tan devastadoras que el riesgo es alto. Si las primeras cuestan diez veces más que las segundas el reto está en abaratarlas mediante investigación intensiva. Concéntrese toda la inteligencia en ello, sin desviarla en fabricar dispositivos de colores más glamurosos (iphones) o balones de fútbol más divertidos (jabulanis). Si no hacemos caso de las señales nos encontraremos en medio de la vía de un tren natural o artificial que nos pasará por encima sin misericordia en medio de una gran carcajada cósmica por haberse librado de una especie tan molesta.

11 Abr 2011

Unidad de Vigilancia Financiera

Dado que la economía lo ocupa todo como un gas deletéreo transformando la sociedad en un mercado corruptor de todo lo que merece la pena. Dado que pronto venderemos a un amigo por un contrato y a un familiar por ocupar su sitio en una lista de la sanidad. Dado que pronto cada uno ira solitario a la plaza de su pueblo o de su ciudad con el miedo agarrotándolo para ver si ese día lo contratan para el "proyecto de un emprendedor"; que lo viejos de 70 años se arrastrarán empujando un carretilla o se dormirán sobre el teclado de un ordenador. Dado que nuestro porvenir va a depender de las decisiones de gente que ha demostrado no ser de fiar en sus decisiones por estupidez o codicia, es el momento de crear la Unidad de Vigilancia Financiera. Formada por jubilados de clase media de no menos de 80 años y jóvenes universitarios en paro de no menos de 30 años se ocupará de elaborar un cuadro de mando que nos informe sin intermediario a pobres y tullidos de cómo van las finanzas. Todo los días miraremos feisbuc y comprobaremos cómo se está aplicando el presupuesto, como va el PIB, cuánta deuda pública hay, cuánta privada. Cómo se distribuye la renta, quién gana más de 500 veces el sueldo mínimo. Así, con la ayuda seria de la telecomunicación, más allá de frases del tipo "ya estoy llegando", los gobiernos deben sentir a su pueblo en el cogote. Twitter en serio. SMS a go-go. La UVF será un "indignador" eficaz. La gente se partirá de risa leyendo los gráficos de la bolsa o sacará brillo a las pancartas cuando los gobiernos no cumplan las promesas, montará concentraciones los sábados para celebrar el embargo de algún piso en Manhatan. En fin, no me quedan disparates que decir. Pero vamos camino de que todos perdamos la razón cuando la razón es burlada por los encargados de cuidarla.

21 May 2011

Son nuestros hijos

El orden de las cosas no es el orden humano. Por eso, determinados órdenes y uniformidades nos parecen maquinales y opresivos. Un ejemplo son los movimientos extraordinariamente acompasados de los figurantes chinos en las olimpíadas de Pekín o el paso de la oca de algunos ejércitos. El orden humano no se consigue alineando cuerpos y alienando pensamientos. El orden humano tiene que ver con la justicia, y la vida buena basada en la salud, la educación y la vejez digna. La democracia es un orden humano. Pero, como todo, tiende al desorden. Por eso, no extraña que aparezcan corrimientos de carga escandalosos desde el esfuerzo de todos a las cuentas corrientes de unos pocos que dominan los resortes financieros y, acompañándolos, la corrupción como consecuencia de que ciertos administradores públicos reclamen su parte en el expolio. Pero sí debería extrañarnos que no se pidiera la hoja de reclamaciones. Los acontecimientos de estos días no parecen ser resultado de la nostalgia de revolucionarios trasnochados. Tampoco una manipulación mágica y poderosa de un Lex Luthor o tío Saín (en la versión hispana), como siniestro habitante del subsuelo. Ni siquiera el delirio de unos jóvenes que pasan de la estupefacción de una juerga (hoy se llama botellón) a perturbadores brutales del orden democrático. No, **son nuestros hijo**s. Educados distraídamente en la creencia del relevo natural de generaciones en el uso y disfrute del mundo, se han encontrado bruscamente con el mayor truco de David Copperfield: la desaparición de su herencia colectiva. Su reacción no es atolondrada ni violenta. Al contrario, es racional y pacífica. No quieren repetir nuestros errores. Son ilustrados y muestran una calma que ofende a los que han sido sorprendidos en sus rutinas falsarias. No tengamos miedo al aire fresco y acojamos como un derecho su reclamación de ser nuestro relevo legítimo.

¿Jóvenes contra mayores?

En El País de los Negocios del día 15 de mayo , el señor Ángel Ubide escribe un artículo del que se derivan conclusiones distintas a las que él llega y se acercan más a las que por su cuenta saca su vecino de páginas Paul Krugman. Pero dice algo especialmente incomprensible y lacerante. A saber: "Por ello (el carácter indefectible de las reformas de pensiones), es difícil de entender la participación de los jóvenes en las manifestaciones en contra de la reforma de pensiones. Estos jóvenes se están manifestando en contra de reformas que mejorarán su propio futuro y alguien se está aprovechando de su ignorancia". Serán sus abuelos los manipuladores. Esto es el colmo. No nos faltaba nada más que los jóvenes vieran en sus mayores a rivales. Lo que mejoraría su futuro sería el procesamiento de gente como Paulson y alguno más cercano a nosotros que estaban hace poco incitando a los jóvenes a endeudarse de por vida en cantidades totalmente imprudentes, para ahora cerrarles el horizonte ahogando el crédito. Y ello mientras los supuestos expertos se tragaban cualquier producto derivado con papel cuché si venía en inglés. Lo que mejoraría su futuro sería que se intentara salir de la crisis pensando en el empleo y no en la inflación para que los mercados estén felices entre eructos de marisco. Estos jóvenes sencillamente saben que serán mayores. El señor Ubide quizá también lo sepa, por eso no debería confundirnos.

Desgraciadamente hoy en día la ciencia económica no está al servicio de la sociedad. No sé si lo estuvo alguna vez, pero tienen que ganarse el crédito de nuevo y este no es el mejor modo.

26 May 2011

Como este blog no lo lee nadie, me voy a atrever con dos pronósticos y un aviso de política ficción: 1) PRONÓSTICO I: Habrá elecciones en otoño a poco que el PP le explique a PNV y CiU lo que les conviene. 2) AVISO a Rajoy. Le veo tibio respecto de forzar las elecciones tras el verano, pero yo no me confiaría, pues el que puede que no llegue como candidato a las elecciones en marzo de 2012 podría ser él mismo. La que parece victoria aplastante en la generales debe estar haciendo que algunos/as saliven en el PP con la posibilidad, quizá irrepetible, de ganar casi sin esfuerzo. 2) PRONÓSTICO II: El candidato del PSOE será Fernández Vara. Chacón ya se ha retirado quebrada por la finta vasca denominada "congresista" y Rubalcaba debería ser consciente (y creo que lo es por su inteligencia) de que ya no es su tiempo. Por eso, creo que Fernández Vara, que es hombre de APR, que no está quemado y tiene porte y serenidad para conducir un debate profundo en su partido, es una buena opción. Perderá y se aprestará a una oposición libre del peso de haber formado parte de un gobierno que ha hecho la política de sus adversarios. CODA FINAL: La democracia española no puede permitirse el lujo de dejar huérfano a medio país desde el punto de vista ideológico. Nadie pide una vuelta a propuestas descabelladas para la nacionalización de la banca o semejantes. Después del espectáculo de las Cajas, ya hemos tenido bastante sobre qué pasa cuando la política tiene influencia en los caudales. Pero estoy seguro de que en torno a los principios de justicia, sanidad y educación para todos es posible organizar una programa atractivo y realista que haga posible un urbanismo no disparatado, un sistema fiscal que permita visualizar la distribución equilibrada del esfuerzo económico, y que nos sea evitado el espectáculo de embargos masivos o corrupción de personas e instituciones. Un sistema que financie la salida de la crisis del único modo que merece la pena: esfuerzo de TODOS conscientes de la deuda que dejamos a nuestros hijos para un cambio del sistema productivo basado en el conocimiento. Todo ello en un contexto de bienestar y justicia para TODOS (incluidos los irresponsables políticos, económicos y sindicales que, teniendo la información, permitieron la bacanal económica de la que ahora nos despertamos con dolor de cabeza).

El capital no se toca

Este es un blog sumario. Casi un tweet. Se trata de demoler el argumento de que los directivos de las grandes empresas o bancos financieros pueden esquilmarlos "porque al ser empresas privadas arriesgan su capital y merecen el premio correspondiente". Tradicionalmente se habla de rentas del capital y rentas del trabajo como si fueran equiparables. Esta igualdad debería provocar que la renta nacional se reparta en partes iguales entre los dos grupos. Se olvida que las rentas del trabajo se las reparten el 99 % de la población y las del capital el 1% restante. ¿Qué razón puede fundar este disparate? Si se trata del argumento del riesgo, hay que precisar que nadie arriesga su capital, sino que pone en riesgo el ajeno en forma de ahorro nacional o internacional. Si se trata del mérito del trabajo inteligente de los gestores, ahí está el desastre provocado por tanta inteligencia desreguladora en la última década. En cuanto a los sueldos disparatados de los gestores, hay que hacerles ver de forma contundente que el capital no se toca. Es decir, un empleado de la fábrica de la moneda y timbre no se le ocurre, ni se le permite, llevarse billetes a casa. Tampoco a un empleado de una de esas empresas holandesas que comercian con brillantes. Sin embargo, una especie de síndrome de Estocolmo, permite que se comprenda a aquellos gestores que se ponen (con la pasividad de las asambleas correspondientes) sueldos e indemnizaciones (como si hubieran sufrido algún daño) obscenos. El capital está al servicio de la actividad económica, como el dinero o los brillantes. Por tanto, NO SE TOCA, se transforma en vida digna para todos.

14 Jun 2011

Paul Krugman lleva un tiempo reclamando una estrategia de salida de la crisis que ataque al paro. Opone esta estrategia a la que trata de controlar la inflación subiendo intereses. Intrigado he puesto en orden mis ideas y he llegado yo solo a las siguientes triviales conclusiones: cuando te ocupas del paro cuidas a la gente, aumentas su autoestima y, al volver al mundo de trabajo, consume y cotiza; si te ocupas de la inflación cuidas al tenedor de capital porque aumenta el diferencial entre los intereses que cobra por prestarlo y el factor de deterioro que es la inflación. De modo que tenemos claro de parte de quien está el Banco Central Europeo y los políticos. Me intriga por qué los prestamistas aumentan los intereses de los prestatarios provocando su ruina y, por tanto, compromete la devolución del principal. El caso de Grecia es palmario: se presta a unos tipos de interés que la hundirán para décadas. Se hunden países con la gente dentro. Eso sí que es un naufragio. Y en los que todavía aguantan como España, se destina a los parados a la indignidad, pues la dignidad no renta. Es como si una máquina más poderosa que el poder hubiera tomado vida propia impulsada por sus servidores los rentistas, que creen dominar al monstruo y disfrutan lamiéndola con gula, inconscientes de la olas que se levantan paulatinamente. Ellos verán, todos perderemos. Corolario: en Grecia nació lo mejor de occidente. Así se lo pagamos.

15 Jun 2011

Por qué al PSOE sólo le votarán sus militantes en las próximas elecciones

Hoy es15 de junio de 2011. En la tertulia de La Ventana en la SER se debate sobre las líneas rojas sobrepasadas supuestamente por los 15-M, aunque se concede que puedan ser infiltrados. Es una tertulia de políticos. Aguantan como pueden los envites de la audiencia contra la "clase política" hablando de su representatividad en las urnas (incuestionable), aunque no mencionan la alta abstención para poner en valor su importancia respecto a movimientos incontrolados (indiscutible). A partir de ahí y con la ayuda de Gemma se hace presente que, a pesar de la legitimidad democrática, no se está reaccionando a unas peticiones que van más allá de una intromisión espontánea e impertinente de estos chicos. Que no se trata tanto de cuestionar la democracia como de exigir cambios en las prioridades de los muy legítimos políticos elegidos. Uno de ellos se calienta y dice que hay afrontar de cara los problemas que agobian a los ciudadanos: hipotecas, deudas posteriores a la entrega de la casa, paro, la dación... Entonces un tal Hernando del PSOE empieza a decir que hay que legislar para que esto no ocurra más. Como percibe que esa respuesta se queda corta dice "de hecho ayer se trató en el Congreso y se rechazó". ¿Qué se rechazó? pues la cancelación de la deuda con el banco cuando se entrega la casa. ¿Por qué tal cancelación? porque la sobre tasación fue aceptada, si no impuesta por los mismos bancos para llevarse más comisión. Hernando no explica por qué se ha rechazado, pero nosotros lo sabemos. Si se legislara en este sentido, los activos de los bancos se desploman hasta el valor de mercado de la vivienda tomada. Por eso se exige al cliente (temporal) que pague la diferencia y ellos puedan hacer el apunte correspondiente en su contabilidad. Para el "socialista" Hernando es mejor que las familias queden en la miseria para siempre que los bancos sufran. Ya sabemos de parte de quien está. Como socialista coherente está de parte de las sociedades (anónimas y limitadas). Como los votantes del PSOE no se chupan el dedo aunque ellos crean que sí, pues algo así como un millón y medio han decidido quedarse en su casa o visitar la sede electoral sin bolígrafo. He aquí porque José Luis Rodríguez Zapatero tiene cada día peor cara. Porqué a Rubalcaba le debería poner una estatura a la fe en la propia habilidad y porqué al PSOE sólo le votarán sus militantes en las próximas elecciones.

La mayor violencia es la no violencia

A los que nos gusta que se diga que el rey está desnudo, nos preocupa el acoso de los últimos días a los parlamentarios y políticos de nuestro país. Dado que los medios no está interesados en noticias del tipo "perro muerde a hombre" y que las concentraciones estaban pareciéndose más a esto que a un noticia del tipo "hombre muerde a perro", la consecuencia es que la imagen que se da en los medios de la dinámica (no quiero llamarlo movimiento) 15-M se degrada. Donde esté una antisistema sujetada por los brazos por dos policías mientras muestras sus pelos enmarañados que se quiten listado de propuestas refrescantes o reproches implacables de las proclamas de los pacíficos. Estadísticamente todo grupo humano tiene sus nihilistas y sus intransigentes (veáse el congreso de los diputados). Si se pertenece al "folk" lo que se espera de ti es folklore y no que avergüences a los apoltronados. Por eso, el 15-M, que está despertando a los dormidos, debe añadir a sus imaginativos eslóganes y novedosas formas de presión, el descubrimiento de la forma de neutralizar a los "cojos manteca" y lectores de la revista Russkoe Slovo que se les han infiltrado para dar rienda suelta a sus pasiones destructivas y a su despiste ideológico. Es necesario que se conviertan en la conciencia pacífica de los errores y atropellos que nuestra generación de codiciosos ha perpetrado con su futuro. Pero debe hacerlo pacíficamente alternando iniciativas sin caer en la provocación para que los que les gusta contemplar el Apocalipsis por la tele, puedan decir "ya decía yo que estos melenudos...". En España puede votar 34,6 millones de personas. De ellas votan 22,9 millones. 14,7 se reparte entre los dos partidos principales (de momento), 0,9 millones de votos nulos y blancos y el resto (7,3 millones) para los demás partidos. Unos 11,7 millones se abstienen. El PP gana prácticamente todo el poder municipal y regional con 8,5 millones (que representa el 25 % de todos los electores). Si sumamos abstenciones, nulos y blancos hay casi tantos indiferentes, indignados, escépticos y perezosos como activos votantes de los dos partidos mayoritarios. Naturalmente nadie se puede apuntar esas voluntades, pero es un síntoma de malestar de desafección que no se puede ignorar. Por eso, el 15-M es una esperanza que debe encontrar el modo de no contaminarse con los violentos. Que los son porque son portadores del gusto por el desorden como deporte peligroso y estimulante, no porque persigan objetivos intelectuales o pragmáticos. Si no lo consiguen perdemos todos. La mayor violencia que se puede hacer a la esclerosis del sistema es la no violencia inteligentemente aplicada.

Mentalidad economicista

En las tertulias actuales siempre hay un economista que dirá, que el dinero que se presta hay que devolverlo. Y ahí se queda, sus neuronas no tiene activados circuitos que les permitan aceptar cuestiones más sutiles. Ellos dirán que no son políticos ni filósofos para trasladar la discusión a otro nivel categorial. Bien, pues entonces no los necesitamos. Para decir obviedades de corto recorrido esta sociedad no los necesita. No es lo mismo un individuo ludópata al que el prestamista le rompe las piernas en un ambiente mafioso que un país entero acosado por buitres de una altivez insoportable. No puede ser. La prosperidad del mundo se basa, mientras las máquina no nos sustituyan, en el esfuerzo de personas y para el disfrute de personas. La acumulación de capital en algunas parte del sistema no puede convertirse en una posición de ventaja PARA SIEMPRE mediante mecanismos tan elementales (los comprenden los millonarios) como inflación baja mediante intereses altos, desatención a los parados como residuo soluble y garantía de sumisión del empleado, préstamos inevitables a cualquier operación productiva a la espera de un traspiés para caer sobre la víctima, persona o país entero y atarlo en el suelo con interese crecientes. No es de recibo decir que la culpa es de los ciudadanos. Sí es de recibo decir que nuestras autoridades políticas, económicas y financieras son culpables de lenidad, desgana o complicidad con un proceso global de endeudamiento del que SOLO ELLOS tenían noticia. Sí es de recibo decir que los famosos mercados financieros son mercaderes despreciables que no ponen límite a su capacidad de extorsión en las subastas de bonos soberanos. No se dan cuentan que ahogan a sus clientes y todavía compatriotas en nombre del principio USTED HARÍA LO MISMO. Pues no, no haríamos lo mismo. El principio de optimización de la renta del capital es criminal e ilusorio. Tras un vendaval de subidas de interés puede que no quede nada sobre lo que invertir el capital. No necesitamos más diagnóstico, sino coraje para ofrecer soluciones desafiantes a estas hienas. Pero, naturalmente es necesario hacer cada vez más ruidosa la reclamación a nuestros dirigentes por su irresponsable comportamiento en el caso de los "liberales" y por la estupidez insondable de los "progresistas" con ZP a la cabeza que fueron incapaces de parar la ficción de que este era un país rico en 2004. Ver ahora su rostro ceniciento es un sufrimiento para los que le votaron. Su energía ideológica cuando no se levantó en el desfile de las Fuerzas Armadas ante la bandera de USA y su gesto tan estimulante de sacar a España de la guerra de Irak fueron un espejismo. En realidad ha sido un dirigente débil, desnortado y, además, con el orgullo insoportable de no cesar en su intento de parecer dominante de la situación mientras la realidad le quita una prenda cada día. Esperemos que una vez desnudo, apriete el botón de las elecciones anticipadas para evitarnos esta lenta agonía de un gobierno crecientemente esperpéntico en su obstinación de salvarnos empujándonos al abismo. Entre tanto, la mentalidad economicista con su mantra clintoniano: "son los intereses, ¡estúpido!"

Un sólo tipo de libertad

Nuestro miedo a la marginación nos lleva a trabajar y nuestro miedo al trabajo a enriquecernos. Una vez que uno es rico el miedo es otro: el de que tu capital pierda valor. Por eso, los ricos padecen la maldición de ponerse al servicio de su capital. Debe ser un mecanismo de supervivencia hipertrofiado hasta la locura. Cuando el trajín económico produce acumulaciones de dinero en algún rincón se está posibilitando emprender empresas que no podrían ser ni concebidas si hubiera que contar con los excedentes de cada uno de nosotros. No hay confianza en que los ciudadanos (perezosos e ignorantes) presten parte de su dinero para investigar o crear empresas nuevas que den trabajo aprovechando los resultados de nuevas ideas científicas. La existencia de los ricos también proporciona referencias que estimulan a muchos al trabajo (emprenderores se dice ahora) que tiran de los demás. Cuando los ricos han satisfecho las necesidades para tres generaciones, lo que les sobra les agobia y no encuentran mejor destino que prestarlo para que otros, al trabajar para ellos, lo hagan también para el capital mediante el sencillo mecanismo del interés. Un mecanismo denostado en la edad media por poco piadoso por la Iglesia Católica. Por eso se dio a los judíos, eternamente mancillados por la muerte de Cristo (qué líos se hacen algunos), el privilegio de acumular capital y prestarlo a interés. Pero Calvino acabó con esta ventaja y recuperó para los cristianos la posibilidad de enriquecerse como rentistas. El rentista vivía su maldición mirando todos los días los resultados de la bolsa. Hoy la maldición le persigue las veinticuatro horas a través de su iPhone. Pero el enemigo del rentista que ha prestado su dinero es la inflación que tiene que ser lo más pequeña posible para que su beneficio sea máximo. Pero en economía si se aprieta mucho en una dirección te sale la pus por la otra (siempre Berlin). El equilibrio (siempre Aristóteles) es la clave. La actual situación tiene todos los síntomas de no estar equilibrada. De una parte, la acumulación de capital gracias al progreso tecnológico es de tal calibre que es posible incitar al consumo de dinero a países enteros. De otra, la paulatina imposición de la ideología de la libertad del mercado sin regulación alguna desde el poder político ha desbocado la codicia o la búsqueda irracional de protección. Estas dos posibilidades se convierten en realidades lacerantes para los habitantes de los países víctimas. Veamos el fundamento de esta situación: 1) el capital es necesario, el trabajo también. De este principio se extrae la siguiente conclusión falsa: la renta generada en un país debe ser repartida por igual. Con este mecanismo la acumulación de capital hasta límite desequilibrantes es inevitable. 2) La única libertad es la económica y cualquier otro valor humano debe ser relegado ante ella. Aquí no hay conclusión falsa, el propio principio lo es.

La hipertrofia de un único valor produce situaciones donde sufren o se expulsan los demás: justicia, dignidad *per se*del ser humano o la compasión. Pero este principio de libertad tullida si está activo, como en la actualidad, lleva al disparate de una organización unidimensional de la vida por culpa de una idea hecha manía. En un documental sobre las matanzas de judíos en el Este europeo (tanta ignominia que aún queda para que pasemos vergüenza nosotros) un eslavo declaraba que una vez vencida la repugnancia de hacer estallar cráneos de jóvenes y mayores por primera vez, la tarea era "como una manía". Una manía de una naturaleza parecida nos está haciendo peores cada día. La manía de máximo beneficio. El final del paraíso fue el trabajo, pero el capital no es el final del trabajo, sólo un sirviente de las personas concretas. Se reprocha a los políticos su inacción ante el poder de los mercados y ponen cara de impotencia. No saben que hacer. Se mantienen de pié, pero están quebrados por dentro. José Luís Rodríguez Zapatero es un buen ejemplo de muñeco roto en este período agónico que ha decidido obligarnos a sufrir. Lo que les pasa a los políticos es que han olvidado el origen de su legitimidad. En un mundo sin dioses, la legitimidad reside por puro naturalismo en la especie humana y cada uno de sus componentes. La voluntad de poder que tanto daño ha hecho no puede abdicar ahora que tanto bien puede hacer. Si la legitimidad está en la gente y si ellos son los representantes nuestros no tiene otra misión que cuidar de nosotros. Y no valen trucos acerca de misteriosos designios que explican lo inexplicable (tipo la letra con sangre entra). El poder debe limitar, regular, controlar la hipertrofia de la libertad financiera (que no de la económica). Debe aprovechar que la codicia también está sometida a las leyes de la relatividad. Un rico lo es, no por el valor absoluto de su riqueza, sino por el relativo a la riqueza de los demás. Por tanto se debe limitar (no eliminar) las tasas de interés de la renta del capital, se debe limitar la renta de las personas físicas (qué mérito puede hacer merecer millones de euros por el trabajo de una sola persona);se debe criminalizar la corrupción, especialmente en los cuidadores de los asuntos públicos (políticos y reguladores), se deben eliminar esos pozos de ignominia que son los paraísos fiscales (medida de la hipocresía política mundial), donde circulan capitales procedentes del dolor (tráfico de armas), la indignidad (tráfico de personas), la locura (tráfico de drogas) y del simple latrocinio. Hay trabajo. Comprendo que no quieran ni oír hablar de esto los políticos al servicio de todo lo que huela físicamente bien, aunque el aroma oculte la putrefacción. Pero los políticos de izquierdas nos están haciendo pensar que sólo son topos para nuestra desgracia. Con la hermosa tarea por hacer al servicio de la justicia, la salud o el conocimiento, cómo se puede decir que la izquierda está sin programa. De lo que carece es de vergüenza.

29 de Ago 2011

(Publicado en el especial 35º Aniversario de El País de 29 de junio de 2011)

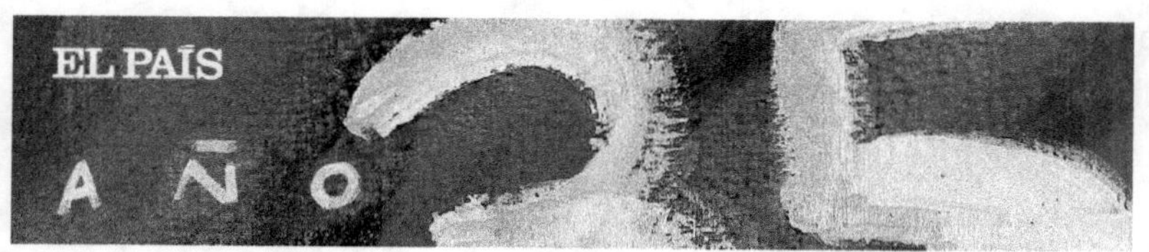

El tiempo son los acontecimientos percibidos sazonados por nuestras emociones. Los 35 años transcurridos desde aquel martes 4 de mayo de 1976 en que salió EL PAÍS a 10 pesetas son decisivos para mi generación, nacida en torno a 1950. Casados relativamente pronto, disfrutando de la transición política y sin inquietud sobre el trabajo hemos llegado a una madurez perpleja que descubre que la pendiente ascendente de nuestra vida material ha quebrado ofreciendo un abismo para nuestros hijos. Aunque el posmodernismo prohíbe buscar significados, no podemos evitar preguntarnos qué ha pasado. Tal parece que el vértigo introducido por la tecnología colorista de la era digital está siendo aprovechado por unos nuevos corsarios que quieren quedarse con el mando económico y político. No es una conspiración clásica con su centro de control. Están sindicados por la codicia y trafican con el capital de los demás. Han seducido a los mejores para producir trampas financieras, han corrompido la inteligencia y nos invitan a todos a ser autónomos maximizando nuestra escasez. Entretanto, ha desaparecido casi totalmente la entereza de los políticos, que nos muestran un rostro grave que esconde el vacío mental más absoluto o la complicidad. ¿Hay esperanza? Sí, los jóvenes.

25 Jul 2011

Sólo unas palabras para mostrar mi perplejidad con el hecho de que estos valientes terroristas, verdaderos matarifes con las víctimas atadas en su inocencia, odian al musulmán o al cristiano y matan al cristiano o al musulmán. En un caso un norteamericano y un noruego matan a sus compatriotas porque son racistas y odian a los emigrantes y otros, los musulmanes radicales de Al-qaeda matan, mayoritariamente, a buenos musulmanes. ¿Pereza? ¿Entrenamiento en la estupidez? ¿Simples asesinos patológicos acogidos a una ideología que prestigie la acción? Todo menos locos irresponsables. Estos no son locos. ¿Qué cadena de acontecimientos psicológicos concluye en una decisión meditada como la que supone la preparación de estos atentados? Si estos crímenes parecen cometidos por marcianos, recuérdense los crímenes de los intelectualizados asesinos de las Baader Meinhof, Brigadas Rojas, ETA, etc. Crímenes cometidos por gente con la que nos tomaríamos unas cervezas si no supiéramos nada o, incluso, como se ve por el apoyo social, sabiéndolo todo. Culto a la muerte. Lunático culto a la muerte del que no sabe que ni el maestro de ceremonia de su secta, el hemi bigotudo Hitler, pudo conseguir acabar con todas sus víctimas inventariadas en los ominosos registros de la judería centro europea. Todo ellos cometen la falacia cognitiva del "último vagón". En un determinado ejército se incluía en los test de promoción al empleo de cabo la siguiente cuestión: "Si las estadísticas de accidentes de trenes ponen de manifiesto que el último vagón es el que más accidentes tiene, ¿considera como una medida adecuada quitar el último vagón en cada convoy?" Un alto porcentaje de los aspirantes a cabo contestaban que sí. Terroristas despistados, aplíquense el cuento, aunque sea porque somos más

25 Jul 2011

Economía en dos tardes

Dado que nuestros políticos no saben o no quieren interpretar a favor de sus representados las cifras de las que tienen noticias antes que nadie, es necesario tomar medidas. Si en mi mano estuviera legislaría la obligatoriedad de la publicación mensual de un cuadro de cifras macroeconómicas y su histórico asociado para que los ciudadanos supiéramos a qué atenernos. No olvido que las cifras son públicas, pero lo son en un formato inarticulado que sólo los expertos pueden reunir, articular e interpretar. Lo que propongo es que los periódicos sacrifiquen algunos anuncios de la doble moral para incluir a costa del Estado una tabla normalizada con los valores de PIB, RENTA DEL TRABAJO, RENTA DEL CAPITAL, DEUDA PÚBLICA (central y autonómica), DEUDA EMPRESARIAL, RENTA DISPONIBLE... etc, y cualquier otro que se considere necesario para hacerse una idea cabal del grado de progreso o regreso del país. De este modo se haría pedagogía activa para que los políticos profesionales (políticos somos todos) no puedan ni amagar en una mentira en cuestión tan importante. Acabaríamos con las promesas optimistas mientras las curvas se desploman o nos daríamos una oportunidad de protestar por un exceso de endeudamiento propagandístico de las instituciones o tendríamos razones par sospechar de las sonrisas de meretrices de los comerciales de los bancos como ocurrió en la década dorada. Un cuadro para ayudar a los políticos profesionales a ocupar sus energías en las cuestiones y a no comprometer nuestro futuro. Si en el siglo XIX emergió la dimensión económica como un vector decisivo y condicionante de la vida social, en el siglo XXI esta realidad ha llegado hasta el punto que los profesionales de la economía nos han convertido a todos en compulsivo guardianes de nuestra escasez, vigilando intereses, primas, inflación y bolsas mundiales en vez de dedicarnos a trabajar. Porque si todos somos financieros (ociosos) quién demonios va a producir lo necesario. Aún la automatización no ha dado para tanto. Todavía hay que producir mercancías necesarias, por lo que no podemos estar pendientes de que una entidad financiera nos está vaciando el bolsillo con operaciones de micro o macro economía.

Vaciamiento impune como podemos comprobar estos días en que los más torpes de los dirigentes se van a casa silbando un melodioso "¡ahí os quedáis, pringados!"

26 Jul 2011

Acabo de escuchar en la SER al vicepresidente Chaves. Cuando ha terminado diciendo que el PSOE iba a ganar las próximas elecciones ha empezado un anuncio de ING direct con la desenvoltura que ahora tienen los anuncios diciendo "hablando de ganar..." No he notado la diferencia. Aprovecho para mostrar una vez más mi escándalo con el formato que los medios de comunicación están aceptando para la publicidad, según el cual las voces (con sus timbres) y la caras (con sus señales) que asociamos con la información e incluso con la verdad establezcan diálogos con los publicistas en una actitud de alegre muchachada. Como diría De Quency (pero lo digo yo). "Ya se ha cometido el crimen, pronto seremos impuntuales". Paren esto o el mundo orwelliano llegará sin que nos demos cuenta.

06 Ago 2011

La naturaleza de las cosas

Esta mañana el ministro Jáuregui decía en la SER que ganar dinero en los mercados estaba en "la naturaleza de las cosas". Si esto piensan los políticos de su rango, no hay esperanza. Está en la naturaleza de las cosas los fenómenos metereológicos o la aceleración de la gravedad, pero no la malicia especuladora de los corsarios modernos (algunos, incluso, como Drake lo harán por encargo de alguna nación). Se ha permutado fines por medios. El dinero es un medio para el comercio no un fin. El fin de toda actividad social es la vida digna de la gente. Por tanto los que nos representan tienen la obligación de cercenar con leyes el abuso de la libertad de los mercados financieros. Una bandada de cuervos ha caído sobre la civilización y, en su ignorancia, ellos mismos pierden la vida en el juego que proponen.

08 Ago 2011

¿Quién controla al controlador?

En los años setenta el psicólogo B.F. Skinner planteó el problema de quién controla al controlador en su libro "Más allá de la libertad y la dignidad". La repuesta en un mundo sin "puntos de reposo" es el controlador. No ha árbitros independientes ni jueces imparciales. Por eso el gobierno de Obama anuncia una regulación de las agencias de calificación financiera. Ya verán como éstas pronto se revelan aludiendo a la "parcialidad del gobierno". Ironía que demuestra la intuición de que el control independiente no es posible. Siempre se corrompe. En las dictaduras hay jueces que condenan conforme a los intereses del sanguinario de turno. Por supuesto que llevan las mismas togas (diseño) que los jueces con convicciones. Cuando las dictaduras devienen democracias estos jueces no son represaliados, sino que siguen en sus cargos y entonces, liberados de su temor a perder la carrera o la cabeza, se vuelven justos, cuando no justicieros. Pues algo parecido está ocurriendo con las agencias de calificación de productos financieros. Cuando en estados unidos te citaba Mcarty por una opinión entre amigos, ninguna se atrevió a descalificar a Estados Unidos que también se endeudaba. Tampoco lo hicieron cuando el presidente Bush hizo dos guerras pidiendo el dinero a cuenta a un país comunista. Mucho menos pusieron en duda la solvencia del país cuando el gobierno, esta vez pidió el dinero a crédito al futuro de sus ciudadanos, inyectando 700.000 millones de dólares al sistema financiero para que no se desplomara gracias, entre otros malabaristas, a las propias agencias de calificación. Pero ahora, ahora sí. Ahora es el momento de que los jueces justos sean justicieros. Ahora huelen sangre en la debilidad del presidente más despreciado e incómodo por color y textura. Es el momento de echar una mano a los propios (los malabaristas) desacreditando a su gobierno para, de una vez, dejar la política y el dinero o el dinero y la política en la manos de gente seria. Da la impresión de que el water se desborda, de que las infraestructuras, las alcantarillas, tanto tiempo bajo el suelo quieren salir a la luz con todos sus habitantes del mundo de Lovecraft. Vienen bien vestidos, huelen bien, pero los reconocemos. Lo malo es que la mano que les ha ayudado a salir es la misma a la que le habíamos confiados nuestro cuidado.

08 Ago 2011

Tottenham financiero

Delincuencia oportunista, grandes destrozos económicos, coordinación para el saqueo de bienes. ¿A que parece que hablamos de Tottenham?. No es extraño pues son comentarios cogidos al vuelo en las noticias sobre las revueltas en Londres. Pues no, todos estos juicios también se aplican sin cambiar una coma al efecto de los mercados finacieros. Pero aquí no hay policía. Al contrario, se trata con dulzura al infractor, al maquinador de operaciones criminales para los países víctimas de sus manejos, que opera en un local clandestino en la que la policía no entra porque, como se veía en las películas sobre la delincuencia en los años treinta, saben que el alcalde está dentro. Los políticos admiran su astucia y destreza haciendo subir y bajar los precios de las cosas. Porque tiene que ser admiración lo que nuestros gestores sienten por estos nuevos corsarios, dado que no se atreve a legislar para regular su comportamiento. Otra explicación es que no saben los efectos de la regulación que todos esperamos. Y al oído le soplan (en dos tardes) que es mejor dejar que la codicia, paradójicamente, traiga bienestar al neutralizarse los codiciosos unos a otros. Vana esperanza, no aprenden. Vivir en sociedad es regular y modular continuamente. La exacerbación de la libertad es un abuso cuando sólo se aplica al dinero y es un síntoma de incapacidad gestora. Es también un síntoma de pereza ante la complejidad. Para el financiero es fácil, sólo tiene que tomar decisiones más o menos intuitivas con dos palancas: oferta y demanda. Cuando se regula hace falta honestidad de los gestores, vigilancia inteligente, dinamismos técnico. Es decir, todo lo contrario a la complacencia de dejar que la ambición sin faja resuelva nuestros problemas y llene las arcas de las administraciones. ¡Ah! Creo que lo bárbaros de Tottenham deber ser reprimidos TAMBIÉN.

09 Ago 2011

Tendría yo veintidós años o así. Era un joven técnico deseando tener trabajos de responsabilidad cuando una mañana me llamó el jefe del estudio de arquitectura donde trabajaba como calculista de estructuras. En su despacho había un hombre hirsuto con la piel quemada de largas exposiciones al sol con un cigarro liado colgando en la comisura de los labios. Llevaba traje y corbata aunque las solapas delataba su falta de modernidad (las solapas eran estrechas y no era entallado). Rafael me lo presentó: "- fulano, gerente del circo XYZ". "Usted dirá, dije educado (ya era pobre entonces)". "Bueno, me han dicho que usted es la persona que busco". "Usted dirá, dije impaciente, pues me esperaban los detalles de armado del edificio Príncipe". "El circo XYZ, dijo encampanado, ya sabe, el más importante del mundo, viene a ABCITY y necesitamos un certificado de la seguridad de las instalaciones para que el Ayuntamiento de licencia de apertura". "Estupendo, dije yo ilusionado (era un circo y yo estaba más cerca de la infancia que de mi edad actual), dígame dónde lo han instalado que vaya a realizar la inspección". El gerente del circo XYZ me miró como si fuera un lunático (hacía pocos años que la NASA había llegado a la luna y debió pensar que me vine de allí como polizón en el módulo lunar). "Pero, dijo, el circo no llega hasta la semana que viene. Yo me adelanto para que todo el papeleo esté listo en ese momento". "Papeleo" quería decir en su argot que el informe de seguridad del circo era un papel que debía redactarse una semana antes porque mi intervención era superflua, solamente un trámite. Como era joven era digno (creo que era un 15 de mayo aquel día) y me mostré ídem. "Ni hablar, yo no redacto un informe si no puedo inspeccionar las instalaciones y hacer las comprobaciones correspondientes". Ahí acabó la conversación. Me dio la mano de nuevo (ahora le sudaba) y se fue. Una semana después el circo se inauguró y, ya me aseguré, tenía la licencia de apertura, cuya emisión el ayuntamiento no proporcionaba antes de cinco días. Después de los accidentes se oye decir a los responsables municipales que "revisado el expediente, toda la documentación estaba en regla". Sugiero que, en estos casos, se comprueben las fechas de emisión de los informes y de la licencia. También se escuchará decir que "son hechos lamentables pero esporádicos". Claro, pero la seguridad convencional está en torno a un caso por millón más o menos. Por cierto, he oído decir que en Villañacas ha ocurrido en estos días un accidente ferial con cuatro muertos.

09 Ago 2011

En 2007 redacté un blog mostrando mi sorpresa por ver a Gorvachov haciendo publicidad de bolsos de Vuitton. Ahora no voy a escribir otro por ver a Eduardo Punset con una lastimosa sonrisa haciendo publicidad de pan de molde. Estoy demasiado decepcionado.

09 Ago 2011

Escuchando al jugador del Villarreal Santiago Cazorla decir que comprendía que su club los traspasara a otro usando la expresión "estoy conforme con que me vendan" ya no me queda ninguna duda. Hemos internalizado que somos mercancias. Ahora argumentar es vender algo. Cuando se rompe una relación se vuelve "al mercado". Hay un mercado para cada dimensión de la vida. Estamos a la espera del mercado espiritual. Aquel en el que se ofrezcan o demanden sentimientos. No se entiende que en un determinado pliegue de la vida se ofrezca y se demande no implica que haya un mercado. ¡Qué estúpida reducción! Supongo que las leyes termodinámicas con sus constancias implican mercados de materia y energía, o algo así, ¿no? y, quizá, que hay un mercado de la política donde se ofrecen y demandan mentiras. En el futuro los jóvenes acudirán al mercado sentimental y apretados a su pareja musitarán apasionadamente: ¿tu compras o vendes?

15 Ago 2011

Ociosos

¿Qué extraño encantamiento produce el efecto de que la mayoría de la gente considere un ocioso a quien no tiene trabajo y, por el contrario, un industrioso al que vive de su capital, aunque sea heredado? ¿Por qué extraño proceso mental, muchos rechazan al pobre y, al mismo tiempo, consumen con deleite las noticias sobre ricos? El rico es la imagen de lo que aspira a ser y el pobre la de lo que odia. El ocio del rico no se prohíbe para que esa licencia nos espere cuando nos toque llegar a su disfrute. Y el caso es que algo nos dice que no hay sitio para todos en el cielo de los ricos (cuya puerta no es el ojo de una aguja). Se soporta mejor la espera de lo que es improbable que llegue teniendo presente la imagen del disfrute. Es un estímulo para perseguir y esforzarse. Una carrera inútil hacia ninguna parte. Sería mejor aceptar una solución de dignidad pactada cuyo soporte material tendría que estar basado en la eliminación de los abusos de los tenedores de capital. ¿Se les podría pedir (obligar) a que en este momento prestaran el dinero al 3 % como máximo? Quizá no podrían soportar la situación y se suicidarían ingiriendo un mazo de billetes de 500 euros con la ayuda de un whisky Highlands de 25 años.

16 Ago 2011

Elogio del calor

Lo habitual es quejarse del calor. Forma parte de la primera parte de cualquier conversación en Murcia durante el verano. El calor como tortura en forma de una fina capa de sudor (limpio) sobre la piel, lo que estropea el peinado, mancha la ropa, moja las manos, suda el bigote, los ojos se deslumbran, la piel se reseca, se quema poniendo las bases de un carcinoma. El calor no deja pensar, no deja actuar, exige hidratación y descanso, provoca depresión. Las arterias se dilatan, la tensión baja peligrosamente, la cansera se apodera de uno, las partículas de aire se cargan de energía y golpean sin misericordia nuestra piel, el aire se hace irrespirable, los mosquitos atacan por las ventanas abiertas. El humor cambia, las discusiones aumentan, la personalidad se altera, la ropa estorba, el gasto aumenta, el tiempo se detiene, el espacio se deforma, se come lo innecesario... ¿sigo?

17 Ago 2011

Ladrón rico, ladrón pobre

Mayo de 2009: escándalo en Gran Bretaña. Stop. El primer ministro Brown dice que desconocía los abusos de los legisladores. Stop. Los parlamentarios presentaban cuentas de gastos por servicios de limpieza de viviendas particulares, mantenimiento de piscinas, alimentos para perros, pagos hipotecarios. Stop. Dos ministros son cesados. Stop, Stop, Stop. Paren, paren, paren... hace dos años sin romper cristales, sin apalear a nadie, si ruido, suavemente, durante años los parlamentarios británicos practicaban el deporte más atractivo del mundo: pasar los gastos domésticos a otro.

Mayo de 2000: Jack Welch, presidente de General Electric, había fijado muy alto el listón del nuevo deporte de las élites, una vez, que el tenis se había popularizado. En efecto, además de su jubilación millonaria, la empresa le prestaba un avión privado y un apartamento en Manhattan, a lo que se sumaba gastos de asistentes, vino o periódicos. Asientos en el Open Tenis Club, en Wimblendon, para lo Yankees y el Metropolitan Opera House. No seguimos para no provocar arcadas (de envidia) en el lector.

Agosto de 2011: escándalo en Gran Bretaña. Stop. Masas de ciudadanos en el barrio londinense de Tottenham saquean grandes almacenes. Stop. Incendios. Stop. Enfrentamientos con la policía. Stop. El primer ministro promete mano dura. Stop. La mano dura se aplica. Stop. El primer ministro explica la situación por una epidemia de delincuencia. Stop. Promete más mano dura. Stop. Una semana después empiezan las condenas de cárcel. Stop. Seis meses por una caja de agua. Stop. Cinco meses por un pantalón vaquero. Stop. Cuatro años por incitar al saqueo desde Facebook. Stop. Stop. Stop. Paren, paren, paren.

Viaje a Andorra en 1985. Stop. Llevo una cámara Nikon con todos los complementos en una pesada bolsa. Stop. Estoy en un bar con mi mujer y bajo al servicio (con la cámara). Stop. Resuelvo y me salgo (sin la cámara) y cedo el paso en la misma puerta a un desconocido. Stop. En la calle la liviandad me hace recordar mi cámara. Stop. Entro en el bar, bajo corriendo las escaleras y (stop) encuentro el vacío. Stop. Subo y me lamento ante los camareros de que había perdido hasta la llaves de mi casa. Stop. Una camarera dice ¿llaves? "Un señor (atentos) ha dejado unas llaves que ha encontrado en el aseo hace un rato". Stop. Mis llaves son la prueba de que el que me robó la cámara es un señor. Stop.

Está claro que lo que molesta es el robo con ruido, algarada, violencia y fuego. El otro el de la gente que huele bien, el de la suavidad, el de la impunidad connivente es otra cosa. La ejemplaridad para la ciudadanía pobre. Nota al margen. La violencia física debe ser reprimida, la otra también. Corolario: a Cameron (que era jefe de la oposición en tiempos del latrocinio estúpido) se le ve el plumero.

Moraleja: Casi todos llevamos un ladrón dentro si nadie mira. Propuesta: la autoridades deben trabajar dos aspectos. Por una parte la expansión de valores de honradez (a todos) y, por otra, expandir la idea de que todo descuido (todo) será castigado en proporción al daño causado.

21 Ago 2011

Los últimos serán los primeros

Mientras los jueces sigan cayendo en el juego de prestidigitación de los informes técnicos las altas direcciones de las empresas quedarán impunes por las consecuencias de sus decisiones. Los grandes desastres (el vuelo JK 5022 de Spanair, el depósito de Melilla, la presa de Tous, la balsa de Aznalcollar) siempre, salvo sabotaje criminal, tienen origen en un 80 % en las altas estrategias de las empresas. Las normas internacionales ISO 9000 establecen con claridad la responsabilidad de la alta dirección. Sin embargo lo jueces simulando ignorancia se limitan a esconderse detrás de los informes técnicos (muchas veces cuajados de corporativismo) para dictar sentencia. Y un informe técnico, como su nombre indica, sólo puede dilucidar aspectos técnicos del accidente, no fijar responsabilidades y, mucho menos establecer conexiones abstractas con la alta dirección. Para eso hace falta una cuidadosa investigación del juez instructor que debe comprobar el clima o las instrucciones de código rojo, órdenes directas sin registro, etc, que tapizan la vida cotidiana de una organización. Este clima enmarcado en las tendencias actuales hacia el *low cost* sólo puede llegar a *low safety* o *low quality*. Mientras esto no se comprenda se drenarán las desgracias encarcelando o desgraciando vidas profesionales sin más capacidad que decir que no perdiendo el empleo. Hace falta inteligencia y sutileza para saber que el que marca el gol, el que físicamente deposita el balón en la red no es más que el último eslabón de una cadena compleja que empieza en la prudencia (o en temeridad) del presidente del club. Además de que cuando las condiciones económicas son irracionales ni la más cumplidora cadena de producción es capaz de sacar algo en condiciones por el otro extremo. Seguimos en la cultura judicial de castigar al que no tiene poder y dejar impune al que lo tiene todo. Aquel con mono y éste con alpaca. Así sufrieron condenas ingenieros de Tous y Melilla y, ahora, parece que va a pasar lo mismo con los mecánicos de Spanair.

21 Ago 2011

El interés justo

Los fundamentalistas del mercado consideran un sacrilegio para su iglesia mercurial poner topes a algo. Inocentes ellos creen en la infinitud. No sabe que este es un mundo donde no se puede viajar en línea recta ni en tierra ni en el aire. En un caso la geometría del planeta y en el otro la gravedad del entorno.

Cuando se quiere cerrar algo definitivamente algo se abre por otro extremo de la realidad. Creen bloquear cualquier argumentación en contra cuando espetan "seguro que tú querrías vender tu casa al mejor precio posible". Pues no, no tengo casas para vender, ni acciones para especular, ni nada parecido. Tengo casa para vivir. Recuerdo a un amigo pasajero que cuando habitaba un casa, lo primero que hacía era poner un letrero de "se vende" en la ventana. Él mismo llevaba el "se vende" en la cara. Esto viene a cuento de que el capital no puede cobrar cualquier interés. Cada circunstancia tendrá el suyo. En este momento no más de la inflación reinante en la zona en la que se opera. Una cosa es preservar el valor de los capitales para planes de pensiones y otro es generar beneficios, que normalmente irán a los bolsillo de los gestores que se aplaudirán unos a otros. No mas head hunters para robar mejor, agotar mejor. Esto "acoso financiero" en nombre de "no nada personal" o "tú harías lo mismo". Con el interés por encima de la inflación el tenedor de capital obtiene sin ninguna contribución a la sociedad un beneficio con el que cercena el futuro de países enteros. Cuando el beneficio se busca también irracionalmente en la bolsa sin criterio productivo se financian proyectos absurdos que al modo de la televisión basura seducen a los inversores incultos y codiciosos. El ITER no encuentra asiento en la bolsa tiene que ser financiado por los estados a los que los corsarios asaltan en cada vencimiento de la deuda soberana. Refugio este del corsario cobarde que no sale a la mar abierta de la iniciativa empresarial. Es mejor administrar, peligrosamente para otros, el dinero heredado o que otros inocentemente han puesto en sus manos. Es justo que el hombre tome de nuevo la responsabilidad de su destino evitando el parasitismo que suele cubrir la acción estatal, pero sin perder de vista la mano invisible del mercado para que su fuerza irracional no tenga efectos igualmente irracionales. Cuando el premio Nobel de economía Friedman proclamaba su credo de "libertad para elegir" se estaba refiriendo al mercado primario, el de la producción material. No mencionó el mercado financiero con hacen ahora con desparpajo los ventajistas. El interés puede y debe ser controlado porque las finanzas son un medio para un fin cuya discusión es inadmisible: la dignidad de la vida humana.

24 Ago 2011

El coeficiente de inteligencia de los ricos

La situación política actual lleva a la preocupación por la solvencia de la clase política por razones muy distintas a las que preocupaban hace bien poco como la corrupción o las posiciones ideológicas respectivas. Pero también empieza uno a dudar de la inteligencia de nuestros admirados ricos. Emerge un principio de perplejidad provocado por la ausencia de lo que es más necesario en las democracias no tecnocráticas: la prudencia de los políticos y la astucia de los *bussinesman*. Los políticos están atenazados entre dos polos y no encuentras esa *áurea mediocritas* postulada por Aristóteles. Sus conflictos los han reducido a un dilema falso: o se hace gravitar la crisis sobre la gente corriente o sobre los rentistas. Claramente han escogido lo primero. Dirigen una sociedad rica hasta el vómito y, sin embargo, no sólo se muestran incapaces de ayudar a casos de pobreza extrema como el de Somalia, sino que son incapaces de ayudar a sus propios administrados. Ni unos ni otros son capaces de enteder que el capital tiene que echar su cuarto a espadas y disponerse a financiar la recuperación en vez de refugiarse en el arte kitch, el oro o la pobre deuda soberana, mientras los estados se tambalean y las empresas esperan o caen provocando la depresión. ¿De verdad nuestros políticos y nuestros ricos esperan que van a comer oro cuando la economía colapse?. ¿Es que estamos dirigidos por débiles orgullosos y administrados capitalmente por estúpidos de bajo CI? ¿Esta sociedad va a morir en la playa del El Dorado mientras el tío Gilito ordena a paladas su dinero? ¿No se dan cuenta de que capital y gente son una unidad indisoluble en la riqueza y la pobreza hasta que la muerte los separe? Necesitamos con urgencia ricos inteligentes y políticos con carácter, comprometidos con su gente en vez con el aroma de la riqueza o el poder. El capital está actuando como el que se ahoga y se agarra a su salvador potencial (las personas, las empresas, lo estados) arrastrándolos al oscuro y frío fondo

Seguridad en la construcción

El colapso del sistema financiero no invita a la eliminación de los controles. El mal funcionamiento de los controles en materia de seguridad aérea, que ha provocado accidentes pavorosos, no ha llevado a dejar en manos de las compañías comerciales los protocolos. Si de todo esto tenemos amplia experiencia, ¿por qué estamos dejándonos llevar por la inercia economicista para eliminar los controles en materia de seguridad en un sector como la construcción? Esta pregunta viene a cuento del proyecto del Gobierno para socavar las fuentes de financiación de los colegios profesionales en base a la voluntariedad (eliminación segura) de los mecanismos de visado. Al igual que en otros sectores, si los mecanismos no funcionan, modifíquense, pues su eliminación tendrá consecuencias. En su editorial del 28 de marzo, EL PAÍS advertía de que esta reforma no debía ser vista como una patente de corso. Pues eso es lo que va a ocurrir.

(Publicado en Cartas al Director del El País el 3/4/2009)

La ley del embudo

Se trata de describir un episodio, por lo que de ilustrativo tiene para las actuales relaciones Goliat-David, o sea, grandes corporaciones-ciudadano normal. En unos grandes almacenes encargo un producto que requiere un plazo de tiempo para su elaboración, lo pago con Visa en el acto y unos días después, en comprobación rutinaria, veo el cargo en el extracto del crédito de mi tarjeta. Al recoger el producto se observa un error en el precio: he pagado de más. En consecuencia, el dependiente procede a hacer un abono de la cantidad pagada y el trámite se produce sin incidencia; a continuación, trata de hacer el nuevo cargo que es de 5.000 pesetas menos. La operación es denegada por falta de crédito. ¿Qué ha sucedido? La que sigue es mi explicación, si Visa tiene otra mejor que me lo haga saber: en román paladino, cuando el empleado hace el abono, el gran almacén devuelve mi dinero a Visa, que lo acepta. Cualquiera pensaría que mi crédito ha aumentado en la misma cantidad que el abono. No, el abono va al limbo, y mi tarjeta, que ya tenía su crédito exhausto (soy buen cliente) y situado en una cantidad inferior a la del nuevo cargo, no lo puede cubrir (con lo que la farsa se manifiesta). Pregunta: si a la hora de hacer el cargo toda la red mundial de telecomunicación se activa para hacerle saber a la terminal del gran almacén que el crédito de mi tarjeta no alcanza, ¿por qué no se activa, aunque sea la red local y con baches para informar, al lugar donde mi crédito resida, que el gran almacén devuelve una cantidad mayor? Corolario: si lo sublime de Kant es concebir lo irrepresentable, he aquí una situación no pensada por don Manuel: representar lo inconcebible. O, al sencillo modo: la ley del embudo.

24 Ago 2011

Respuesta a Julián Marías

Motivado por el artículo del señor Julián Marías, en la sección de Opinión del diario EL PAIS, de 6 de mayo, titulado «Legitimidad y desencanto», desearía comentar algunos aspectos de su contenido.Dice el señor Marías que la prensa en general no informa sino que opina, unos más, otros menos, cosa que, sin dejar de ser cierta, es por lo menos injusta. Puesto que habrá que distinguir al menos, simplificando mucho, tres grupos: una prensa que llamaríamos de izquierdas, cuyo exceso de opinión se entendería, que no quiere decir se justificaría, por estar editada por unos partidos políticos con intereses concretos, a los que el cambio sabría a poco; otra de derechas, a la que el cambio le sabría a mucho, y, por fin, una prensa independiente (en la medida humana), entre la que cuento a EL PAIS, que pediría que el cambio formal se llene de contenido real, es decir, que en sus opiniones (que por lo demás se separan de la información en apartados claros, con títulos previos, como: editorial, opinión - su artículo-, etcétera) busca que el cambio, insisto, formal, tan magnificado por el señor Marías, no quede en una palabra vacía como esta prensa denuncia.

Nos muestra el señor Marías su sorpresa (y la de su historiador) ante la ausencia en la prensa (¡otra vez!), la ausencia, repito, de un orgullo nacional y un entusiasmo frenético (nada menos). Pero, ¿de dónde va a salir? Si la prensa de antes con su programa completo de relavado y lavado de cerebro durante, digamos, muchos años no hubiese grabado a fuego la desconfianza en los partidos políticos, no aparecería ese desen canto que tanto desencanta al señor Marías al constatar, el es pañol, los defectos reales (qué du da cabe) de estos partidos, que con todo son de lo poco que tenemos a mano para empezar a crear un país tolerante y con vocación humanística. Si se me acepta que al menos alguna prensa sí recoge el sentir de muchos, ¿cómo sorprenderse de que no haya orgullo exhultante ante unas circunstancias políticas que nos hemos hurtado durante tantos años? Esto es lo normal, y sólo como marco formal a llenar de contenido democrático que, entonces sí, nos llenará de legítimo orgullo. Hasta entonces hay que enterrar el triunfalismo, de triste recuerdo. ¿Cómo puede tan inverosímil manipulación ser aceptada por nosotros, los testigos? Eso, digo yo ante (de la prensa ya se ha hablado bastante) la más escandalosa de las manipulaciones (extrañamente olvidada en el artículo), la de TVE. ¿Cómo se extraña el señor Marías del desencanto, si precisamente los agentes directos del cacareado cambio político insultan nuestra sensibilidad y nuestros derechos, día a día, desde las pantallas de TVE? Habría que recomendarles la lectura de libros con títulos tan sugerentes como El *miedo a la libertad* o *Aprender a ser* para si después de leerlos sigue la magnífica programación de TVE caer en el más desencantado de los desencantos, con riesgo de escandalizar al señor Marías que se desencanta con nuestros desencantos. Juego de palabras tan vulgar como lo que la caja tonta nos regala cada día.

(Publicado en Cartas al País el 16/5/1979)

28 Ago 2011

Los ricos fuera del HOLA

Por fin se habla de los ricos fuera de las revistas de papel cuché. Pero que no cunda el pánico, porque si después de los hechos perpetrados esta mañana en la cadena SER por un inspector de hacienda de verbo claro y acerado y una catedrático de habla serena de pura desesperación, no ocurre nada es que habrá que esperar a que le quiten el carrito a algún vendedor de globos de feria para que este se inmole al modo magrebí. Resumen de lo hablado que no por conocido escandaliza menos, sobre todo cuando se dice junto. 1) no hay impuesto del patrimonio con lo que no es posible tomar el dinero que es de justicia para los fines sociales antes de que se lo embolsen; 2) Cuando ya se tiene el dinero se arbitra un mecanismo de elusión denominado SICAV para que se pague el 10 % de lo que paga el común; 3) Además no se cumple con los propios requisitos de este tipo de truco de prestidigitación (100 socios), con lo que al mago se le ven los hilos; 4) Para evitar que la Agencia Tributaria metas las narices se traspasa el control a la CNMV (da igual lo que signifiquen estas siglas) que enternecida no actúa; 5) Todo esto lo ha hecho un partido social demócrata.; 6) Se argumenta que se hace para evitar, no que se lleven el dinero personal fuera, que ya está fuera, sino para evitar que se lleven las empresas, descosiendo el tejido productivo español. Conclusiones: a) no me creo que éstos lleven una banderita en la correa del reloj; b) Estos señores creo que razonan del siguiente modo: cada español debe pagar lo mismo EN TÉRMINOS ABSOLUTOS; c) Nosotros creamos riqueza, vosotros sois un lastre; d) Si les pide cooperación amablemente se hacen chinos; e) Este escándalo de hablar de los ricos (usted no sabe con quién está hablando) se hubiera podido evitar si JLRZ hubiera tenido la inteligencia y valor, que el confunde con la temeridad, habría parado la juerga inmobiliaría en 2004 (ahora a sufrir) . Final: Si todo esto lo ha favorecido el PSOE no hay esperanza. Será siempre así, salvo que en su imprudencia (la de los de brillantina en el pelo) fuercen a los ciudadanos a la desesperación. La desesperación empieza, no cuando no haya comida, sino cuando no haya televisión. Para eso la liga BBVA (¡claro!) va a dar fútbol todo el fin de semana mañana y tarder. El español que tenga narices que se desespere. En cuanto al título de este artículo, está justificado, pues el único consuelo es que, por fin, se habla de los ricos fuera del HOLA (es decir por sus méritos).

31 Ago 2011

PRINCIPIO.- Dado que han pasado cuatro años desde que se inició la crisis para los todos los españoles menos para el presidente, es un buen momento para hacer un resumen del máster en economía que hemos hecho sin querer.

1) Maliciosos e incautos consiguen en USA eliminar las trabas a dos cosas fundamentalmente: la capacidad de endeudamiento de los bancos y la creación de un mercado de productos financieros confusos.

2) Los maliciosos de USA llevan a cabo tres acciones: a) dar hipotecas a insolventes y b) mezclar las hipotecas con otros productos financieros, como seguros de estudiantes o de vida, y les dieron nombres comerciales atractivos.

3) Los vendieron por todo el mundo a gente que se creía muy lista que dirigían bancos alemanes o españoles que los incluyeron en sus activos (sacaban dinero y lo sustituían por cajas vacías).

4) Los mismos listos, como les sobraba el dinero, lo prestaron a los bancos de países que tenían poco. Estos bancos necesitaban un producto atractivo para que la gente se animara a pedirlo a crédito, dejando la comisión correspondiente.

5) Otros listos (políticos), ahora en nuestro país, ayudaron al mecanismo haciendo posible la aparición del producto deseado mediante una liberación del suelo que permitía construir en todas partes.

BALANCE1: en ese momento (2001) había dos mecanismo de bombeo para sacar dinero de un sitio y trasladarlo a otro (como bombas de agua). El americano con hipotecas a insolventes y el español prestando dinero ajeno (extranjero) para hacer casas. Funcionaron durante seis o siete años ante la ignorancia o la complicidad de nuestros dirigentes. Naturalmente no podía durar nada más que hasta que la fuente del dinero se agotara en el origen de uno o ambos mecanismos.

1) La primera bomba en quedarse sin agua fue la americana. Los insolvente dejaron de pagar y devolvieron las llaves de su casa. Como en USA cuando devuelves la casa cancelas la deuda, y al haber muchas casas bajó su precio, los bancos americanos se

encontraron con un agujero al sustituir en sus balances la deuda al precio alto por la casa a precio bajo.

2) Esta bomba al fallar provoca el fallo de los bancos europeos, que no tenían hipotecas propias, pero sí las americanas, que habían comprado con cara de entender mucho de la cosa (un engaño en inglés). Hubo un banco español al que, además, lo engañó un estafador más clásico (Madoff)

3) Los bancos europeos al tener problemas reclamaron su dinero a los bancos españoles que para devolverlo dejaron de prestarlo a los constructores y a los empresarios en general.

4) Las empresas cerraban, la gente se iba al paro, dejaba de pagar las hipotecas y entregaban las llaves. Como aquí cuando se devuelve la casa no se cancela la deuda, los bancos españoles han podido disimular sus balances. Por eso el gobierno actual que se enternece con los bancos y los ricos no ha querido legislar al modo americano.

BALANCE 2.- Una vez que los dos mecanismos hacen su trabajo se dan dos circunstancias: a) la economía mundial se para y b) el dinero ya no está donde estaba, ahora está en manos de los que activaron los dos mecanismos: en USA Goldman Sach y otros y en España en manos de los promotores que supieron parar a tiempo. Otros como Martinsa hicieron cosas raras. ¿Y ahora qué?

1) Los bancos no prestan dinero
2) Las empresas sin créditos cierran o malviven con despidos
3) La gente no consume
4) El paro aumenta
5) Los nuevos ricos y los antiguos al no confiar sus inversiones a las empresas abandonan la bolsa y buscan nuevos caladeros (entes necesitados de dinero) y, claro, ahí están los estados como víctimas ideales. Y empieza la crisis de deuda soberana.
6) Aquellos países que no cuidaron de sus ciudadanos y dejaron que entrara el dinero prestado sin medida se crearon su propia crisis, pues los inversores no confían en que ese dinero sea devuelto y, por tanto en la solvencia del propio país
7) Sorprendentemente, cuanto menos se confía en el país, más altos son los interese que se cobran (algo así como romperle las piernas a un ciclista porque se retrasa en los pagos, cuando se gana la vida pedaleando)
8) A pesar de que la deuda de los países en problemas es mayoritariamente privada, se exige a los países que reduzcan su déficit, impidiendo que, al modo keynesiano, activen la economía.
9) Para tal reducción, los países aprietan a sus ciudadanos débiles y, más sorprendentemente dejan tranquilos a sus ricos por si se van (unos patriotas)

BALANCE 3.- Si el dinero ha cambiado de manos y los nuevos tenedores no lo quieren usar para reactivar la economía y los estados son presionados por los que le prestan dinero a no endeudarse para invertir, no queda más remedio que recordar dos o tres cosas

1) Todo este follón empezó con cambios legales para dar cobertura a la creación de los mecanismos perversos. Por eso no hay nadie de sus promotores en la cárcel. Todo ha sido legal.
2) El dinero es un medio, no un fin. El fin es una vida digna para la mayor parte de la gente.
3) Lo que una serie de decisiones legales estropeó lo arregla otra serie de decisiones legales:
   a) Acabar con los paraísos fiscales
   b) Limitar el interés de la deuda soberana a la inflación más 1 punto
   c) Los inversores no podrían disponer de más mercado de capitales que el de la economía real (nada de espacios virtuales para crear desgracia real)

FINAL(por ahora).- Si los políticos y parlamentos tuvieran inteligencia y valor (ambas cualidades juntas) tomarían ese tipo de medidas. Como no las tomarán por debilidad intelectual y temperamental los vamos a pasar mal todos, muy mal. Vamos a estar tan desfallecidos que veremos quien puede ir a votar.

06 Sep 2011

Sólo un apunte. Hace diez años mientras se caían las torres gemelas, Angels que estaba en Tele 5 decía, hasta donde la memoria me es fiel: "¡en directo!, ¡espectacular!". Hace unos días en el programa Hora 25, después de presentar a los nuevos colaboradores y saludar a algunos veteranos, resumió la nueva temporada diciendo que, sobre todo: "aquí estamos para divertirnos". Hoy mismo, Francino ha dicho que está un poco hastiado con las noticias de las bolsas, mercados, deudas, etc. Sé que son descuidos, pero, ahora, lo que se necesita, precisamente, es cuidado. Ya imagino que ni una ni otro perciben en sus economías inquietudes del nivel que muchos oyentes están experimentando. Pero un poquito de cuidado, no hay ni diversión metafórica en la situación, menos risitas, no podemos hartarnos, pues hay mucho trabajo que hacer y tiene que hacerse con toda la atención activada. Los medios son esenciales para contribuir a la cohesión social, pues si nos llegan mensajes de cinismo inconsciente desde una emisora tan comprometida no hay esperanza de entender algo. Sé lo difícil que es pasar de hablar de la Somalia de hoy a la felicidad de una victoria deportiva. Pues habrá que estudiar formas de presentar las cosas. Si no, esto va camino de que se extienda en los medios un nueva tendencia en la comunicación: "la divertida desgracia"

07 Sep 2011

El futuro

Hablaba Iñaki esta mañana de la relación entre deuda y futuro en relación con una discusión de intelectuales en Le Monde. La idea básica es que se ha acumulado tanta deuda que no se va a poder devolver, por lo que el progreso basado en la deuda tendrá que ser cambiado por otro modelo. Al respecto pienso que si la fantasmagoría del futuro se sustituyera por un presente mutante se vería la cosa con más claridad. Si hacemos la fotografía de un instante del planeta en un momento determinado podemos ver bienes y dinero. El dinero está depositado o prestado y con ese dinero la humanidad ha producido más bienes y sacado a parte de la gente hacia delante. El problema no está en poder devolver la deuda, pues hay que acabar con intereses abusivos basados en argumento tan falaz como "es el mercado". Si en el futuro no va a quedar más remedio que trabajar con los propios ahorros y cambiar hábitos de vida y eliminar toda frivolidad real o ficticia (de revista), pues que los acreedores esperen pacientemente. No creo que haya tribunales que puedan embargar un país. La estafa global perpetrada por algunos que han acumulado el dinero y que, una vez que se lo han llevado con precios abusivos, ahora lo ofrecen a intereses abusivos, mientras pretenden mantener baja la inflación debe ser contrarrestada con un "siéntese y espere a cobrar". Naturalmente eso implica no contar con créditos y, por tanto, ajustarse a los propios ingresos. Pues, ¡a trabajar!. Seguramente que esas dificultades obligarán a mirar en qué se gasta y en qué se invierte. Quizá entonces se preste atención a la ciencia y a la investigación. Y los ricos que tomen pulpo en otro país si deciden irse. Es decir recuperar el futuro es renunciar a vivir en el presente una vida cuché que ninguna sociedad debe permitirse. Me puedo imaginar con qué ironía contemplarán nuestras "dificultades" los hambrientos del mundo.

07 Sep 2011

¡Qué injusticia!

Un tal Bernardo de Quirós ha dejado dicho hace 10 minutos en la SER que el principio de igualdad ante la ley impide que las mayorías (de pobres) exploten a las minorías (de ricos). ¡Qué injusticia! La situación es que el que acumula capital no sólo paga menos impuestos, sino que impone a países enteros intereses del 5 % para que trabajen para ellos ¡Qué astucia!

08 Sep 2011

¿Qué es un hecho!

¿Qué es un hecho? Algo que le gusta mucho a determinadas personas que siempre están aludiendo a los hechos, a las pruebas empíricas (otra manera de decir "hechos"). A los amantes de los hechos no les gusta que se les diga que cualquiera de ellos, si es como la lluvia necesita una nube y, ésta, de la evaporación, etc. Y, si es como el paro, necesita que antes falte el crédito (por ejemplo) y antes el dinero esté caro, etc. Es decir, cualquier hecho tiene causas inmediatas y remotas y los hechos sociales, en especial, son precedidos por decisiones u omisiones (las dos son causas posibles). Casi todo lo que nos pasa ahora es tratadaopor los hombres "prácticos" (economistas o no) como un hecho que no tiene antecedentes. Naturalmente con su respuesta a los hechos están condicionando lo que pasará después. Pero ese hecho posterior también será tratado como un hecho aislado. Un hombre "práctico" argumentará en base a hechos y así nos luce el pelo. Esta actitud está muy extendida. A nadie le gusta hablar de lo que ha traído una desgracia. La sensación de irreversibilidad aumenta la sensación insoportable de culpa en los sensibles y de pérdida de tiempo en los prácticos. Así no hay salida. Es pertinente, sin ánimo de revancha, utilizar los antecedentes como forma de aprender a no cometer errores una y otra vez. Tratar la crisis actual como un hecho lo pagaremos caro. Esta crisis es resultado visible de una cadena de decisiones u omisiones invisibles (para ciegos) de gente concreta (políticos y financieros) que, ahora, no quieren saber nada. Pero es estratégicamente esencial establecer la cadena de causas. Es un hecho, se dice, que cuando aumenta el consumo sube la inflación, lo que se evita subiendo el precio del dinero. También es un hecho que los altos intereses de la deuda soberana en las subastas del mercado son paralizantes de la actividad, lo que no se evita de ninguna manera. Es decir, la contribución negativa de la gente se limita, pero la contribución negativa de los rentista no, porque se atenta contra la libertad. ¡Libertad, cuantas tonterías se han dicho en tu nombre!. En asunto sociales, los hechos tiene origen en decisiones y estas son buena o malas, además deben ser legales. Es decir, tomadas por los que representan la soberanía. ¿Dónde reside la soberanía? Ahora se discute sobre hechos empíricos como que subir los impuestos a las rentas altas de trabajo fomenta la pereza y a las rentas altas del capital la huida del país ejercitante. Acumular 23000 millones de euros (los que tiene nuestro rico número uno) no es moral, pero, además, no puede ser legal. De modo que leyes y autoridad en nuestro nombre. Ese dinero, con escala de gasto anual de un gobierno, a las empresas o al fisco para la justicia social. Más democracia, valor político para que el fin del dinero, que es permitir el comercio para la buena vida de todos, no se pervierta en pura avaricia desestabilizadora en nombre de la sagrada libertad de acumular patológicamente. Los mecanismos de acumulación sin límite del dinero en pocas manos es un fenómeno convencional, no es un hecho meteorológico, puede ser de otra forma y debe serlo.

11 Sep 2011

Ayer escribía sobre los hechos y sus fervientes seguidores: en general son los perpetradores de hechos que no quieren hacer frente a sus responsabilidades. Hoy conmemoramos un hecho tremendo: el 11 de septiembre de 2011. Día conmovedor por ser el décimo de uno de esos "september eleven" de nuestros pecados (La Diada, el asalto a La Moneda y el padre lógico de todos ello, el ataque al WTC). No fui contemporáneo de la entrada de las tropas de Felipe V en Barcelona aquel día once de septiembre de 1714, pero sí de los otros dos. También hoy, un reportaje sobre los acontecimientos incidía en el problema de la tendencia a la procrastinación de todos los dirigentes para luego imponernos, al calor de los hechos, "Pratriot Act" o guerras de Iraq con las que echar un nuevo lazo a la soga de nuestro cuello. Es la dulce decadencia que rechaza a todos los aguafiestas que avisan de la necesidad de anticiparse a los hechos cuando se gestan.

Por eso, me sorprende que el siempre sensible e inteligente Mario Vargas Llosa, tan admirado por tantas razones, de nuevo patine ideológicamente. Dice nuestro hombre: *"No hay que engañarse: no hay otra solución. El mal está hecho y ahora sólo cabe corregirlo, atacando la raíz"*. Eso sí, a la raíz, duro con ella, a las causas y los causantes no, dulzura con ellos. Porque, como dice Mario, *"Lo peor es que la situación actual es propicia para que germine la demagogia y la sinrazón del eslogan, el lugar común y el estribillo prevalezca sobre las ideas y el análisis realista"* e insiste*: "No hay que rendirse a los mercados" es una frase acomodaticia que circula últimamente por doquier"*. Es decir, ahora toca *realismo*. Conozco la palabra, quiere decir *"hay que rendirse a los mercados"*. Parece mentira que el fabulador recete realismo. Obviamente el realismo es muy necesario, pero no cuando el desastre llega, sino mucho antes, cuando se gesta.

Hay que rastrearlo en los actos inocentes, como en los chistes racistas que anticipan el racismo puro. Recomendación que nunca olvidaré me hizo (lo leí en un periódico) el propio Vargas Llosa. Pero no acaba aquí la cosa, encima ironiza y dice: *"Tampoco hay que rendirse a la ley de gravedad, por supuesto, y rebelarse contra ella ha dado algunos excelentes poemas. Volver la espalda a los mercados, me temo, no producirá buena literatura, pero sí, es seguro, empeorará la crisis y acabará por destruir todo el progreso económico alcanzado por los países europeos en los últimos años".*

No se trata de volver la espalda a los mercados, sino ponerlos en su sitio y eliminar alguno que otro. Porque si se acepta que el dinero es un medio y no un fin, debería considerarse patológico un mercado como el de derivados en el que se está tan lejos de los factores productores de vida digna para las personas. ¿No se abolió la trata de esclavos? Seguramente muchos predecesores practicantes del realismo les parecía una barbaridad hacerlo. Algo así como *no rendirse a la ley de la maldad*. Con franqueza me gustaría verle en otra tesitura, no la de negar la realidad, sino la de cambiar aquello que no es ley natural, sino ley de los hombres para ayudar a una vida mejor. Ya sé que para un escritor es un problemas que no haya tragedias, como para los trasplantes son un problema que desciendas los accidentes de carretera. Pero no se preocupe, el ser humano es tozudo y seguirá produciendo materia para la ficción. Incluso para la buena ficción como es la suya, admirado Mario.

13 Sep 2011

En los años del boom todas las emisoras tenían en hora de máxima audiencia programas con información económica. Supongo que algunos pardillos estaban al tiempo en sus ordenadores haciendo compras de Tokio o Nueva York, desde sus casas o bien atendían ofertas para suscribir hipotecas multi divisa, mientras otros simplemente suscribían hipotecas que no podrían pagar con bancos que lo sabían de antemano y agravaban el problema valorando la garantía por encima de valor. Es decir, se había extendido el marxismo, en el sentido irónico de que la economía abandonaba su lugar en el sótano para entrar en casa y quedarse en el salón de estar. La gente ya no hablaría de comprar cosas sino de invertir, incluso se llegó a escuchar que en caso de habar pagado la hipoteca de tu casa, debías, en pura racionalidad económica , hipotecarte de nuevo para invertir en negocios en una espiral que crearía un apasionante vértigo de ciudadanos dinamizadores de la economía que produciría riqueza sin cuento. Perdón, no sin cuento, con cuento, mucho cuento o, en otros términos, mucha trola, porque como ya no hay ciudadanos, sino inversores, ya no se habla de casas para vivir, sino de vehículos de nuestra riqueza. Todo es mercado, la gente no vive, se transforma en mercancía alegremente. Se ha instalado una mentalidad, vendida desde los medios de comunicación, según la cual dependemos de la confianza de los mercados. Confianza que los inversores distribuyen según extraños algoritmos (falsos) a empresas y estados. Ahora también a nosotros como paquetes de factores productivos. Olvídese de vivir, eso se ha acabado. Usted debe comerciar. Usted no es un ser humano, usted es un factor de dinamización económica que, si se queda en el camino, es porque su debilidad lo incorpora a la natural generación de residuos que todo proceso conlleva. Deje de hablar de cultura en sus charlas con los amigos. Usted Ya no somos ciudadanos. Todo somos comerciantes, todos somos financieros a mayor beneficio de los inventores del casino en que se ha convertido el mundo. Amén.

7 Sep 2011

¿Qué hacer?

Ahora es muy habitual preguntarse qué hacer con nuestros problemas económicos, una vez que todo el mundo parece saber lo que ha ocurrido. Pues al margen de las correcciones parciales está muy claro. Otra cosa es que se tenga valor político para hacerlo. Hay que partir de dos principios:

1. La soberanía reside en la gente (risas)
2. El dinero es un medio para el comercio ágil

3. Con estos dos principios hay que:
   1) Evitar que el dinero se acumule en pocas manos patológicamente (más risas)
   2) Evitar que el dinero esté ocioso. Cuanto más tiempo más gravamen
   3) Hacer que el dinero tribute. Eliminación de paraísos fiscales y sus oficinas cercanas
   4) Eliminación de mercados de títulos (a jugar a los casinos) distintos de los emitidos por las empresas o los estados.
   5) Limitar los intereses del capital a un punto por encima de la inflación (carcajada)

Todo esto es necesario hacerlo en grandes áreas económicas. Lo siento por Suiza, el Caribe y la City londinense. Como se ve hay tarea. Lo que no hay es valor a la altura de los tiempos. Se nos pide a los demás, sangre, sudor, lágrimas y estupidez. Que se conformen con sudor (físico e intelectual). En cuanto a las risas, sí que nos vamos a reir, sí, como los de las corbatas de seda no espabilen y no salgan del estupor que les produce la langosta con champán mientras hablan de dinero.

La clave (1)

Hernández recorrió con agilidad impropia de su edad la distancia que había entre su casa y su banco. Llevaba un periódico bajo el brazo, pues creía que era su deber mantener la prensa escrita como garantía de salud política para su país. Se sentó en el banco, que consideraba suyo y de López, el otro jubilado con quien mantenía diálogos sin fin para entender, a sus edades, el mundo. Porque habían decidido que sus últimos años, antes de que Roche los dejara sin insulina, los pasarían interpretando el extraordinariamente peligroso tiempo que había emergido tan bruscamente como lo hicieron aquellos aviones en una mañana clara o aquellos misiles en una noche oscura. Como López tardaba (esa tarde hernández la pasó llorando en el tanatorio) se puso a recuperar algunas intuiciones que había tenido durante la noche insomne. Llevaba un rato dejándose acariciar por la brisa murciana que había llegado con el otoño cuando le llegó la inspiración. ¡Claro! era eso. Tanto tiempo distraídos mirando al dedo y resulta que era la luna. Espantado por las consecuencias de su deducción se echó hacia atrás dejando que las sensaciones que venían de fuera calmaran las que brotaban de dentro. Se durmió

La clave (2)

Al despertar no vio a López y se extrañó. Sólo había ocurrido una vez en ocho años. Se tranquilizó pensando en la distribución de Poisson. También las probabilidades pequeñas se acaban convirtiendo en un hecho. Seguramente López habría ido con su hija separada a alguno de los trámites judiciales que se repetían por los desacuerdos con su ex marido. Estaba volviendo a su interior cuando lo despistó el tono de un móvil en las inmediaciones. Un joven con la visera de la gorra hacía un lado contestaba ¡Ya te veo! pero no cuelgues que te voy a contar la última de Kevin. Mientras se alejaba trató de centrarse. Llevaba dos años analizando los términos de la crisis económica mundial y nacional y tenía claro que la estafa innovadora que los hombres dorados del saco habían llevado a cabo era el origen y no, precisamente, porque hubiera sido un aleteo de mariposa provocador de una tormenta. En el origen hubo un plan premeditado para hacer pasar por valioso lo pernicioso aprovechando el necesario carácter convencional de las relaciones económicas. Carácter que se complementa con la confianza en la buena fe (parece mentira). La economía tiene reglas y si las cumples en su forma aparente puedes colar lo que quieras. Hernández se acordó de vanidoso Botón con sus tirantes verdes dando consejos a los príncipes de la política mientras le robaba la cartera un tahúr con buen olor. Pero le había atormentado no comprender porqué, a pesar de que el dinero no se destruye, la economía se paraba. Poco a poco entendió que los que tienen dinero o, peor, los que gestionan el dinero ajeno, no actúan por algoritmos (eso sólo vale para enseñar en la universidad o para adornar artículos pseudocientíficos con los que embaucar mejor). No actúan oscilando brúscamente desde la confianza y el miedo. No hay término medio. Por tanto la pérdida de confianza llevó directamente al miedo. Y el miedo había escondido el dinero. Los escondites van desde el paraíso fiscal al oro, pasando por el arte o la deuda soberana. Pero resultó que el miedo era tan grande que ya no se prestó dinero a los estados confiando en su solvencia (millones de personas trabajando detrás). Entonces se quiso controlar la solvencia de los propios estados. Una vez que los estados aceptaron el juego...Hernández gritó de dolor cuando el atleta maduro le pisó el pié. Iba haciendo una especie de Karaoke privado con cara de creer que tenía la voz de Pavaroti que debía ir sonando en sus oídos (Vinceró, vinceró)- También iba equipado desde la gorra a los deportivos con toda clase de tejidos sintéticos de alta tecnología, pero el pisotón fue a la antigua usanza. ¡Maldita sea!, se iba a olvidar de su descubrimiento. El atleta maduro se alejó insensible, sin advertir que había estado a punto de provocar el olvido de la clave por parte del cerebro de aquel jubilado inofensivo...

La clave (3)

... recuperado de su dolor, se relajó pensando en el último y sarcástico comentario de Juan José Millás en el Semanal de El País. ¡Qué gracia! Usar las palabras de Cameron para aplicársela a los trincones financieros. ¡Hernández!, se dijo. Su mujer lo llamaba Hernández, en vez de churri. ¡Espabila, hombre! Que se te va a olvidar. Bueno, a ver, cuando los tenedores del dinero quisieron controlar a sus nuevos deudores, los estados, los hacen de una extraña manera. Para garantizar la recuperación del dinero prestado deciden pedirle a los estados que reduzcan los gastos y eliminen los déficits. Para ayudar les suben los intereses. Una paradoja por descifrar. Creo que es porque, en el fondo, saben que la gente acabará tirando del carro y se les devolverá el dinero, de modo que encuentra natural aprovechar la debilidad inventada para llevarse tajada adicional. Ahora, se rió Hernández, se darán cuenta del error con Grecia, la cuna de Europa. Europa, una doncella raptada por un toro, ¡vaya por Dios! Ahora la culpa va a ser de España. ¡A la cosa, Hernández! Todo esto me llevó a pensar que la clave del problema era el dinero y, en consecuencia, tenía claro, y López también, que no se podía destruir estaba en alguna parte. De modo, que la misión de los que tienen que cuidad de nosotros, los depositarios de la soberanía desde que murieron dioses y licenciados en Harvard, sería evitar que estuviera ocioso (fuera refugios), que pretendiese esclavizar con intereses (limitación de réditos no relacionados con la actividad productiva), que no contribuya al bienestar esencial de todos (lucha contra el fraude). Si los políticos convencidos se atrevieran a usar su poder estaría resuelto el problema. ¡Qué error! Primero, los políticos convencidos han traicionado su juramento informal (¡no os fallaré!) y los no convencidos están a la suya, el halago de la gente que huele bien. De modo que el dinero seguirá comportándose de la misma estúpida manera, produciendo placer local y desgracia global. Segundo, nuestro problema no es el dinero. ¡Cómo pudo estar tan ciego! El dinero solamente es un medio, que los estúpidos han convertido en un fin. Pero no me extraña porque los que creen en la otra vida actúan como si sólo existiera esta. El dinero es un fin, se repitió. La clave está en otra parte...

18 Sep 2011

La clave (4)

... ¡este López! Voy a ir a buscarlo en cuanto lea el periódico. Después iré a hacer bulto en la protesta por el embargo de la casa de María Jesús. Cinco hijos y se creyó la patraña del banco. - Sí, Hernández, por fin voy a tener casa. Ahora no tiene casa, y ha cambiado su modestia anterior por la ruina más absoluta (el Compassion Bank of Murcia le ha advertido que le debe 80.000 euros). Concluyamos, la clave no está en el dinero, el problema es mucho más grave que el que supone el retraimiento de sus poseedores. La clave está en la actividad, es decir, en qué hemos estado empleando nuestras energías físicas e intelectuales. El aprieto del mundo no es falta de confianza (que también), ni falta de sensibilidad medioambiental (que también). El problema fundamental es que hemos dilapidado nuestras energías y, si quieren, nuestro tiempo. Desde hace cincuenta años, con la ayuda de la tecnología y la falta de visión de todo tipo de dirigentes nos hemos dedicado a producir estupideces. Lo que sólo hubiera estado justificado (hasta que el planeta se agotara) si esa actitud no hubiera puesto en peligro a la humanidad. Mucho más peligroso que una bomba atómica (que no debería existir) es el derroche de nuestro tiempo. Una señal era que mientras los poderosos disfrutaban de golosa comida, asombrosos adornos minerales o y voluptuosa tecnología mecánica y electrónica, nosotros hemos financiado el disparate disfrutando con su imitación gregaria comprando a crédito objetos banales imitadores del estatus de las elites negras. Si el problema fuera el límite que imponen los recursos planetarios, el planeta se ocupará de desprenderse de esta chepa que le ha salido en forma de un supuesto homo sapiens. Si el problema fuera moral por la miseria de continentes enteros, sólo tendríamos que endurecernos y pedir telediarios más amables. Pero no, no es fundamentalmente un problema de distribución del dinero, ni un problema moral. Es que hemos consumido medio siglo sin producir para lo esencial: salud (no belleza); vestidos (no pasarelas); comida (no delicatesen); infraestructuras (no estadios); ciudades (no escaparates); conocimiento (no entrenamiento).

La clave (y 5)

La consecuencia es que hemos perdido cincuenta años y ahora podemos tener el dinero pero no podremos recuperar el tiempo sin un enorme sacrificio. Lo que nos falta es tiempo para vestir, alimentar, dar cobijo, cuidar y sobre todo educar a los nuestros. Por eso nuestros ineducados dirigentes han avalado alegremente la juerga mundial y nuestros ineducados jóvenes están completamente distraídos entre botellones estupidizantes o quizá, lúcidos. El Quinceeme ha reunido a 50.000 jóvenes pero hay en las universidades un millón y medio, más seiscientos mil ni-nis. -De modo que, Hernández, esto tiene mal arreglo. ¿Qué se puede esperar? Pues es difícil que con la mentalidad vigente que sólo quiere recuperar la economía alegre haya arreglo. Se necesita una economía esencialista, basada en un cambio brusco de prioridades. La energía consumida en lo superfluo hay que dedicarla a lo esencial para nosotros o para otros. No por razones morales, queda dicho, sino por el colapso que produce que en un momento determinado falte lo esencial por haber gastado el sagrado tiempo en boludeces. Probablemente –me da miedo pensarlo, haya una expropiación de capitales prestados por una quiebra generalizada. Después habrá que ir recuperándose con más cabeza (hasta que se olvide). La energía de la juventud ayudará, pero sobre todo el conocimiento y la tecnología que hará más rápida la recuperación. Pero el resultado tendrá que ser otro muy distinto. Lo siento por los países emergentes que lo hace a una superficie devastada. Hernández se relajó pensando en la cara que pondría López cuando tomaran café esta tarde. Al salir del tanatorio, Hernández fue atropellado por un autobús de la discoteca El Desarreglo de Todos los Sentidos que conducía a unos clientes de vuelta a casa. Su cadáver fue arrollado después por una limusina de una boda y el Lexus de un tenedor de deuda.

25 Sep 2011

Políticos de un solo mandato

El espectáculo lamentable de Obama anunciando el veto a la petición palestina de constituirse en estado es la prueba enésima de que los políticos que aspiran a ser reelegidos se marcan ellos solos. Otros ejemplos son los pactos contra natura de Aznar con Arzallus, cuando estaba en su primer período, o el empecinamiento de Rodríguez Zapatero en una política a la alemana, cuando, a pesar de su tardío juramento de que ya hacía años que había decidido dejarlo, aún esperaba que brotaran las palmas que lo llevarían al éxito electoral en 2012. Siempre he pensado que dos mandatos es lo razonable para llevar a cabo un proyecto, pero estoy empezando a convencerme de que no es así por culpa de la presión para ser reelegido, que es más fuerte que cualquier convicción. Las políticas más nítidas se advierten en los mandatos finalistas y, probablemente por eso, por el peligro de un presidente sin ataduras, se inventaron los americanos la leyenda del "pato cojo" para neutralizar su capacidad de acción. Naturalmente no se propugna un modo de gobernar salvaje y radical, sin ataduras ni ideológicas ni racionales. El programa de promesas asociadas a la elección es el límite de su acción. Si Obama gana con unas propuestas, no podemos permitir (qué presunción) que su pasteleo humillante actual deje colgados de la brocha a sus votantes, que convencerían a sus vecinos de las bondades éticas y políticas de su apoyo al primer presidente negro. De nuevo las políticas de progreso social muestran menos vigor que las de regreso social. El político de izquierdas tal parece que una vez que su rango le proporciona los atributos de los ricos, se transforma y "empieza a entender". Entender que la vida es dura y que mantener a tanta gente con el propio sacrificio tiene un precio y muy alto, como ya hace tiempo que saben los dirigentes financieros, cuyos desvelos debe ser objeto de reconocimiento de por vida, como ellos mismos, se encargan de traducir en sueldos y jubilaciones obscenas. Remato: un sólo mandato para dotar a los presidentes de gobierno de un mayor grado de libertad al comprender que la historia los juzgará por el su fidelidad a las promesas en un tiempo relativamente corto. Lo suficientemente corto como para que no olviden el entusiasmo inocente de los que lo llevaron al poder.

La extraña propiedad privada

Uno de los argumentos más socorrido en relación con el fundamento de la actividad económica es la confianza. Nadie lo discute y, desde luego, yo no. La actividad económica requiere que tanto el dinero como las mercancías pueden cambiar de manos en la confianza de que se producirá en plazos pactados la compensación correspondiente. La confianza es un factor decisivo que actúa en todos los ámbitos de la vida. El judaísmo llama verdad al cumplimiento de promesas. Toda la vida es una gran promesa: de seguir vivo mañana, de tener y producir trabajo, de dar y recibir emociones, de adquirir y aplicar inteligencia. Por eso, una vez que las promesas han sido traicionadas la confianza se ha disipado, nadie presta nada, ni siguiera amor con lo que la paralización es completa, tanto en el ámbito económico como en el humano. Esta desconfianza ha desaparecido porque algunos de los defensores de la libertad de acción en ámbitos considerados privados han aprovechado la confianza en quien se presentara con aspecto noble en un contexto aparentemente solvente para perpetrar una estafa global que, no sólo ha desplazado grandes masas de dinero de un sitio a otro, sino que creado un mundo nuevo y peor. Y todo esto se ha hecho en nombre de la propiedad privada. Un concepto que sólo tiene aplicación en la pequeña escala. Pero en la gran escala es una falacia en el mundo actual cuando del comportamiento del sistema hablamos. En efecto, todos los movimientos aparentemente privados que se ha producido en los últimos diez años ha devenido en deuda pública, mientras los gestores (privados) se llevaban su comisión demoníaca por arrastrarnos al abismo. Lo privado a esa escala es un engaño manifiesto. El dinero que se manipula es el del esfuerzo de muchos que creían tener los mecanismos de control de la deshonestidad, pero ya se ve que no. Los casos de los directivos de las cajas españolas de los últimos días son sólo la versión cutre, casposa, carpetovetónica de una actitud criminal de la mayoría de los directivos del mundo que ya están pensando en como van a abandonar el barco ocupando los botes al grito de ¡los ricos primero! Ricos y políticos cómplices navegarán hacia una forlandia donde sus hijos disfrutarán sintiendo compasión por esos feos y agresivos habitantes del otro lado del muro. Veremos a ver quien les hace paté para sus bocadillos. Quien fabrica sus sedosos trajes. Lo que si sabemos es quién los protegerá a sangre y fuego. Por qué no se produce un motín como el que los príncipes alemanes sofocaron con la bendición de Lutero en el siglo XVI solo se explica por la realidad de la TV digital y la promesa del IPHONE 5. Hernández se alegrará de haber muerto atropellado hace dos Blogs.

Ya es hora de reconocer el fracaso

La vanidad es una fuente de perturbación muy grande en la vida particular, pero en la vida social es un mecanismo perverso. ETA ha perdido su criminal batalla y ahora busca como disimular su fracaso con dilaciones tratando de obtener una dignidad de batalladores patriotas que nunca tuvieron. El sistema financiero ha fracasado también y, de nuevo, la vanidad es un obstáculo a la solución del profundo pozo en el que nos van a meter. Se quiere mantener el tipo tratando de salvar lo particular cuando, ahora, solo interesa lo general. Bancos ambiciosos a los que, por fin, se les descubre el balance con el activo podrido. Banqueros que quieren vivir el resto de sus días con la dignidad impostada de la riqueza en islas protegidas tratando de olvidar con lo sustraído como vulgares estafadores que siempre encuentran el modo de dormir tranquilos porque, en realidad, no son comprendidos. Políticos que no soportan reconocer lo que ya sabemos todos: que son seres humanos incompetentes que aceptaron responsabilidades para las que no estaban preparados. Financieros que ponen cara de palo ante las únicas comisiones de investigación (en USA) que los han sentado para pedirles explicaciones y dicen aquello de "no era consciente". Expresión que todo el mundo sabe que se inventó en España, como las guerrillas, la fregona y la siesta. Vanidad que obstaculiza la comprensión de la naturaleza de las soluciones, que no puede ser otra que estar a la altura del problema. No hay que salvar bancos para que nos financien. Hay que dejara que se hundan bancos y recogerlos nacionalizados para una gestión global de un problema global. Los políticos europeos tienen miedo porque lo único que no está a la altura del problema es su voluntad y su inteligencia. Se debe concentrar el capital y el riesgo. Sanear, castigar, depurar por parte de una autoridad europea democrática y centralizada y luego, cuando de nuevo sea imposible que alguien pida desrregulación financiera sin que sea esposado, entonces de nuevo se podrá dinamizar la economía dando (sin confianza) carrete al actor individual. Ese cuya codicia parecía que era el motor del mundo- ¡Estúpidos!

05 Oct 2011

Sr. Director, estoy escuchándole en esta mañana del año tres de la crisis (24/09/2011). Estoy perplejo. Leo (y compro) el periódico El País desde mayo del 76. Además, estoy suscrito al puntocom y, si me permite el exceso, también a Canal plus desde la fundación, tanto para apoyar una prensa del excelente nivel de El País como, modestamente, una televisión de calidad, que sólo puede ser de pago, pues la publicidad se empieza a parecer a esas masas de bolsas de plástico que van ensuciando los mares y matando a sus habitantes (intelectualmente). Por eso, me he quedado perplejo al escuchar que la apuesta del periódico en este momento es una revista de moda femenina. Supongo que enviarán ejemplares a Somalia. Al decir esto no hago demagogia porque no conduzco pueblos y bastante tengo con conducirme de forma prudente a mí mismo. ¿Moda? Lo que necesitamos es información bien estructurada. Una revista que profundizara en la línea de Vida&Arte hubiera sido perfecto. Dado el alto grado de irresponsabilidad de todo tipo de dirigente de nuestras sociedades es necesario un salto cualitativo en la educación de los ciudadanos para que aumente el sentido crítico con datos. En el testamento de Pericles ya se dice que no todos podemos legislar, pero que todos podemos juzgar las leyes. Creo que esta revista es un mensaje erróneo y que no vale la excusa del ¡Sursum Corda! Hay mucho que hacer antes que ocuparse de los ricos y la moda. En todo caso, seguiré comprando su periódico porque en conjunto es lo mejor que nos ha pasado en el ámbito de los medios, además del último refugio cuando la TVE caiga en manos de Cospedal y la dote de auténtica independencia. (Carta enviada y no publicada en el diario El País)

08 Oct 2011

¡Parad el tiempo!

El tiempo es una ficción útil que nos sirve para vernos en una cita casi imposible en una cafetería situada en unas coordenadas de una bola que gira enloquecida sobre sí misma y alrededor de una estrella no menos demente en continua combustión. Una ficción, pero útil. Esta ficción, sin embargo, se ha convertido en un fetiche para los tenedores de capital que se la han creído y, desde ese momento, ya no soportan que esa ficción les robe "su dinero". En efecto, el excitante efecto que produce el tiempo en ellos se traduce en la necesidad compulsiva de que su dinero crezca como si respondiese a los mismos principios de un vegetal o un organismo. Ese crecimiento tiene que ser indefinido. Sufren si tal crecimiento se interrumpe. En cuanto deciden una inversión ya están perdiendo dinero porque su voluntad debería ser satisfecha inmediatamente para que su dinero no se congelara en proceso de construcción de una plataforma petrolífera o en un conjunto de dúplex en una colina. De repente el tiempo devora su dinero y los responsables del proceso lo están robando al no ir más deprisa. Lucro cesante le llaman. ¿Cómo se quitan la ansiedad por el tiempo? con un mecanismo que se impregna de todos sus miedos: el interés. Una vez que se pone un interés el tenedor del dinero ya puede descansar. Ahora su dinero está a salvo. Pues todas las leyes de los hombres están a favor de que los intereses sea pagados o se responda con la vida y la hacienda. Una vez que se tiene el dinero colocado al interés correspondiente (el más alto posible) molesta un detalle: la inflación. La inflación es el resultado de que cada modesto actor económico quiere ser cómo sus héroes triunfadores y siempre que pueden suben los precios. En realidad la presión para subirlos viene de un cuarto oscuro en el que los intermediarios juegan al póquer con materias primas de todo tipo con el oído atento a las necesidades o a las adicciones. La inflación molesta porque corroe, como en el verso de Góngora, el beneficio con el que los intereses calmaban el miedo al tiempo. De este modo, el interés es la garantía del futuro (otra ficción) y la inflación el perverso mecanismo que socializa los que es solamente de ellos. De modo que sus vidas se resume en tres actos, conculcar la ley para acumular dinero, prestarlo a interés y luchar contra la inflación. Esto último es lo más difícil pues no depende de ellos, Para eso hay que influir sobre políticos y gobernadores de bancos centrales y eso requiere un esfuerzo de seducción al que se han aplicado los últimos veinte años. Y lo han logrado. Ahí está Trichet manteniendo los intereses para limitar la inflación y los gobiernos trabajando para que los gobiernos y los ciudadanos devuelvan sus deudas sin romper el pacto con el tiempo. Es decir, sin que se ponga en peligro el ritmo al que van a cobrar. El tiempo le obsesiona. En su nombre lo sacrifican todo. Si te retrasas en pagar estás alterando el universo, hundiendo los fundamentos telúricos. La vida de las persona no cuenta. Cambiar los ritmos de amortización es una traición. No se puede alterar el orden cósmico de las cosas, la devoción al dios Cronos. Pues sí se puede, sólo es cuestión de legislar. Se legisla que el tiempo se pare, porque como queda dicho el tiempo es una ficción útil que se ha convertido en una pesadilla. Así pues, ¡parad el tiempo!

09 Oct 2011

La incomprensible fascinación con JOBS o las burbujas mentales

Ante la ola de fascinación colectiva producida por la muerte y los logros de Steve Jobs, que hasta sus compañeros de Apple han querido aprovechar presentando prematuramente una versión evolucionada de iPHONE tengo que mostrar (dolorosamente) mi perplejidad. Todo mi respeto para la persona a la que no conozco y de la que, por tanto, nada tengo que decir. Pero su aportación a la humanidad es la estetización y facilitación funcional de un aparato a mayor gloria de un negocio basado en la necesidad de la gente de parecer a la última y olvidar sus desgracias entre conversaciones banales y fotos comprometedoras. Cuando oigo hablar del logro de conseguir que una empresa de 10 millones de dólares pase ser valorada en 7.000 millones no alcanzo a comprender el mérito. Para empezar estas valoraciones son ficticias, como estamos aprendiendo a golpes. Pero, además, el producto objeto del negocio forma parte de esos trucos actuales para entretener incautos y crear plataformas para la publicidad masiva y pegajosa. Colores, formas y esbeltez que consiguen que un desgraciado deje de comer bien para tener uno. Por tanto, burbujas mentales más que económicas. El producto es tan ligero en su calidad humana que nace perecedero, pues se sabe que su fascinación tiene una vida limitada a la espera de la siguiente sorpresa del mago. Mundo de niños con pelo en pecho y niñas hechas y derechas.

Por otra parte, su discurso de 2005 en Straford ha agrandado el mito, al parecer por la profundidad de sus propuestas (esta mañana Monserrat Domínguez decía en la SER que lo debía escuchar nuestros hijos). Veamos las propuestas. La primera se refiere a la universidad y su carácter inane para el éxito. Eso lo dice un hombre que no sabe programar ni posee las más elementales técnicas para materializar sus ideas. Ideas que son desarrolladas por otros que sí han pasado por la universidad, claro. No me quejo de que gente con ideas pueda implantarlas (sería una estupidez por mi parte), sino de que eso se relacione con no haber estado en la universidad. Lo que ocurre es que la capacidad de la informática para que una idea sea convierta en actos atrae a los que tienen visiones. Pero lo que afirmo es que hay visiones y visiones. El inventor de los microcréditos o el fundador de Médicos sin Fronteras no goza de éste aura. La fama de Jobs está basada en la popularidad de lo banal, que es compatible con la utilidad profesional de la tecnología. Respecto de el carácter movilizador de los despidos (él usa el símil de un golpe con un ladrillo) es de lo más discutible. Su despido fue de tal calibre que le permitió comprar una empresa por 10 millones de dólares. De modo que nadie se engañe, no se estaba refiriendo al parado que nosotros conocemos y los que vamos a conocer. Es un discurso para jóvenes hijos de los que estaban forrándose en la Calle del Muro en esa época. Por fin, su alegato sobre la muerte, después de su recuperación (desgraciadamente temporal) de su cáncer de páncreas, es, en tanto que metáfora inspiradora para la vida, plenamente darwinista. Que la muerte sea el mejor invento de la vida para renovar lo viejo no es una idea a la altura de Steve Jobs. La muerte es consecuencia de la incapacidad de la naturaleza para preservar la funcionalidad, pero la inteligencia lo logrará. La intuición más poderosa es la de seguir vivo. Nadie quiere morir, ni siquiera los que dicen creer en la prolongación de la vida tras la muerte. ¡Claro! porque los estratos más profundos de su mente les habla con más claridad que la ideología en la que se educaron. Si el cuerpo falla, la mente se puede acabar resignando, pero su aspiración de permanencia es de los sentimientos más nobles y radicales. El juego eterno de los genes puede ser idealizado, pero seguir vivo es la verdadera oportunidad de ser mejor y hacer mejor al mundo. Que nadie se tome la molestia de hacer números y tirármelos a la cara porque sé que la muerte es buena sólo porque es inevitable. Si creemos en la redención del penado con razón, por qué no en la nuestra.

Una burbuja mental es el crecimiento aparentemente indefinido de nuestras ilusiones. En una burbuja mercantil se hace creer a la gente (pobres o ricos) que les merece la pena endeudarse para adquirir algo que no pueden pagar y así provocar la transferencia del dinero de los prestamistas a los promotores de la mercancía hipervalorada por la demanda compulsiva creada. Los productos de Jobs generan burbujas mentales (la perpetua renovación), que se transforman en mercantiles en otros ámbitos y explotan cuando el compromiso de pago por la ilusión se hace imposible y los perpetradores ya han puesto a buen recaudo el beneficio. Steve Jobs, descanse en paz.

11 Oct 2011

Muerte de un ciclista

Nacho, que se ganaba la vida transportando pequeños paquetes con una bicicleta, quería estudiar. Un cliente llamado Aseco le recomendó que jugara para ganar el dinero que necesitaba y le presentó a un tal Bank. Perdió en el juego y entonces lo visitó un tal Embar que le dio tal paliza que le rompió las piernas del tal modo que no pudo montar en bicicleta más. Tuvo que dejar su negocio y su deuda aumentó más con los intereses. Bank se cabreó mucho y le pidió a Embar que, ya que no podía cobrar, lo matara. Embar lo hizo. Como a Bank no le había pasado nunca esto empezó a apretar a sus deudores que agobiados empezaron a tomar malas decisiones en sus apuestas y a no pagar. Bank dio mucho tarea a Embar, pero éste, que amaba su trabajo, acabó en una semana con todos. Bank se arruinó y le pidó a Embar que también acabara con él. El contable de Bank, que estaba delante, contó que Embar hizo algo que nunca había hecho antes: sonreir mientras estrangulaba a su jefe, pues hacía lo que deseaba hacer desde años atrás sin dejar de cumplir una orden. Ese día salió una noticia en la prensa que llevó la muerte de Bank a la página 35 del periódico, junto al chiste de Romeu: los mercados se hundían debido a la crisis de la deuda soberana provocada por sus manejos especulativos. Todo había ocurrido legalmente, cumpliendo órdenes.

12 Oct 2011

Tecnologías de susto o suerte

Hablamos de iPHONE iPAD, Blackberry y otros instrumentos portátiles. Estas tecnologías han puesto en manos de profesionales liberales y dirigentes de todo tipo unas herramientas potentísima con la que acelerar y fundar la toma de decisiones mientras se mueven sin restricciones por el mundo. Es la cara positiva. Pero, también con estos instrumentos vemos a los jóvenes grabar palizas a compañeros o acosos a novatos, perder el tiempo eludiendo los estudios entretenidos en películas, juegos o conversaciones triviales y padecer en sus entornos microsociales por no tener la última versión del juguete. Es la cara negativa.

Veamos ahora los aspectos negativos de la cara positiva y los aspectos positivos de la cara negativa. Para lo primero, hay que decir que los profesionales portadores de estas maravillas tecnológicas cada vez viven peor empujados por una creciente demanda de productividad de 24 horas que no compensa ni la cena en un restaurante caro con una seductora mujer eventual o un seductor varón, igualmente eventual. Ese aparatito los conecta a una red vampiresca que le absorberá todos los fluidos y luego lo tirará seco. Dará igual que pertenezca a una gran empresa o a una pequeña. El modo de conducirse de las empresas integradas en tal red las impele hacía una demente productividad parecida a la de los gladiadores en el circo, luchando por su vida para divertir a unos pocos desalmados y a unos muchos embrutecidos. El que se sienta feliz en el ámbito profesional mientras abre la caja de uno de estos artefactos que sepa que se está poniendo una pulsera electrónica que los moverá como un pelele el resto de su vida. Yo no propongo que no abra la caja, sino que, al menos, mantenga el espíritu crítico que le permita contribuir a una futura emancipación.

Respecto a los aspectos positivos de la cara negativa, hay que decir las universalización de los móviles y su correlato de tercera o cuarta generación son un arma liberadora de enorme potencia. La capacidad de convocatoria o difusión de ideas es tan potente que ya habrá alguna siniestra agencia pensando cómo controlar, no los efectos de la onda, sino la onda misma. Mientras llega esto hay que tener en muy en cuenta que los artefactos móviles y el software en forma de redes sociales permite acciones de recondución de las decisiones que estaban reservadas, hasta hoy, a uno pocos e incompetentes dirigentes.

La tendencia a empujones hacia la colocación de la información en "nubes" informáticas concentra de tal modo la operatividad de la información que hará cada vez más fácil el control. "Tomando" una nube se tomará el control de toda un área socio económica. En definitiva, estas tecnologías como todas son ambivalentes, como lo fue un hacha de piedra. La novedad es que su efectos son más rápidos, más potentes, más irreversibles. Por eso hay que encontrar una actitud adecuada a este carácter ambiguo que evite los extremos de la fascinación de los pardillos o el escepticismo de los asustados por los cambios. No podemos perder de vista que todo lo que se extiende a mucha gente se convierte ipso facto en una plataforma de publicidad agobiante y pegajosa. Es necesario encontrar formas de dar a conocer la oferta de productos (y personas) distintas para poder disfrutar de la comunicación entre personas de forma limpia. Lo que se oye hasta ahora es inquietante, pues se trata de empotrar la publicidad en todo tipo de contenido, lo que nos puede llevar a alterar nuestro juicio sin que lo apreciemos por la sutileza del procedimiento.

Al fin llegó el socialismo

Tantos años de esfuerzos de tanta gente ha traído por fin el socialismo. Pablo Iglesias, Rosa de Luxemburgo, Besteiro, Gramsci reposan en paz en sus tumbas al "comprobar" que sus ideas y su sacrificio han dado resultados. Pronto se escribirán libros sobre la capacidad de éstos líderes de anticipar el futuro de la humanidad. Tantos errores en el pasado, tanta persecución, tantos anónimos militantes sacrificados en aras del progreso y por fin el futuro ha comparecido. Está aquí. El socialismo ha llegado en 2011. Ya no más miedo, no más incertidumbre sobre lo esencial, no más paro de gente importante. La actividad garantizada, la capacidad de obtener grandes beneficios asegurada por las inyecciones continuas de dinero procedente de los ciudadanos de ahora o de mañana. ¡Por fin ha llegado el socialismo! gritaron casi guturalmente y a coro Dehaene de Dexia Bank Belgium, Amorós de la CAM, Paulson de Goldman Sach con los ojos arrasados de lágrimas y abrazándose entre ellos. Además, la casualidad feliz de que fuera un 15 de mayo el acontecimiento añadía un punto de gracia, mientras los descamisados irracionalmente se quejaban de lo que tanto habían reclamado sus padres.

17 Oct 2011

El episodio de las Blacberry pone de manifiesto un riesgo: que lo que ha sucedido, al parecer por un accidente, puede ocurrir premeditadamente. Me puedo imaginar una situación de revuelta mundial hecha posible por las redes sociales que es saboteada por una apagón comunicativo global. De modo que sería necesario que los vigilantes de los interruptores fueran conocidos. Los de Facebook, los Twenty, los de Blackberry para que sepamos quien los ha accionado si llegara el caso. No es una teoría de la conspiración, sino la expresión de una inquietud, vista la facilidad de colapso. Sumen a esto la creación de las "nubes" de información, tan atractivas, por un lado, tan peligrosas por otro.

25 Oct 2011

España no, Europa tampoco

Un anuncio televisivo oficial en los años setenta mostraba un grifo en una bañera soltando agua muy caliente rodeada de vapor y una voz decía "si usted se lo puede permitir, España no". Esta frase ilustra bien la idea de que cuando se trata de bienes limitados y universalmente necesarios no puede permitirse su derroche aunque alguien pueda pagar un alto precio. Pasa igual con muchas de las iniciativas de producción en el paraíso de consumo ilimitado del que acabamos de ser expulsados. Una empresa con esta mentalidad puede producir cualquier cosa siempre que retorne más dinero del que ha empleado en la producción, aunque la cosa producida sea un frivolidad evidente, consuma recursos insustituibles o contamine gravemente. Será celebrada siempre que tenga éxito económico. Al grupo de las empresas que producen frivolidades pertenecen todas las de la calle Montaigne de París y todas las de yates de lujo o jets unifamiliares. Ganan dinero y eso las justifica. Desvían recursos hacia un mundo de fantasía propio de niños que habitan el país de Nunca Jamás. Proporcionan razones para que siempre falte dinero a un directivo para satisfacer sus necesidades de afirmación ante sus colegas. Mundo de tarados emocionales que se esconden en la suavidad y el color de la tecnología actual, para consumir inteligencia en servir a aventureros que alardean de no haber pasado por la universidad o, en el mejor de los casos, de haber escogido la carrera perfecta en vez de esas boludeces de la ciencia. Todos los problemas de Europa tienen origen en la primacía de lo particular sobre lo general. Mientras los países miembros no se convenzan de que no es posible una moneda única y muchos intereses sin coordinación política no habrá nada que hacer. No me importa que Europa gobernada por un alemán elegido democráticamente imponga condiciones a la comunidad autónoma de Hispania. ¡Si usted no se lo puede permitir, Europa tampoco!

¡Qué mal estamos! (de puente)

-¡Qué mal estamos!-¡Este país no tiene remedio!. Dijo Pérez en su hamaca con un martini en la mano. Pérez está de puente, pero preocupado.

Los alumnos le van diciendo a cada uno de los profesores que es el único que va venir a dar clase el lunes 31 de octubre. Los incautos, o los que no necesitan corchos para flotar, aceptan y la estratagema acaba siendo más verdad, a medida que van cayendo las barreras de la ética docente y el desparpajo discente. Los padres, que han pactado con sus colegas un turno imaginario, se alegran. Los dirigentes de toda laya contemplan el espectáculo displicentes y agradecidos (ellos también tenían planes). En fin, todos nos vamos cuatro días a celebrar a los muertos en la playa. Ventajas de la incineración, que te permite llevarte a papá en la urna, que para eso pagó el chalé. Todos alegremente nos vamos a comentar indignados lo mal que va el país de la forma más agradable (dejando el puesto de trabajo). From the lost to de river, que diría el castizo. Esta forma de actuar, incoherente hasta rozar el código penal, es la divertida manera de mandar un mensaje al mundo ¡Usted, Mundo, no sabe con quién está hablando!. También es un eficaz sistema de estimular en los alumnos la novena de Gardner: el cinismo.

Pero tranquilos que está en marcha la revolución: en el otro extremo de esta actitud, tenemos al autónomo en la versión publicitaria de una compañía telefónica. Con flemones, brazos rotos y fiebre arrastrándose a la oficina para poder pagar su alquiler y al empleado que, como todo emprendedor, debe tener para que baje el paro el día 21 de noviembre. Dado que con la ley laboral que llega todos vamos a ser autónomos, el grito de ¡tengo una idea! creará en los bancos la necesidad irresistible de dar crédito y se vaciarán las salas de espera de las urgencias hospitalarias.

Pérez meditó: -¿SER o no SER? y concluyó: -¡A vivir que son dos días! El autonómo arrastrándose hacia su oficina respondió -¡hombre Pérez, ni tanto ni tan calvo!

Ah! Pérez no es autónomo, es heterónomo. Sus hijos también.

01 Nov 2011

-Borja ¿a quién le vas a votar?, dijo Alfredo. Borja, meditó y dijo - Al más simpático.-¡Qué horror!, dijo Alfred (para los amigos) ¿por qué?. - Pues porque si tu y yo que hemos estudios en la London School of Economics no tenemos ni idea de lo que hay hacer, ¿Cómo puedo esperar que Salguido o Mortero lo arreglen? Esto se arreglará o no espontáneamente. De modo que voy a elegir al que tenga mejor jeta para mí.

Es un tema de conversación radiofónica estos días si el PP ha presentado o no su programa o, si es el caso, si resulta más o menos ambiguo. Una preocupación estéril a la vista de ausencia total de influencia en los acontecimientos de los poderes regionales (España es una región autónoma de Europa) y la incapacidad moral y técnica de los poderes que sí tienen influencia. También se oyen voces indignadas por la persistencia de la mentira calculada de los políticos en campaña. Aunque las que más sorprenden son las que comprenden la ambigüedad, cuando no la mentira, en nombre de la astucia política más elemental. Es decir, se ponen en el lugar del mentiroso porque, obviamente, ellos harían lo mismo. Curiosa empatía del gobernado con el que gobierna. Es como si la verdad fuera un estorbo que complica las cosas y produce malestar a todos.

Visto lo visto, ¿qué sentido tiene elegir a un político por lo que promete? ¡fuera máscaras! hay que elegir al que te cae más simpático. De hecho es lo que ocurre. Nadie lee los programas y sólo presta atención a lo que se dice en campaña si es una burrada suficientemente fuera de lo normal y destaca sobre la atonía general de ruido, banderitas y decorados horteras (de telediario galáctico). Reglas para elegir al que te cae mejor. Primero, eliminas a los que te caen mal con claridad y, después, entre los que quedan (si quedan) les miras la cara y ves, en función de tu gustos, si parece una buena persona o un cabrón redomado (hemos quedado que sin máscaras). Luego hay que hacer una selección más refinada en la que eliges buenas personas con carácter o el tipo cordero destinado al sacrificio.

En el lado perverso, si es tu caso, mira a ver si le tiene manía a algún sector económico en el tu tengas intereses. Con estos criterios al final puede que no te quede candidato. En ese caso, entras en la cabina del colegio electoral y escoges la papeleta con los ojos cerrados.

01 Nov 2011

Dado que estuvimos ante una crisis sistémica que atacaba al euro, lo único que teníamos unificado (con la excepción del manirroto cementerio de viejas glorias que era el parlamento), fue necesario ir hacia delante pues lo contrario (parados o hacia atrás) ponía los pelos de punta. Yo ahora soy un habitante de la Comunidad "Autónoma" de España, sita en los Estados Unidos de Europa. Mi presidente actual es alemán, de la Comunidad Autónoma de Germania, la más rica y centrífuga, pero tuvimos un presidente español y tres franceses. Desde que se cambió el tratado en Lorca (el inmortar tratado de Lorca en 2012) se acabaron la veleidades especulativa. Grecia es ahora un parque temático sobre el origen de Europa. España es la principal proveedora de aceite y sol. La mitad del sol para la playa y la otra mitad para producir electricidad. Un invento en la Universidad Politécnica de Cartagena produjo una revolución energética gracias a un joven físico que investigando la fotosíntesis cuántica descubrió la más eficiente célula fotoeléctica jamas conocida (90 %). Los bancos ahora están concentrados en Suiza que se incorporó a la unión para que todo el mundo pudiera decir que tenía una cuenta en idem (yo mismo tengo 5000 euros). Europa es ahora, no sólo las más culta de las áreas del mundo, depositaria de la memoria histórica de la civilización, sino una de las áreas más prósperas del planeta, gracias a la estabilidad traída por la solvencia del conjunto de países que, por fin, comprendieron que la economía mundial depende de la coordinación política y económica de grandes áreas. El presidente español ha cubierto Europa con líneas de AVE. No hemos tenido ningún presidente inglés en 100 años. Probaron a conducir por la derecha, pero no pudieron soportarlo y se salieron de la Unión.

01 Nov 2011

La muerte

La muerte no existe. La vida reina. Somos ya 7000 millones de personas más o menos vivas. Lo que existe es la sustitución de individuos cuando su proceso de desgaste se hace irreversible o se tropieza con un criminal o un político en trance de conquista o permanencia.

Muerte" es una palabra grave. Cuestión muy relativa porque en alemán se dice "Tod" y en inglés "Death", que son palabras que no nos dicen nada a nosotros. Cada pueblo tiene su propia palabra grave. Se ha dicho sobre la muerte que no debe preocuparle al vivo porque nunca coincide con ella (estoicos). También se ha dicho que es "la dulce hermana" (Castillo Puche). Y, que no se me olvide, hay quien la considera un mal trago que merece la pena pasar para entrar en la gloria. Los médico la consideran un "éxito", pues, ya saben, en latín (antes que en inglés) "exit" significa salida. La muerte es conjurada con lo único que conocemos de verdad: la vida. Por eso algunos proponen una vida ulterior en la que enjugar nuestras lágrimas. Es una teoría agradable pero una teoría ad hoc. ¿Qué necesita usted, esperanza, redención? Pues yo se la doy. Personalmente la muerte me parece un fracaso. La naturaleza que nos creó no sabe mantenernos vivos sino es a través de nosotros mismos. Yo creo que la ciencia vencerá a la muerte por vejez mucho antes que a la estupidez o a la codicia. Es imposible pensar en las implicaciones de tal conocimiento, que debe llevar aparejado la recuperación de la capacidad funcional (la juventud, en definitiva). Naturalmente, la muerte por accidente o criminalidad será difícil de evitar (ya digo, la estupidez). Para entonces tendrá que estar resuelta nuestra capacidad de convivir y regenerarnos síquicamente o ser inmortal será insoportable. Entre tanto la muerte, en tanto que nombre del proceso de cese de una vida individual, condiciona nuestra vida voluntaria o involuntariamente. Los que viven hasta las edades estadísticamente establecidas tienen tiempo de reconciliarse con la idea, pero sus caras nos dicen que no, que no se termina de asimilar. Las muertes serenas se dan en el cine, pero no en la vida. Por eso el gran descubrimiento es el opio. Tiene gracia que pase uno toda la vida esquivando los estupefacientes para morir dulcemente gracias a ellos. Todos los días muere gente. Gente sorprendida en lo mejor de sus vidas. Llegamos incluso a desear la muerte de otros (asesinos de niños) o a reírnos en los tanatorios a las cinco de la mañana, cuando ya no se controla el cerebro. Son las risas más catárticas (depurativas) que he escuchado o experimentado nunca. El humor negro o el desfile de subnormales disfrazados de zombis es señal de que algo tiene la muerte que nos atrae. Yo la rechazo. Pero me trabajaré para no darle gusto de morir cabreado. Me fastidia perderme el final (ja, ja) del culebrón humano. Hoy he estado en el cementerio. Uno debe actuar como le gustaría a sus deudos aunque el espectáculo mediterráneo de risas, ruido, coches, vendedores, guardias, polvo, flores de tela y de las otras, lápidas pulidas, cipreses sucios, fosas descubiertas, lutos obsoletos y caras, muchas caras de vivos esperando la muerte deambulando entre tumbas cumpliendo con un deber no escrito de culto sea enternecedor o ridículo. 7.000 millones. No habrá cementerios suficientes. ¿Cuántos humanos puede soportar el planeta si su peso medio es sesenta kilos de minerales, líquidos y gases? Hay que ir pensando en un sistema de control de espermatozoides. Podíamos empezar por los que, por su manera de dirigirse hacia el óvulo, se sospeche que piensan estudiar economía o dedicarse a la política.

La emergencia del subsuelo

La economía, los bancos, los inversores… son seres del subsuelo que han emergido después de siglos de permanencia en su lugar natural. Son seres necesarios para la vida, pero mientras estaban en el subsuelo (como las raíces). Al salir a la luz con sus ojos legañosos y sus costras en la piel lo han perturbado todo. Se han servido de habitantes de la superficie, los políticos. Una especia renegada. De repente todo se ha visto contaminado de su verde y repugnante efluvio. Ya no hay vida, hay economía. Una actividad del subsuelo que lo ha invadido todo. Una actividad cuyo nombre da cuenta de su naturaleza secundaria (la ley de la casa). Cuando lo secundario se rebela y ocupa el lugar de lo primario el universo se conmueve. La lava lo quema todo. Nada permanece en su sitio. Sólo hay aire viciado. Humos sulfurosos que ocupan todo el espacio. Terrible aquelarre de seres oscuros. Fin de la vida. Principio de lo monstruoso.

La versión cotidiana de todo esto es que ha desaparecido la política. La publicidad es angustiosa y omnipresente. Las voces que el poeta distinguía de los ecos, no se oyen. Centros oscuros por su maldad o su estupidez lo dirigen todo. No quieren compromisos personales como ocurría en las guerras. Nuestros hijos no pueden mirar hacia delante porque no se ve nada. No quieren hijos ni cónyuges. Nuestra civilización ha sido vendida por un plato de lentejas con lucecitas de colores de iphones e ipades. La esperanza sólo puede venir de una reacción de la gente que pase a defenderse controlando su enorme potencial económico de consumo (paradójicamente). Hay que evitar que todo acabe siendo economía. Que todos nos levantemos pensando en qué porquería vamos a venderle a los demás. Es necesario recuperar la razón como rectora. Un mundo en el que los individuos se dejan convertir en partículas movidas por fuerzas primarias como la codicia o la protección ante la muerte a toda costa es un mundo nuevo, desde luego, pero peor que aquel basado en la esperanza de la convivencia generosa.

01 Nov 2011

En el parque

Pasó la página del New York Time que acompañaba al diario El País. Leyó con atención el artículo de Paul Krugman en el especial Negocios y se quedó un rato pensando en qué razón tenía respecto a la salida de la crisis. Se levantó y tomó un trago de café mientras apartaba las flores que perfumaban el ambiente. Dobló el periódico y miró el cielo. Hacía un día espléndido de otoño. El azul era de una intensidad tal que obligaba a que el observador apartara la mirada hacia vistas menos exigentes. Dobló con cuidado el periódico y cruzó las piernas para esperar a la persona con la que estaba citado. Se mesó sus elegantes cabellos blancos y se echó en el respaldo de su asiento a esperar relajado. Desde su sitio veía a niños que jugaban a unos metros. Sus abuelos vigilaban cuidando que las palomas no los golpearan con sus alas. Se frotó las manos con delicadeza y recordó el viaje a París del último otoño. Cómo lo disfrutó con Carmen. A pesar de los años transcurridos todavía se querían. Feliz coincidencia, pues le llegaban amortiguado por los gritos de los niños fragmentos de una canción de Edith Piaf. Con qué alegría le compró aquella sortija en la plaza La Vandome y con qué alegría la recibió ella. El brillante era de una pureza tal que refulgía en su dedo mientras recorríamos las salas del Louvre y ella señalaba alguna obra que le llamaba la atención como la delicada obra de Canova en la que Amor sostiene con delicadez a Psiqué. Los recuerdos le impidieron darse cuenta de que José había llegado ya. Le tocó el brazo y se volvió. Sintió una enorme lástima por él. Su rostro se había degradado tanto. El clásico Brick de vino en el bolsillo y la barba de tantos días como hacía que no pasaba por Jesús Abandonado. Se había dejado arrastrar por el desánimo y ya era un ruina. A él no le pasaría eso. Mantenía la dignidad. Ayudó a José a ponerse la mochila y él cogió su carro de supermercado con lo último que le quedaba desde aquel día en el todo cayó sobre él en forma de desahucio y muerte de Carmen, que no pudo soportar la situación. Se atusó su cabello blanco lleno de grasa (qué daría por un champú) y trató de recordad las poesías de Horacio con las que se ganaba la vida recitándola en la misma plaza donde había vivido. Al principio algunos amigos lo miraban con conmiseración, pero eso cambió cuando los vio en la cola de Cáritas esperando un plato de comida con toda su familia. Cerró el termo de café (lo había comprado en Zurich seis años atrás). Al alejarse empujó sin querer y pisó el periódico que había había estado leyendo. Era de tres meses antes y lo había encontrado buscando en el contenedor hacía un par de noches. Al tiempo Edith Piaz seguía empeñada en ver la vida en rosa. En una pantalla en la calle un locutor comentaba la última caída en picado de la Bolsa.

17 Nov 2011

La resurrección de Hernández

Hernández abrió un ojo y se asustó al ver a su tía Carmen descomponer su cara a través de un cristal. Su tía Carmen también se asustó, pero además se cayó para atrás. Él no podía caerse pues estaba sujeto y no sabía por qué. Empezaron a aparecer más caras tras el cristal todas de pasmo y caída hacia atrás. Se imaginó el espacio tras el cristal lleno de gente amontonada. Miró por rabillo del ojo, vio flores y se mosqueó. Forzó la vista y miró hacía bajo con preocupación y comprobó que estaba vestido de blanco (un color que odiaba) y había más flores con una banda negra, donde en letras doradas podía leer "...u banco". No es posible pensó. En ese momento se abrió una puerta y un tipo siniestro se le puso delante. Con la cara de palo dijo: ¡Ha resucitado!. ¿Quién? dijo Hernández con la voz pastosa. ´-Usted. Respondió el siniestro. -Pero para eso hay que morirse. Dijo con lógica Hernández. -Claro. El empleado de la funeraria asintió mientras quitaba coronas y ramos de su cuerpo. Después empujó el armazón sobre el que estaba y se lo llevó a una sala de observación, donde ya lo esperaba un médico. ¿Cómo está la prima de riesgo? Preguntó Hernández recordando que fue lo último en lo que pensó al "morirse". En 500 le dijo el médico mientras le miraba el fondo de ojo. ¿500? – Es para morirse. – Desde luego, dijo el médico, mientras aplicaba el fonendo y escuchaba el débil ritmo de un corazón sorprendido por estar latiendo cuando creía que ya se había jubilado.

18 Nov 2011

Hernández bostezó y dejó que las lágrimas que siempre acompañaban este gesto le bañaran las mejillas. Hacía tiempo que no había llorado y le apetecía. Lloraba vicariamente por los seres humanos. Encontraba perverso que tanto conocimiento acumulado, tanta tecnología contribuyendo a la rapidez de la comunicación sólo había servido para sufrir más dolorosamente con la impotencia ante los errores cometidos. Todo estaba claro, tan claro como siempre, pero nunca tanta gente lo sabía y, sin embargo, no era posible rectificar. Con el pitido que acompaña a las bajadas de tensión se sentó en el banco y miró los titulares de la prensa en aquella fría mañana. En uno se podía leer a cinco columnas: ¡España con la boca abierta: Rubalcaba ha ganado!

¿Tecnócratas?, no gracias

No es lo mismo, no, un técnico que un tecnócrata. Un técnico resuelve problemas específicos y un tecnócrata gobierna desde una perspectiva exclusivamente técnica. Un tecnócrata no tienen por qué ser técnico, pero es obligado que esté rodeado de ellos y que sus decisiones tengan fundamento técnico. En el límite de su concepto un gobierno tecnocrático tendría al frente a un economista, como ministro de obras públicas a un ingeniero de caminos , como ministro de industria a un ingeniero industrial, como ministro de defensa y ataque a un militar, como ministro de sanidad a un médico y como ministro de deportes a Iniesta. La tecnocracia es una forma de gobierno en el que se actúa supuestamente mediante algoritmos y heurísticos propios de la ciencia aplicada. No se acepta que en la toma de decisiones entren los problemas de la gente, sino el equilibrio interno y externo del conjunto del sistema económico que gobierna la tecnocracia. Cuántas veces se habrá oído decir que sólo la gente que entiende debe gobernar. ¡Qué ilusos! los griegos ya sabían que la prudencia política no es cosa de técnicos. La ciencia y la técnica nos dejan solos ante nuestras decisiones. Son fórmulas compleja que resulta puro artificio cuando llega la hora de la verdad, la del pacto, la de la renuncia, la de la exigencia. Además, los técnicos por antonomasia, los de la economía, resulta que como con las letras del tesoro se cobran lo honorario antes de empezar a prestar servicios. Los tecnócratas que están apareciendo desde el subsuelo viene de una cueva en la que habita una cofradía de codiciosos patológicos que nos miran por encima del hombro, pues no somos otra cosa que materia prima para hacer posible su hedonismo.

El tecnócrata es un pato en un garaje en la política. Un técnico que accede al poder político tiene un recorrido muy corto. Realizará ajustes obvios (que hasta un político pude hacer sabiendo las cuatro reglas) y empezará a meter la pata en cuanto se encuentre ante "la incomprensión" de la gente perjudicada. Con qué derecho un socio de Goldman Sach va a mandar la policía a las nuevas plazas de las revueltas (Sol, Concorde, Brandeburgo, Del Popolo...) La técnica de hacer canales ¿qué tiene que ver con la decisión de hacer o no un trasvase? Ya sabemos que puede haber un óptimo reparto del agua en función de las potencialidades climáticas de las regiones de un país, pero ¿habrá que meter las esperanzas de la gente en la ecuación? ¿Habrá que consensuar los pros y contras para unos y otros? Inevitablemente. Y ahí un técnico se cansa pronto, se asusta y llama al ejército en su auxilio.

Las crisis es una oportunidad (para unos pocos)

"Hay que comprar cuando la sangre corra por la calle" dijo uno de los barones de Rochild. No hace falta llegar tan lejos. Con comprar cuando se pincha una burbuja es suficiente, porque en ese acto te apropias a bajo precio del esfuerzo futuro de muchos ciudadanos-polilla que quedaron atrapados en la luz cegadora de la propaganda generalizada. Una propaganda que desplaza los valores de ahorro y prudencia por los de deuda y arrojo. Hay, incluso, quien vive de convencer de que la incertidumbre generalizada es una oportunidad para hacer negocio. Y tienen razón. Cuando la toma de decisiones es difícil porque los datos oscilan violentamente, es el momento de ponerse en manos de la diosa fortuna apostando todos por algo y así alguien ganará dándole la razón la profeta (que gana siempre). Es algo así como si veinte adivinos pronosticaran quién va a ganar la liga de fútbol. Como es natural uno de ellos sería un adivino estupendo y disfrutaría de esa condición una temporada entera. Pues eso pasa con toda la ideología económico-liberal, que al exaltar el individualismo de las acciones garantiza que "algunos" ganarán mucho dinero. Es decir, también garantizan que "mucho" lo perderán. Pero las decisiones las tomamos los individuos y, claro, quién puede impedir que tengamos la ilusión de que seamos los afortunados?. Por eso se crean las burbujas a caballo de analistas, contertulios y programas sobre bolsa, que hace creer al común que él también es un inversor. Me puedo imaginar la risotadas en los clubes financieros cuando vean a los ciudadanos acudiendo vía Internet en manada a "parquet" virtual a perder su dinero en medio de los vaivenes provocados por los muy hijos de Goldman. ¿Cuándo aprenderemos? quizá ahora que hemos hecho un máster de economía para tontos en dos años (120 ECTS). ¿Cuándo surgirán asociaciones civiles que canalicen políticas de consumo que pongan en solfa a multinacionales y despisten a los Paulson y su camada?. ¿Cuándo vendrá nuestros Pericles, los que merecemos y necesitamos para tiempos cruciales para nosotros y y planeta exhausto? La gran mentira desvelada es que la codicia individual corre en la misma dirección que los intereses de la Humanidad. Ya enterramos el fascismo y el comunismo ahora, "cueste lo que cueste, nos cueste lo que nos cueste" (que gran frase para una traición) hay que ir por el capitalegoísmo.

20 Nov 2011

El torpe de Hernández

Hernández se había preparado con mucho mimo el sobre con la papeleta dentro para evitar andar mirando los montones y tomando muchas papeletas para despistar al interventor del partido opuesto. Lo tenía todo previsto. Sería una operación rápida. Entraría con decisión con su carnet en la mano y en unos pocos segundos estaría en el banco (el del parque) tomando la sombra. Saludó a una guapa policía nacional que había en la puerta. No saludó a un feo municipal que estaba dentro. Dio un paso mirando todavía a la guapa policía, tropezó en el escalón, fue trastabillando hasta la mesa, se agarró al presidente lo hizo caer para atrás y tiró la urna, que se rompió con estruendo. Los sobres quedaron esparcidos por el suelo medio abiertos. En la mayoría en vez de la papeleta aparecía una trozo de papel blanco en el que ponía "MERKEL"

22 Nov 2011

De vez en cuando se escucha que el enredo económico en el que estamos es culpa de todos. Que todos nos creímos estar en Jauja y que la tarea era enriquecerse. Bueno, bueno, ya está bien. Aclaremos. Por supuesto que cuando una expira (expulsa gas después de aspirar) contamina, pero cualquier pretensión de que esta contaminación tiene el mismo rango que una fábrica disparando toneladas de CO_2 a la atmósfera es de mala fe o complicidad. ¿Es que ya nadie se acuerda de que todas las emisoras de radio tenían programas en los que en hora punta daban información sobre las expectativas de unas y otras empresas para alentar la participación en Bolsa? ¿Es que nadie encuentra sospechoso el silencio del Banco de España sobre el peligroso endeudamiento de familias basado en la propaganda exacerbada de carencia de riesgo y felicidad para todos y tonto el último? Si no se impone el principio de proporcionalidad entre poder y responsabilidad sería posible confundir la responsabilidad del autor de un crimen con la de un testigo. Incluso el más imprudente de los que suscribieron hipotecas es claramente menos responsable que el menos importante de los agentes bancarios que voceaban ¡dinero, dinero barato, bonito, dinero! en las puertas del bazar de irresponsabilidad en que se convirtieron los bancos. No nos confundamos. Aquí hay responsables de nivel Giga que no debe confundirse con actores de nivel Pico. Al que insista hay que pedirle la IP a ver a qué servidor está conectado.

26 Nov 2011

La caída del caballo

A buenas horas ha caído Hernández del caballo. El golpe ha sido tal que aún está convaleciente. Desde 2007 se le han ido cayendo los palos del sombrajo estrepitosamente. Primero fue descubrir que los aseados directivos de los bancos eran unos incautos que se habían dejado engañar con burros pintados en forma de derivados con nombres exóticos, incluso por estafadores de manual como Madoff. Lo segundo fue ver como la socialdemocracia no era un sistema de redistribución, sino un sistema para comprometer el futuro de los españoles contrayendo deudas con tenedores de capital extranjeros. Unas deudas que, además, no iban destinadas a dotar al país de los recursos del futuro, conocimiento y capacidad investigadora, sino a una juerga de dirigentes venales y público engañado. Lo tercero que ha descubierto Hernández es que el socialismo español es un mecanismo de auto engaño, según el cual bajar impuestos o indultar delincuentes de buen olor es de izquierdas. Hernández se pregunta, una y otra vez, por qué el socialismo al llegar al poder, primero, no paró la juerga y, segundo, negó las consecuencias hasta la demencia. Pero para Hernández aún no había llegado la decepción mayor. Ya sospechaba desde los años ochenta con Tacher que la llegada de la mujer al poder iba a ser la demostración empírica de que, efectivamente, como sostiene el feminismo, la mujer es igual. Si había alguna esperanza que las peculiaridades positivas de la mujer harían de la gobernanza de empresas, bancos y gobierno instituciones honradas (Amorós) y dirigidas al bien común (Merkel), Hernández ya la ha perdido. Efectivamente, los que tradicionalmente el varón ha considerado valores positivos de la mujer para mejor someterla (instinto maternal, dulzura y demás trucos) se revelan ahora como mecanismos inventados para el placer y el ejercicio del predominio machista, que vuelve rampante instalado en el espíritu de los jóvenes y, por lo que se oye, también de las "jóvenas". Hernández que ya tuvo una experiencia de muerte está tentado de pedir el libro de reclamaciones al médico forense y regresar al sueño. El mundo se presenta, para la única generación que ha podido dejar por escrito que habíamos aprendido de errores pasados, como un lugar inhóspito en el que reinan como valores a desarrollar la desunión, la codicia, el individualismo y, al límite, la crueldad con el prójimo. Ejemplos sobran: entre sonrisas de mandatarios Europa se prepara para que de nuevo sus países se miren con desconfianza (¿habrá rearme?). Entre sonrisas, jóvenes, casi niños graban palizas a compañeros o se muestran inmisericordes antes los padres de una joven asesinada. Entre sonrisas, la publicidad nos intoxica hasta el vómito ocultando, cada vez con más descaro, las voces independientes que se "ven obligadas" a formar parte del guiñol. Entre sonrisas los políticos adulan a banqueros y confraternizan con delincuentes con tal de que les mientan con supuestas fidelidades ideológicas. Hernández paró en seco su pesimismo y se fue a la calle dando un portazo. Hacía un día precioso.

26 Nov 2011

Hernández pensó, el sol brilla, la vida no necesita justificación. O te invade una ola de energía o no. O tus hormonas inyectan exultantes estímulos o se hace las locas y te dejan en la depresión. A ver, no dramaticemos. Sinvergüenzas ha habido siempre. Las elecciones las ha ganado un español que parece buena persona, aunque tenga alguna que otra hiena en sus proximidades. La meta-ideología del cuidado de la gente parece irreversible. ¡Levantemos el corazón un par de meses! Auto convencido Hernández se fue a dormir una siesta.

04 Dic 2011

Ayer hubo una votación en un programa de televisión sin publicidad (que hasta parece mejor así). Se trataba de opinar a favor o en contra del traslado de los restos de Franco a un lugar distinto de la basílica del Valle de los Caídos. Al parecer después de votar 60.000 personas había un empate. Hace unos años a Borges le preguntaron si daría una aportación económica para el traslado de los restos de Flores (un antiguo mandatario argentino) y Borges con su poderosa retranca respondió que "para los de Flores no, pero para los de Perón sí" Perón en esa época estaba vivo y coleando por Madrid. Con este humor deberíamos tratar nosotros estas cosas a estas alturas. Ningún muerto en las cunetas, ningún monumento que no sea a la reconciliación. Aunque si un presidente con abuelo represaliado no ha sido capaz, no sé yo ahora con la que está cayendo. Y lo que está cayendo tiene que ver con esta votación. Y es que si Europa se deshace y nos quedamos solos con nuestros fantasmas tendremos una dolorosa crisis añadida que no necesitamos.

Las revueltas sociales son digitales

Oigo que algunos están tranquilos pensando que el anuncio de la congelación del salario mínimo interprofesional no va a producir revueltas sociales. Se basan en que ya se han producido ataques a los cautivos (funcionarios y jubilados) sin respuesta de ningún tipo. Es muy simbólico empezar los recortes en la nueva era por los que cobran 641,40 euros. ¿Para qué ser delicado empezando por el fraude fiscal o las SICAV? No, mejor ir directo al hígado. Así se anestesia la reacción. ¡Qué infelices! No saben que las revueltas sociales son digitales y cuánticas. Pasan del cero al uno sin aviso. La sociedad es un material frágil. Acepta energía pero se rompe bruscamente. Qué espectáculo el de mujeres con caras agradables y nombre de princesas orientales firmando fríamente este tipo de atropellos. Que espectáculo ver a piadosas portadoras de mantillas y peinetas cómo se emocionan con los iconos y no tiemblan eliminando sutiles barreras que protegen al débil. Qué espectáculo el de hombres mayores de pelos canos simulando sabiduría mientras juegan a aprendices de brujos. Qué duro es tener la obligación de parecer dotado para dirigir a una sociedad. Pronto empezarán los balbuceos. Luego vendrá la necesidad de mantener a toda costa el tipo. Después, ya veremos.

29 Dic 2011

Corrupción mental

Sí la noticia y sus detalles sobre la rehabilitación del juez Urquía son ciertas, no se habrá dado caso más claro de mala fe en nuestra sociedad. Nos cuentan que el antecedente penal por su condena por aceptar sobornos para dictar sentencias favorables a los intereses del mega corruptor Roca en Marbella es un impedimento para acceder a la carrera judicial, **pero no para ser rehabilitado una vez que es juez.** Estamos en buenas manos. Esto no es sutileza. Es, simplemente, corrupción mental.

30 Dic 2011

Tertulias falaces

En los años ochenta surgió en la radio española una modalidad de tratamiento de la información política que pronto hizo fortuna y, hoy en día, llena horas de espacio en las emisoras de radio y televisión a lo largo del día. En la radio, con la fórmula 3+1 (tres intervinientes de la cuerda ideológica de la emisora y uno de la contraria) se habla sobre temas de actualidad, incluyendo alguna noticia palpitante que pueda surgir durante su desarrollo. En la televisión la fórmula va desde 1+1 a 4+4 siempre con equilibrio de posiciones. Posiciones que se mantienen a ultranza, contra toda lógica y nadie cambia de campo durante la discusión. Básicamente hay dos tipos: las escandalosas en las que se busca atraer a la audiencia mediante la superposición de voces simultáneamente (hay gente que no está interesada en los argumentos, sino en los enfrentamientos) y las moderadas (por su desarrollo y porque hay un moderador efectivo en vez de uno incendiario). Las escandalosas son propias de la televisión porque en ellas la imposibilidad de escuchar por los gritos es compensada por las imágenes. Las moderadas son propias de la radio porque en este medio, si no se escucha, nada se puede sacar en claro. Echas estas precisiones de salida, hay que decir que todas padecen de un mismo mal: la argumentación falaz cuando se enfrentan posturas. En las tertulias gritonas las falacias mas utilizadas, por su eficacia para el escándalo, son la "ad hominen" y su complementaria "tu quoque", que traducidas son los conocidos dichos españolísimos de "más te vale callar" y "tú más". En las tertulias formales de la radios las falacias más habituales son las del "espantapájaros" y la de "olvido de alternativa". La primera consiste en parecer que no se ha escuchado al contertulio atacando lo que no ha dicho. En este caso, es característico que de fondo se escuchen las protestas del otro y que el que esté en posesión de la palabra se escurra diciendo "déjame acabar" o "no me refiero a ti". La segunda falacia de las tertulias formales consiste en manejar sólo alguna de las posibilidades, no considerando por incómodas, otras que complican la conclusión aunque se acerquen más a la verdad. Conclusión: nos gustaría que los contertulios nos educaran discutiendo honradamente y no tratándonos como ascuas que llevar a su sardina.

30 Dic 2011

Esta mañana en la tertulia de Hoy por Hoy una diputada de Murcia a la pregunta ¿En qué ha metido la pata su partido? Respondía "en la falta de credibilidad". Falacia de "petición de principio" en la que el efecto de un fenómeno era su causa. Es evidente que la falta de credibilidad de un partido es el efecto de una causa que no se quiere mencionar. La metedura de pata se llevó a cabo mucho antes, en 2004, cuando su partido se aprestó a seguir la juerga financiera para pasar por lo que no era.

Este es un ejemplo de lo mal que se debate en nuestro país. Cuestión que es especialmente grave cuando hace falta ideas, que no pueden surgir de un engrudo mental. En general los contertulios se atacan con argumentos parciales. Así, si la situación económica actual podemos analizarla en los siguientes términos: 1) tenemos la obligación, como miembros de la UE, de reducir el déficit del Estado entendido (no es ocioso recordarlo) como diferencia entre ingresos y gastos; 2) tenemos la necesidad de estimular la economía y 3) tenemos que hacer ambas cosas con atención a la cohesión social, en general, se discute sobre ello de forma fragmentada para tener razón a toda costa. En realidad ¿cómo armonizar esta tripleta de objetivos? Primero no troceando la complejidad interesadamente, sino, en todo caso, para entender e inmediatamente ver qué efecto tiene cada movimiento sobre las otras cuestiones. Por ejemplo, la inmoral congelación del Salario Mínimo Interprofesional, que empieza por atacar a los que, desde luego, no se han corrido ninguna juerga financiera estos años, ayuda a reducir los gastos del Estado pero ataca a la cohesión social. Aumentar los impuestos indirectos aumenta los ingresos del Estado, pero reduce la capacidad de consumo o, lo que es lo mismo, reduce las posibilidades de estímulo de la economía. Es decir, las dos formas de reducir el déficit del Estado afectan a las otras dos cuestiones. Sin embargo, nada se habla de estimular la economía forzando el crédito a las empresas por parte de bancos que esconden su dinero en el BCE sin que ni los perjudicados (los empresarios) exploten de ira. Lo que no ocurre porque sólo tienen voz los empresarios que aún resisten. Que, por cierto, cuando pintan bastos piden la "suspensión del capitalismo" desde la mismísima calle Diego de León de Madrid. Tampoco, se hace nada para aumentar los ingresos del Estado y, complementariamente, la cohesión social con las distintas formas de impuestos a grupos de ciudadanos con fortunas tradicionales o generadas en los torbellinos de dinero producidos en los últimos años para ganancia de pescadores. Fortunas refugiadas, en el mejor de los casos, en fórmulas fraudolegales (SICAV).

Muy al contrario, aprovechando el descrédito de todo lo social que propagandistas positivos perpetran desde tribunas y medios de comunicación y propagandistas negativos perpetran desde su torpeza supuestamente de izquierdas, se actúa contra los propósitos enunciados adelgazando el Estado, no para la eficacia de servicios, sino para su eliminación y posterior privatización. Todo ello a la búsqueda de la eficacia de la "mano invisible" que produce el bien buscando el mal. Es decir, se proclama la virtud del ahorro, mientras se hunde la economía (ellos podrán aguantar desde sus cabinas transparentes) y se esconde el verdadero propósito: que es un cambio de modelo de Estado para pasar del Estado Social de Derecho a un Estado para poner Derecha a la Sociedad. Un Estado del ¿Qué os habéis creído? Entre tanto, la diputada murciana de izquierdas sigue despistada confundiendo la luna con el dedo que la señala y afirma que su partido no tiene credibilidad porque la gente no cree en él. Vamos bien.

02 Ene 2012

Caer Del Cerezo

El nuevo ministro, pensó Hernández, es, además de economista, tautólogo. Es decir especialista en decir cosas del tipo "el todo es mayor que parte" o "la causa de la contracción es la reducción de la actividad". Como se temía, estas personas de rostro grave y estólido, saben mandar, pero no saben dar explicaciones ¿para qué? Por eso se lían en frases vacías y términos cursis del tipo "a futuro" o "contractiva" creyendo que mientras las desciframos él se escurre. Hernández lamentó escuchar a Del Cerezo que la reforma no puede consistir solamente en "despedir eventuales" (debía estar pensando en los fijos). De esta manera el niño de Serrano de aquel genial chiste gráfico de Forges (hoy oscurecido por el caustico Roto) que le reprochaba a su padre que "hacía tiempo que no lo llevaba a la empresa a despedir eventuales" se iba a quedar sin entretenimiento (fijo). En cuanto al reparto del sacrificio el truco es claro "ya se ha pedido 20.000 euros a los de más de 400.000 euros" ¿y a los de más de 2 millones de euros, que hemos conocido estos días, gracias a un movimiento tardío y desganado de MAFO?, dijo Hernández. -No haga usted demagogia, respondió Del Cerezo al advertir que Hernández estaba al lado de locutor, -Eso es el chocolate del loro. Hernández salto a la lámpara del estudio impulsado por la indignación y desde allí dijo: -Ya está bien de chocolates, también mi pensión es comida de loro, ¿por qué no me la dobla? -Porque ustedes son muchos, replicó Del Cerezo, con agilidad quitándose las manos de la boca. -¿Entonces su argumento es que hay que pertenecer a un grupo minoritario para esta a resguardo de cualquier compromiso con la sociedad que te enriquece?. Pues sí, pensó el ministro, pero dijo: -No hay que agobiarlos, son delicados. La prueba es que para quitarse la ansiedad están comprando más coches de lujo de los que necesitan. Y remató: -Ya padecen demasiados estrés con el diferencias entre intereses e inflación. Y continuó para sí: "y si apretamos se van de viaje". Hernández, que había desarrollado el punto de vista omnisciente le respondió también pensando "a Belice", pero dijo: -A Belice.

04 Ene 2012

En estos tiempos, cuando uno habla con sus amigos, conocidos y desconocidos rápidamente se toman posiciones polares en torno a las cuestiones más candentes. Los dos argumentos más utilizado en las discusiones actuales son el de "la gente necesita al papá Estado" dicho con retintín y el de que "en estos años hemos vivido por encima de nuestras posibilidades". Para curarse el primero es recomendable la lectura de Isaiah Berlin en los referente a la libertad negativa y positiva. Respecto del segundo hay cosas que aclarar. Para ello proponemos tres tipos de comportamientos a estos efectos y, por tanto, tres tipos de ciudadanos:

1) el que se ha gastado en el peor de los casos lo que ganaba, que no era mucho, como pensionista, funcionarios o mileuristas 2) quién en 2008 ganara prácticamente lo mismo que en 2001 (euro arriba o abajo) y ahora despierta con un crédito que no puede soportar como víctima de una mezcla endógena de hedonismo, codicia o imprudencia y exógena de seducción, propaganda e imprudencia de los canalizadores del ahorro ajeno

y 3) el que estaba en la orilla del río de dinero que llegó desde el exterior para financiar cualquier cosa con tal de no parar el flujo.

Si se acepta esta clasificación, se estará de acuerdo que no todos tienen la misma responsabilidad ni todos han vivido por encima de sus posibilidades. Aparentemente son los segundos a los que se aplica el reproche, porque a los primeros no, por reunir falta de dinero y prudencia, y a los terceros porque al ganar mucho dinero podían pagarse los excesos. Pues para sorpresa general se puede afirmar que se da la circunstancia perversa de que, incluso cuando alguien en estos años pagaba al contado, sin endeudarse, "estaba también viviendo por encima de sus posibilidades". Esta paradójica afirmación se funda en que, dado que el país en su conjunto estaba "viviendo por encima de sus posibilidades", incluso el que pagaba al contado y el pobre de solemnidad estaba también endeudándose. El que ganaba mucho porque ese dinero se había pedido prestado para pagárselo y el que ganaba poco porque, en otras circunstancias no habría tenido empleo. Este sorprendente razonamiento permite hacer una análisis crítico de lo que ha sucedido, lo que está sucediendo y lo que va a suceder.

Lo que ha sucedido: nuestros dirigentes han sido responsables ignorantes o cómplices de una operación de aprovechamiento de que hubiera liquidez mundial ociosa para dar un bocado sustantivo poniendo como garantía al país entero. Lo que está sucediendo: que dada la necesidad de equilibrar la situación nuestros ignorantes o cómplices dirigentes han decidido que sólo los ciudadanos del grupo primero y segundo se hagan cargo de la factura. Porque el tercer grupo está formado por los que ya estaban o se ha incorporado ahora a la casta de los "protegibles" de aquellos que amenazan con descapitalizar al país si se les pide un euro.

De modo que, en efecto, "nos han vivido por encima de nuestras posibilidades". Otros que han endeudado al país, otros que "han ganado por encima de sus capacidades" como cualquiera puede comprobar cuando abren la boca. Esos otros, ahora, contemplan como vomitamos los excesos cometidos por ellos. La culpa se la alivian consumiendo productos de lujo (las ventas han aumentado un 25 %), cuya contemplación o disfrute es una justificación en sí misma de cualquier tropelía. Una prueba más de cómo el dinero te convierte en un aristo, alguien especial que lo merece todo, al contrario que los muchos, los pringados que forman ese fondo sobre el que ellos viven sus vidas excelentes respetadas por los políticos y glosadas en las revistas de papel cuché que ya ofrecen hasta los periódicos que se consideran a sí mismo serios.

Balance versus Presupuesto

Hernández recordaba de sus tiempos de director de una organización el impacto que le supuso descubrir, como profano, la diferencia entre presupuesto y balance. Fue una iluminación. Se prometió que si alguna vez llegaba a ser consejero de alguna sociedad (lo que nunca ocurrió) exigiría siempre tener el balance de tal sociedad para que el consejero delegado no se lo llevara al huerto. El Balance es como el currículum vitae de una empresa. Allí está todo. Con el balance, salvo que lo haya auditado el representante de AA en Enron, no te pueden engañar. Sabemos lo que la sociedad tiene y lo que debe. Sabemos a cada edición cómo ha evolucionado para bien o para mal en el último ejercicio. Podemos preguntar con agudeza sobre la valoración de algunos activos si nos suenan altos para los tiempos que corre y se pretende camuflar una situación de pérdidas. Sabemos si la empresa tiene viabilidad y si se puede confiar en ella. Se pueden tomar decisiones. Vaya, un gran invento.

Hernández sabe que todos los años se publica en el BOE el presupuesto nacional una vez aprobado en la Cortes. Pero con esto sabe los propósitos que hay. Pero cuando acaba el año, ¿dónde se publica la liquidación de ese presupuesto? Después el resultado se traslada a un balance que el común no conoce. Estos días, con los intentos de todo español de saber qué demonios nos ha traído a esta situación de zozobra y debilidad antes determinadas fuerzas empeñadas en salvar la patria, es decir su patrimonio, uno echa de menos instrumentos de la claridad de un balance empresarial para saber cómo está siendo gestionado este país nuestro como empresa común. Se echa de menos un cuadro de macroeconomía que no sólo nos cuente lo que ha pasado este año, si no que nos informe de qué activo tenemos, qué grupos lo poseen, cuál es nuestro pasivo, cuánto debemos y a quién; cómo se distribuye los beneficios anuales y, en definitiva, hacia dónde vamos. Aprovechemos en esto al menos el hecho de que este país está educado ya para leer un balance y no ser tratado como un niño impertinente. El viejo sueño ilustrado del conocimiento puede empezar a dar frutos si una ciudadanía informada toma decisiones democráticas en base a información y no con la bazofia verbal de los políticos durante las campañas electorales. Hernández se sentó a esperar este cuadro que se publicaría en todos los periódicos en anuncio pagado por el Ministerio de la Realidad cada mes de enero. Noticia de última hora: encontrado un tal Hernández congelado enfrente de un kiosko. Al ser despertado lo primero que dijo fue: ¡el balance! Pensaron que deliraba.

Ç

Los Reyes de Hernández

Hernández reposó su cabeza en el sillón, miró la cara de su nieto corriendo hacia los paquetes y cayó en un éxtasis que lo transportó a aquel día en que, en una aldea perdida del norte de Marrueco llamada Jemis, encontró un 6 de enero de 1957 aquel coche. Cuando le dijeron que podía encender sus faros, estuvo todo el día empujándole al tiempo, que para él era el enorme reloj despertador de la mesilla de noche de sus padres. Movió sus manecillas para que se hiciera de noche en una acto supersticioso. Se fue al columpio a calmar su ansiedad, comió de prisa, se olvidó de hacer pipí (y lo pagó). Preparó un carretera con árboles a los lados y se entretuvo en pisarla para que estuviera lisa. Por fin, se hizo de noche, corrió a coger el coche y salió de su casa con un salto. Puso el coche en el suelo y empezó a arrancarlo con el ruido de su boca. Lo tenía la ralentí cuando activó la palanca que encendía las luces, pero no pasó nada. Sorprendido llamó a su padre y le preguntó llorando que qué pasaba y su padre le dijo que necesitaba la bateria. ¿Batería? a él le sonó a un montón de bates como el que tenía en su habitación. Su padre le explicó que en la tienda de juguetes no les quedaba baterías y que tendría que esperar al día siguiente para poder jugar con las luces de su coche. El mundo se le vino encima. Ahora sí que se le hizo de noche. Llorando mansamente guardó el coche y se metió en la cama debajo de la colcha inconsolable. Hasta él sabía que mover las agujas del despertador cinco minutos había ayudado a adelantar el tiempo, pero que un día entero era imposible. Hernández salió de su sopor y miró a su nieto que hábilmente había puesto en marcha el coche con luces y mando a distancia que él le había comprado. Su nieto, más práctico, bajo la persiana de la sala estar y se puso a jugar. Todo fue bien y sonriendo miró el cajón en el que estaban los diez paquetes de pilas que había traído, por si acaso.

07 Ene 2012

Margin call o el darwinismo golfo

Hernández vió ayer la película Margin Call, una de las secuelas cinematográfica de la crisis de 2008. En ella se relata las tribulaciones nocturnas de una empresa financiera "demasiado grande para caer" cuando un mando intermedio despedido y un empleado temporal descubren los que sofisticados mecanismos de control de la empresa no habían captado. El descubrimiento desencadena reuniones al más alto nivel, donde, además de despellejarse unos a otros, no prevalecen los mejores, sino los más golfos. Darwinismo golfo, se podría decir. Los senior muestran su ignorancia pidiendo continuamente a los junior que hable en el lenguaje del pueblo para que ellos puedan entender los que sucede. Es decir ganan 70 millones de euros al año aparentando saber. Son estatuas de yeso. Ojos vacíos. Estupidez vestida de alpaca. Por aquí tenemos a algunos de estos. En uno de ellos, que llora por la muerte de su perra, se despierta de este noble sentimiento, algunas sospechas que la decisión tomada de salvar a la empresa hundiendo a los clientes (lo que recordaba los manejos de Kenneth lay en Enron) no es ética. Pero su necesidad de dinero lo convence de que debe aceptar la oferta para que lidere la venta en pocas horas de todos los activos tóxicos de la empresa. El líder supremo mantiene un corto discurso tomando un desayuno con vino gran reserva en la planta príncipe del edificio en el que muestra su confusión moral y casi comercial. Confusión que en sus ojos se convertía en claridad cuando, de vez en cuando, mencionaba la palabra dinero. Más o menos, viene a decir que hay en marcha un mecanismo incontrolable, que siempre ha sido así y que hay que estar donde se reparten caramelos para coger alguno sin protestar. Los jóvenes tampoco quedan muy bien parados. Uno se pasa toda la película preguntando cuánto ganaba este o aquel y, finalmente monta el espectáculo llorando ante un impasible superior que se afeita poniendo cara de estupefacción ante el lloriqueo del empleado. El otro joven, el listo que descubre el peligro pone cara de sorpresa ante todo lo que pasa delante de él a lo largo de la noche y acepta sin reparo incorporarse al staff directivo disponiéndose, suponemos a olvidar su habilidades financiera para aprender pronto las habilidades depredadoras. Tampoco hay que dejar de prestar atención al hecho de que es ingeniero aeronáutico, es decir, una inteligencia destinada a hacer cosas concretas captada para hacer felonías. Una muestra más del carácter corruptor que han tomado las finanzas en la actualidad. En fin, pensó Hernández, -no hay nada que hacer. Inmediatamente reaccionó con su visión hegeliana de que todo lo racional es real y se animó hasta la siguiente decepción.

07 Ene 2012

Estaba Hernández viendo a su nieto jugar con la consola en la tele hipnotizado por el realismo de las imágenes, que representaban ciudades y personas con una nitidez y verosimilitud que los asombraban. Cuando se cansó de ver sangre en el cristal de la imaginaria cámara y miembros mutilados de supuestos enemigos se ensimismó pensando en sus tiempos de profesor de universidad. Inmediatamente le vino a la cabeza de forma deslumbrante una idea. Estaba claro, se dijo. Si todos los avances en simulación de circunstancias bélicas, generadoras de mutilación mental en forma de juegos estupidizantes, se aplicara a la educación el mundo sufriría una trasformación extraordinaria. Imaginó situaciones de aula en las que los alumnos afrontarían con dificultad creciente problemas reales con todos sus matices cuya superación exigiría el conocimiento significativo de las materias que darían soporte a sus decisiones (matemáticas, estadística, física...). De esta forma el actual barullo mental de los alumnos, incapaces de sintetizar toda la información que de forma tradicional se presenta, se convertiría en acción. Acción que le obligaría convertir conocimiento instrumental en conocimiento funcional con gran rapidez. Una revolución, se dijo Hernández. ¿Cómo es posible, se preguntó, que toda esa energía se esté dirigiendo, justamente, a lo contrario? El carácter seductor de la acción es aprovechado para estropear a nuestros niños en vez de para educarlos. Esta revolución se podría aplicar lo mismo a una ingeniería que para abordar problemas morales, que por cierto no debe estar ausentes en las ingenierías. La respuesta que imaginó le daría su cuñado economista es que estos programas de simulación educativa no tienen clientes. Qué pena, pensó, no "sufrir" un despido "estimulante" como el de Steve Jobs o Bloomberg con diez millones de dólares de indemnización para iniciar una aventura comercial que mereciera la pena como transformar la inteligencia en inteligencia en vez de estupidez. Enfadado se levantó y le quitó la consola a su nieto, que estaba en su crimen 23, lo que le daba acceso a Premium Extra Plus como asesino en serie. El niño, sorprendentemente, se volvió con serenidad y le dijo ¡gracias abuelo!. Hernández al oírlo se dio cuenta de que aún soñaba y aprovechó para representarse a la Michelle Pfeiffer de su época. Su nieto lo vio sonreír.

Hernández se levantó aquel día hiperactivo. Recordando sus lecturas cuando dio estadística en la universidad, le llegó a la cabeza que, en el análisis multivariante se hablaba de "comunalidades" como un indicador de la información que tienes antes y después de abordarlo. Dando un salto injustificado, pensó que el conocimiento y la experiencia de jóvenes y mayores se desperdicia con ambos segmentos de la población en el paro. Conocimiento y experiencia son las comunalidades con las que los desesperados puede retar las convenciones comerciales organizando, qué cosas, el trueque de productos básicos. Era una solución que contrastaba con la propuesta del emprendimiento que, básicamente, consiste en lo siguiente "piense el cualquier tontería que la sociedad no necesite, pero que crea que con un poquito de publicidad les podemos colocar"; "utilice Internet para su difusión y avísenos cuando alcance medio millón de accesos a su página, que le prestamos el dinero para que dé el salto de calidad". Cualquier tontería, pensó Hernández. ¡Claro!, como los que pueden comprar con dinero no están interesados en los productos básicos, el que quiera ganar dinero necesita producir lo que no necesita el adinerado pero le resulta cool. ¿Por qué no eludir ese circuito perverso produciendo lo necesario sin dinero en comunidades mientras vuelve la cordura? En cierto modo es una vuelta a la tribu. Pero, para tribus, las que habitan a partir de la planta diez (altura a la que amanece por encima de los edificios del siglo XX) de algunos bloques de hormigón y cristal. Así pues, continuó Hernández decidido a salvar el mundo, se hace balance de los recursos con se cuenta para que se exploren nuevas formas de supervivencia cuando los dirigentes que tienen que cuidar de nosotros están ocupados en otras cosas. Lo primero que hay hacer es organizar la gestión con una mezcla de senior y junior para tomar decisiones. Después hay que tomar contacto con los agricultores que se quejan de los bajos precios y constituir con ello un grupo de supervivencia para el trueque de productos. Después acumular en un centro de producción todos los ordenadores que se pueda bajo las instrucciones de un nieto que sea ingeniero informático. Después, se estudia qué productos de primera necesidad se pueden producir sin tener que vender productos para obtener dinero. Después... Hernández se paró cuando su mujer lo llamó para que bajara la basura.

10 Ene 2012

Hernández y Moody's

Hernández se levantó combativo. Acaba de oír en la radio que la agencia de rating Moody's había bajado la calificación de un Banco español "porque el aumento previsible del paro iba a aumentar su tasa de morosidad". Así, sin más matices. Naturalmente la propia desclasificación producirá paro entre los empleados del banco, lo que obligará a un nuevo descrédito y así hasta que el banco en cuestión cierre con la satisfacción de que Moody's ya no podrá tocarle las narices más. Hernández ni corto ni perezoso bajó la calificación de Moody's a ZZZ (menos).

La preguntita

Anoche se estrenaba el heterónimo de La Noria, ese programa que responde a la idea de "D. Juan, D. Juan, la puntita nada más", que le decía una Doña Inés de pacotilla al gran seductor. Como se está poniendo de moda en la tele-desprecio se dio el resultado de una encuesta para mostrar el tele-aprecio por la opinión del espectador. La encuesta le pedía al interpelado que dijera si prefería trabajar más por menos salario antes de perder el empleo. ¿Adivinan la respuesta del 60 %? SÍ. El otro 40 % no debió escuchar bien. Esta pregunta es un clásico. Se parece a aquello de "prefiero morir antes que perder la vida". Realmente se nos toma directamente por tontos. El planteamiento es tan sesgado, tramposo, acientífico e irritante que algunos de los participantes deberían haber protestado, incluido Pedro Alberto Cruz, ya que apelaba al sentido común, antes que a la ideología. Con este antecedente no cabía esperar mucho del debate en el que se puso de manifiesto que la amenaza del "ejército de reserva" ya no es un arma secreta, sino parte de la argumentación explícita para el combate, naturalmente, ideológico. Se trata de algo tan elemental como anular toda posibilidad de resistencia a condiciones reaccionarias de trabajo, porque la alternativa es irte a casa en tránsito al puente. Resultan enternecedores los reproches a los contrincantes por su insensibilidad de empleados ante los desempleados. El reproche lo hacen quienes no necesitan ni defender el estatus de empleados. La solución ofrecida es alpargatas para todos, menos para ellos que han tenido la idea antes. Idea de un mundo de seres-partícula a la búsqueda diaria del valor añadido personal, la productividad para equilibrar la explotación del chino por el chino y poder competir eficaz y, sobre todo, eficientemente (palabra de moda entre portavoces políticos). Una especie de juerga en la que si tienes derecho a cobrar dos mil euros, tienes el deber de aceptar 300 cuando vengan mal dadas. Un mundo sin comunidad, sin servicios que no puedas pagarte. Un mundo sin compasión que rechazará al que no pueda valerse hacia la tolva de reciclado.

20 Ene 2012

Internet y cultura

En breve: 1) todo creador cultural debe cobrar por su producción si la gente está interesada; 2) Internet es una plataforma de distribución de cultura mal aprovechada. ¿Por qué no se ha establecido ya una o dos distribuidoras de artes visuales o escénicas por Internet al modo de Spotify para la música que permitan disfrutar pagando cantidades razonables? Distribuidoras legales que garantizaran cantidad, calidad y retorno a los autores. ¿Qué lo impide, la ceguera de la industria que quiere seguir vendiendo CD o que espera que la gente siga yendo al cine? Creo que es solo cuestión de tiempo y muy breve. Ni esquilmar derechos, ni poner puertas a Internet. Es tan racional que será real.

21 Ene 2012

Todos hemos de responder ante la ley

El título de este artículo alude a la frase del argumentario de algunos políticos en relación con el "caso Garzón". Como principio general es inobjetable pero como respuesta a una pregunta concreta se vuelve falaz. En efecto, cuando se pregunta sobre lo apropiado o no de la cadena de juicios a Garzón y ésta es la respuesta hay que concluir que al interpelado le gusta que Garzón esté en el banquillo. Porque la interpretación literal sería el absurdo de que todos deberíamos estar haciendo cola para responder cualquier día de estos ante un juez. Para evitar que el sistema judicial colapse ante una avalancha de ciudadanos que atendieran la llamada de responder ante la ley, se ha inventado los indicios de delito. El juez no atiende demandas no fundadas. Este es el prudente mecanismo que evita que todos estemos "respondiendo ante la ley". Pues bien, ninguno de los juicios a Garzón deberían haber sido admitidos a trámite según parece. Todo debería haberse quedado en un intento de sus enemigos de perjudicarlo. Pero no, sesudos magistrados que, por lo visto, ocultan pasiones bajo su sobria toga, se han aprestado a pasar por alto detalles tan voluminosos como que el fiscal y otros jueces han ratificado las decisiones del Dreyfus español en el caso de las escuchas del Gürtel; han pasado por alto las imperfecciones de la delirante querella de Manos Sucias y Falanque Hispana y se han prestado a perfeccionarla formalmente para que Garzón no se escapara en el caso del franquismo contra todos nosotros y, finalmente, han tomado carrerilla para atender la demanda sin pruebas de un desconocido en el caso de las conferencias en USA. Tres casos que no deberían haber pasado de la puerta del juzgado y que han prosperado, además, en un ámbito sin segunda instancia. Este es un país en el que todo el que deja indicios de haber cometido un delito tiene que responder ante la ley, pero debería ser, también, un país en el que cuando no hay ni rastro de tal delito, se nos debería ahorrar el espectáculo de un tribunal de graves jueces corriendo el riesgo de un espectacular ridículo nacional e internacional.

28 Ene 2012

Bailando en el metro

Cuando se abrieron las puertas del metro en Tirso de Molina y lo vi entrar con su amplificador sobre un carrito de la compra, pensé en los de siempre: un mendigo cantando una canción desafinada para pedir unas monedas o uno de esos que te avisa de que está allí "porque no quiere robar" con una mirada que lo desmiente. Pero no, era otra cosa. Tenía unos cuarenta años, recio (con el mismo ancho de hombros que de caderas), no muy alto. Puso la música y empezó al ritmo de cumbia a pedir alegría. ¡Alegría! en los tiempos que corren. Empezó a cantar de forma entonada, pero no se conformó con eso. Empezó a bailar y pidió que la gente de metro bailáramos con él. Las caras de los presentes eran un poema de miradas perdidas, incluida la mía. Pero su cara transmitía alegría y timidez al tiempo. Daba la sensación de estar venciendo un frenillo emocional en cada semifusa. Pero no dejaba de bailar con cierta gracia y, sobre todo, con convicción. Cuando levantaba los brazos al ritmo del cumbé se le veían los rotos y las manchas de sudor en el sobaco de su jersey. Llevaba tres piezas de lana, una encima de otra, porque no le llegaba para abrigo. Y seguía bailando y, de repente, el milagro. En Antón Martín, una chica se lanzó y después su novio. Al fondo un cuerpo empezó a moverse. Y como la ola en los estadios, el coche (los que íbamos dentro) empezó a bailar a su ritmo. Su cara brillaba, los zurcidos de sus pantalones reían, las manchas de su jersey lloraban de alegría, sus caderas estaban ya imparables. Feo como él solo, con rasgos andinos, con dientes negros pero con un brillo poderoso en sus ojos, el bailón entonó el últimos compás con los brazos arriba en señal de triunfo y empezó a recoger el fruto de su esfuerzo. Esa noche cenaría bien. Un aplauso cerró el acontecimiento y yo me bajé en Atocha-Renfe. Ahora estoy en mi casa paladeando una experiencia humana, demasiado humana (diría un financiero). Hay esperanza si el pobre se niega a ser muerto a manos de la tristeza fría de los perpetradores de su desgracia.

¡Ahora caigo! y el planeta de los simios

Estaba dándole vueltas al dato de que las economía financiera mueve setenta veces más dinero que la economía productiva, es decir, 5000 contra 70 billones de dólares, cuando he caido en la cuenta. Toda la operación de "deconstrucción" del estado del bienestar; proletarización de las clases medias y empobrecimiento de las clases bajas (no me refiero a los que miden menos de 1,60 m.) tiene un objetivo claro: acompasar el valor que tienen el monto total de bienes al precio que la especulación dice que tienen. O sea, si las próximas tres generaciones trabajan por la comida, se producirán bienes cuyo valor .podrá sustituir a los inflados precios alcanzados por los títulos que los representan en las sucesivas oleadas de elevación de precios a medida que los sucesivos compradores iban aceptando un precio mayor en la esperanza de que podrían venderlo a un precio aún mayor. Es como el reverso del cuento "el diablo en la botella" de Stevenson. En este relato se cuenta la historia de una botella que contiene un diablo que resuelve cualquier problema pero que te lleva al infierno si te mueres siendo su propietario. El truco era, pues, usarlo para hacerse rico o curarse una enfermedad mortal e inmediatamente venderla. El problema era que había que venderla por la mitad del precio al que se había comprado la botella diabólica. De este modo el diablo se aseguraba un cliente, aquel que hubiera comprado la botella al precio de la moneda fraccionaria más pequeña. Lo que está ocurriendo ahora en la economía mundial es que el último tenedor de la botella, es decir los bancos propietarios de los títulos con un valor que no puede ser superado no quieren que se produzca el desplome o ajuste que los llevaría al infierno y han pactado una salida. Como yo tengo un papel que dice que un mojón vale un billón, en vez de aceptar que me han tomado el pelo, os pongo a trabajar a todos hasta que sustituyamos la basura que compré por bienes que realmente o aproximadamente valgan el billón que he pagado. He aquí la crisis social. He aquí nuestra desgracia y la de nuestros hijos. Esto es lo que los mendaces políticos están haciendo en connivencia con sus patrocinadores. Esclavizar a varias generaciones hasta ajustar el disparate y estar en condiciones de empezar de nuevo. Espectáculo dantesco que ellos verán experimentando el placer de lo sublime protegido por sus gorilas. Gorilas que si aumentan en número acabarán quedándose con con todo y explicando la situación que describe el Planeta de los Simios. Amén

12 Feb 2012

El Plan

¿Hay un Plan para desmantelar el Estado del Bienestar? ¿Es necesario un Plan o basta con seguir la estela de codicia? ¿Es una actitud paranoica? Veamos lo que tenemos: 1) el modelo de crecimiento no es sostenible. El planeta, en el estado actual de la tecnología, no parece soportar un sistema económico que consiste en trabajar en hacer cosas superfluas para ganar dinero para comprar esas mismas cosas superfluas que dejan un rastro de residuos insoportable. Un tráfico que proporciona beneficios que, acumulados en pocas o muchas manos, genera un actitud temerosa con el progreso que lleva a los grandes capitales a aplicarse a los activos más insensatos, como ha puesto de manifiesto la estafa global iniciada con las surprimes. 2) los dirigentes políticos no saben qué alternativa ofrecer para que la gente esté ocupada produciendo cosas necesarias y mantengan vidas razonablemente buenas 3) los tenedores o gestores de grandes capitales (incluidos los que imponen a los demás códigos morales) no tienen otro objetivo que mantener o aumentar el valor de sus capitales cobrando altos dividendos o sueldos disparatados. Las vidas de la gente parecen importarle poco, con lo que el dinero en vez de cumplir su papel de medio para un fin humano y se convierte en el fin mismo 4) En estas, alguien ha visto la oportunidad para una depuración de zarandajas y volver a un sistema pre-keynesiano pero, ahora, adornado por luces de colores que, como a los indígenas americanos, sustituyen al oro de la vida. Luces que se llevan en el bolsillo y permite transmitir aquí y ahora la propia ingenuidad a otro incauto. En España la situación es especialmente curiosa, pues la torpeza socialista permite piruetas dialécticas de los promotores del desguace que se presentan como "partido de los trabajadores" y así deshuesar el sistema por "culpa de la herencia de los socialdemócratas". ¡Qué gracia siniestra!

¿País serio o fúnebre?

Me carga la seriedad que se predica de nuestro país. Seguimos con la mentira política y el fingimiento como herramientas. Queremos trasladar una imagen de seriedad impostada después de 15 años de irresponsabilidad. Las grandes preguntas siguen sin responderse. 1) Si la deuda pública no es mayor que Francia ¿por qué se ceban en España los Miserables (con M de mercado)?. 2) Si la deuda mayor es la privada (personas y empresas) ¿por qué se mata la actividad imposibilitando la amortización?. Y 3) Si el gobierno dice estar haciendo todo lo que puede ¿por qué no saca el dinero que se necesita haciendo penar a algún defraudador en la cárcel para producir un efecto llamada?.

Como no tenemos las respuestas oficiales daremos las oficiosas: 1) Porque los Miserables están trabajando para que España sea productiva por la vía de la esclavitud legal ya que no sabe hacerlo por la vía de la productividad industrial. 2) Porque así se somete también a la banca nacional que tendrá que ser comprada por grandes instituciones internacionales cuando se decidan a hundir sus activos valorando con realismo sus stocks de viviendas y 3) Porque nadie mete en la cárcel a los papás de los amigos de sus hijos y vecinos de la misma urbanización.

¿País serio? País fúnebre.

El relato

El que mejor definió el período que se ha denominado postmodernidad fue el filósofo francés Jean François Lyotard. Él decía que se había acabado el tiempo de los grandes relatos. Un ejemplo de Gran Relato es el de la Patria en España o el de la Libertad en USA o el Libro Rojo de Mao, pongamos por caso. Sin embargo, a pesar de las señales de que se ha acabado la modernidad, entendida como el período de la racionalidad, cuyo mejor momento fue el siglo XVIII con los ilustrados, se pide una y otra vez un relato que haga aceptable el sacrificio a los ciudadanos para que puedan soportar la salida de la crisis económica. Los que eso piden quieren que alguien con autoridad, en tiempos de descrédito del yo y su autoridad, salga y diga los que hay que decir (parafraseando al gran pensador Mariano Rajoy). Pues bien NO HAY NADIE. Y no porque no haya nada que decir, sino porque da vergüenza decirlo.

En 1996 Aznar llega al gobierno sucediendo a Felipe González, Era un frío día de marzo cuando la espuma sucia de los roldanes expulsa al presidente que había sabido hacer la reconversión industrial, pero que toleró el GAL. El nuevo presidente anunció que estaría sólo ocho años y debió pensar que con ese tiempo sería suficiente para que no se le olvidara. Es decir un presidente que sólo quería ganar unas elecciones. Era una buena noticia, pero ahora, en nuestro relato sabemos el porqué. Su plan era crear una era de prosperidad inimaginable en nuestro país que lo convirtiera en José María el Próspero. Pero, echando un vistazo a la productividad española no había modo, no podía subirle el sueldo a los españoles por lo que decidió endeudarlos. ¿Con qué mecanismo? Con una burbuja inmobiliaria, por eso liberalizó el suelo e inventó los convenios urbanísticos. El dinero vendría de las grandes bolsas de capital ocioso que el mundo había creado. Los bancos españoles empezaron a bombear dinero a comisión desde el presidente al último comercial y se produjeron nuestras propias sub-prime presionando a los tasadores para que valorasen hasta las casitas de madera de los niños. No podía estar más de ocho años, el marrón de la explosión se lo dejaba a Mariano, porque Rato se había dado ya cuenta de lo que se le podía venir encima. En estas, unos islamistas despistados (con su propio relato) producen la masacre y habilitan el triunfo de Zapatero. ¿Cómo sigue el relato? ¿Se acabaría el derroche a cuenta de los alemanes? ¿Volvería la austeridad de mano de los socialistas? "¡Sí claro!", pensó Zapatero, mientras recibía lecciones por las tardes del ministro Sevilla (en paz descanse). Ahora me toca a mí, se dijo Zapatero. "Voy a escribir el relato socialista". Y se puso con el dinero inmobiliario a despachar leyes sociales. Él también dejaría su marca indeleble. Y la dejó, porque para él quedó el oprobio de negar el final del ciclo malicioso de Aznar y comerse el marrón entero a empujones de Mérkeles ,Obamas (de él fue la última llamada) y Charcosíes. Tuvo, estoy convencido de que con una profunda vergüenza propia, que tragar sapos y, eso sí, con cara de saber que tenía que hacer lo que había que hacer empezó el duelo. ¿Y ahora qué? Pues el relato tendría que acabar bien, con los malos en el oprobio. Pero no, el relato se lo monta cada uno. Los socialistas olvidan el pasado y los populares de ahora no, hasta que ellos mismos lo tengan. Entre tanto lo recuerdan, pero la memoria no va más allá de 2004, no vaya a ser que José María les meta un bolígrafo en el canalillo. Por tanto, el relato acaba mal. No pagan ni los criminales, ni los inductores, ni los cómplices ni los encubridores. Pagan los testigos. Es decir, pagamos nosotros. Y para que lo hagamos con cara de patriotas que van felices al matadero necesitan un relato. Pero, ¿de dónde lo van a sacar? Sólo queda el cinismo mientras el lodo no llegue a nuestra puerta. Después, el silencio.

08 Abr 2012

La felicidad, ja, ja, ja já

El título está inspirado en una canción de Palito Ortega. Y este artículo está inspirado por el congreso de Coca-Cola sobre la felicidad. Es curioso que cuando gobernantes y codiciosos aumentan la injusticia social aparecen los profetas de la felicidad individual. Que, además, lo haga una compañía multinacional cuyo objetivo es el consumo es un sarcasmo. No tanto que lo intente, cuanto que se le siga el juego. Cuando hay dinero para expandir deuda, el valor vigente es el consumo, cuando no, la felicidad espiritual, muy espiritual.

La felicidad es un estado de ánimo con sustrato biológico en las endorfinas (una droga natural). Sin ellas todo sería sequedad y desesperanza. Uno se ve invadido por ellas por muchos estímulos. Así, el arte, el amor, la amistad, los logros profesionales o amateurs. Dura poco, porque la realidad es pura combinatoria que trae y lleva situaciones que son vividas con felicidad o amargura. Yo estoy feliz este fin de semana y treinta cuatro familias están sumidas en la amargura (son los accidentes mortales de estos días de Semana Santa).

Declara el director general de Coca-Cola que las personas más felices son dos religiosos (budista y católica). Naturalmente, es la felicidad del abandono de la lucha diaria para ponerse en manos de una deidad y su voluntad. Es la felicidad del sumiso, del entregado a la oración estereotipada y del que abandona la responsabilidad para aplicarse endorfinas por una vía indirecta. Todos tenemos esa tentación, por eso mucha gente quiere ser funcionario o no quiere ascender. Es la materia prima para que los ambiciosos asciendan en combate con otros como ellos. Entiéndase que ambición no es igual a competencia. Por eso, también hay tantos que buscan su felicidad ejerciendo el poder con gran incompetencia, con lo que producen la infelicidad de los demás.

La felicidad es un deseo sobre todo y una esperanza. Lograrla de forma continua la anula por falta de referencias. Desde luego es un logro emocional, pero necesita de ayuda material. Es difícil ser feliz en el Sahel. La felicidad es el final de cada tarea que nos propongamos. Tarea que no siempre es moral. Hay quien experimenta una gran y feroz felicidad cuando elimina a otro, cuando acierta con el misil, cuando gana una votación para ir a la guerra. De modo que le auguro un gran fracaso al congreso de la felicidad. Es una superchería que lamento sea adornada con Punset o Rojas. Ellos sabrán.

La Arquitectura estaba en la playa

Hernández había mantenido una interesante, a ratos apasionante, conversación con M. Ambos convinieron en que la Arquitectura estaba en la playa el día y la hora en que llegó el tsunami económico. Un aleteo nervioso de una gaviota, una brisa inesperada, un plano que se vuela, una persiana que vibra. Allí estaba con su aspecto tan poco sublime el tsunami. En vez de una ola inacabable de agua limpia y espuma nívea, por la que hubiera merecido la pena ser engullido, era agua sucia llena de fragmentos, muchos de ellos procedentes de las casas que había diseñado yconstruido. La mezcla de agua y fragmentos menos densos por arriba y, como molino inmisericorde, de fragmentos más densos por el fondo era un máquina de picar carne palpitante, de separar familias, de matar la dulzura de la vida en medio de la asfixiante plenitud de los pulmones. Y la Arquitectura estaba allí con su delicada estructura económica de grupos pequeños y frágiles pagando su fe en la misión encomendada de embellecer el cobijo de las personas. Estaba desnuda, sin protección de ningún tipo, distraída en la búsqueda de una solución más bella por precisa, cuando fue alcanzada por la ola originada en un submundo de inhumanos que olvidan que su fortuna se origina en el esfuerzo de los demás. Quizá, pensó melancólico, se estaba pagando la aplicación de la magia de la "recóndita armonía" a cobijar la codicia en torres evocadoras de la frialdad de sus moradores. En el mundo hay once millones de millonarios que pueden destruir con su miedo a la muerte a los otros siete mil millones en un acto tan poco compasivo como estúpido, hasta donde el ser humano puede llegar a serlo. La Arquitectura, se dijo Hernández, sobrevivirá porque su vocación es la gente, aquellos que aquel día no fueron avisados del desastre provocado para que no huyeran de la playa y fueran al palacio horizontal o vertical a pedir furiosamente explicaciones. La Arquitectura ha sido dispersada y tendrá que encontrar el modo de reagruparse para crear la masa crítica que haga posible la vuelta a los pueblos blancos. Pueblos cuya belleza se confunda con la naturaleza sin dejar de proclamar que ha sido el ser humano el que ha conseguido el milagro armado con un lápiz de repetición que no parará de disparar formas hasta que la ola se retire avergonzada.

28 Abr 2012

La Arquitectura estaba en la playa

Hernández había mantenido una interesante, a ratos apasionante, conversación con M. Ambos convinieron en que la Arquitectura estaba en la playa el día y la hora en que llegó el tsunami económico. Un aleteo nervioso de una gaviota, una brisa inesperada, un plano que se vuela, una persiana que vibra. Allí estaba con su aspecto tan poco sublime el tsunami. En vez de una ola inacabable de agua limpia y espuma nívea, por la que hubiera merecido la pena ser engullido, era agua sucia llena de fragmentos, muchos de ellos procedentes de las casas que había diseñado yconstruido. La mezcla de agua y fragmentos menos densos por arriba y, como molino inmisericorde, de fragmentos más densos por el fondo era un máquina de picar carne palpitante, de separar familias, de matar la dulzura de la vida en medio de la asfixiante plenitud de los pulmones. Y la Arquitectura estaba allí con su delicada estructura económica de grupos pequeños y frágiles pagando su fe en la misión encomendada de embellecer el cobijo de las personas. Estaba desnuda, sin protección de ningún tipo, distraída en la búsqueda de una solución más bella por precisa, cuando fue alcanzada por la ola originada en un submundo de inhumanos que olvidan que su fortuna se origina en el esfuerzo de los demás. Quizá, pensó melancólico, se estaba pagando la aplicación de la magia de la "recóndita armonía" a cobijar la codicia en torres evocadoras de la frialdad de sus moradores. En el mundo hay once millones de millonarios que pueden destruir con su miedo a la muerte a los otros siete mil millones en un acto tan poco compasivo como estúpido, hasta donde el ser humano puede llegar a serlo. La Arquitectura, se dijo Hernández, sobrevivirá porque su vocación es la gente, aquellos que aquel día no fueron avisados del desastre provocado para que no huyeran de la playa y fueran al palacio horizontal o vertical a pedir furiosamente explicaciones. La Arquitectura ha sido dispersada y tendrá que encontrar el modo de reagruparse para crear la masa crítica que haga posible la vuelta a los pueblos blancos. Pueblos cuya belleza se confunda con la naturaleza sin dejar de proclamar que ha sido el ser humano el que ha conseguido el milagro armado con un lápiz de repetición que no parará de disparar formas hasta que la ola se retire avergonzada.

29 Abr 2012

En términos hacendísticos

Qué anteflaútico, que sorprendómano, never hubo cosa más anticlárica y cobardística que un ministrópico. Del Cerezo ha hecho cumbrera. En horística buenona. I think que esto es realísticamente extraordinartico. Nos van a give por la culera.

(Dedicado al ministro De Guindos y su orwelliano neolenguaje)

01 May 2012

Un puente tuerto (de un solo ojo)

Hernández se paseó triste por los pasillo de la universidad sin comprender porque nuestro país depende del conocimiento de sus ciudadanos y, sin embargo, las aulas están vacías un lunes, mientras profesores y alumnos meditan en sus casas indignados (moderadamente) con la crisis.

(Dedicado al 30 de abril, último lunes de abril antes del primer martes de mayo de 2012)

El don Juan, El quijote, el hidalgo y el pícaro

¿Qué nos ha pasado? ¿Por qué un país que parecía haber hecho cumbre, en realidad estaba acercándose a un precipicio? ¿Por qué parece que estamos en caída libre? ¿Por qué alguien ha decidido que tenemos que trabajar como esclavos para producir para otros países, de modo que al perder poder adquisitivo los únicos perjudicados seamos nosotros que sólo podremos pegar la cara al escaparate con ojos golosos? ¿por qué algunas esperan que todo el país se prostituya sirviendo a ricos borrachos en palacios de juego y blanqueo de dinero? ¿por qué se ha tirado a la basura toda una generación de jóvenes bien formados? ¿Por quéu, por quéu, porrrr quéu? Pues porque somos un país de Don Juanes impotentes ante las verdaderas dificultades, de hidalgos perezosos cabalgando sillones de consejos de administración donde se reparten lo que no es de ellos y de pícaros que pasan por políticos y son aplaudidos por el pueblo de quijotes. Nuestros males tienen historia y la Contrarreforma, como su propio nombre indica, no nos reformó. Pregunta: ¿quiénes son los equivalentes actuales de nuestros arquetipos?.

El supremo descaro

Acabamos de saber que un juez ha sido restituido en su "honor" y sueldo tras declararse ilegal la sanción impuesta por asesorar a un narcotraficante. Ya tenemos otro dato más para completar el cuadro del supremo descaro. Al seguro que cubre las fianzas en caso de que un juez delinca, podemos sumar el de que un juez debe ser investigado en un tiempo máximo de seis meses. ¡Qué barbaridad, seis meses" ¿Qué tal si el plazo se reduce a seis días?. De paso se ha aprovechado para declarar ilegales cualquier escucha a un juez, sean cuales sean las garantías judiciales establecidas. En los modernos delitos suaves, no hay "manos en la masa" ni "pistola humeante". Si se eliminan las escuchas sólo queda anular los testimonios de los testigos y tendremos el crimen perfecto. Porque ¿qué es un testigo, si no uno que escucha o mira sin orden judicial?, de modo que ¡adelante!. Con todo ello tendremos una idea cabal de qué va esto. Va de impunidad. Son muy escasos los jueces que delinquen, pero esos pocos son de los suyos (de los nuestros no), son sus delincuentes y no se tocan.

04 May 2012

Hace unos días se dieron dos actos esperpénticos: En un parlamento del sur de América la votación para expropiar a una empresa española produjo un golpe de entusiasmo (en teos= estar en Dios) entre los diputados. Al mismo tiempo, en la calle Trapería de Murcia, una señora argentina le pide a un músico callejero un tango por nostalgia y la gente que pasaba empezó a silbar (seguramente eran accionistas de YPF, ¡qué infelices!). Sí raro es entusiasmarse rompiendo lazos económicos con un país amigo, qué decir de ofenderse escuchando un tango. "Por una cabeza, todas las locuras, tu boca que besa, borra la tristeza, calma la amargura" cantó Gardel y bailó Al Pacino. No tenemos remedio (los seres humanos).

06 May 2012

Hernández mira el periódico. Una foto le llama la atención: Griñán y Montoro se abrazan, se miran a los ojos con cariño. Pero, Griñán está dispuesto a la rebeldía frente al Estado y Montoro a intervenir Andalucía si dan un mal paso. Los políticos, piensa, viven en una ficción controlada o esos creen ellos. Maldicen en el hemiciclo y toman café a pocos metros. Pero, si hay un escenario en el que esta ficción se hace insoportablemente tediosa es en las tertulias, ya sean de radio o televisión. En estas circunstancias ya no parecen humanos, parecen mecanismos que reaccionan a todos los estímulos para los que estén programados. Hablan mecánicamente, repiten fórmulas, reaccionan aburridos y falsamente indignados a las supuestas falsedades del contrario. A los quince minutos, Hernández acaba apagando el aparato o apretando el botón del mando aburrido de tanta previsión y sometimiento a discursos congelados procedentes de la factoría del partido. ¿Qué pensaré hoy? se pregunta un político afeitándose para ir a una tertulia o un mitin, mientras está atento al móvil (encima de una toalla) que le hará llegar el argumentario del día. Por eso, Hernández cree que las tertulias son mejores con periodistas. Lo piensa con prudencia, como mal menor, pues también ha probado el sectarismo más sorprendente: el del que se supone que es independiente. La verdad es esquiva pero muy resistente, sobrevive en los peores climas y soporta los más torcidos argumentos. Brilla al fondo y nos guiña el ojo entre falacias y caras fingidamente solemnes indignadas a ratos.

07 May 2012

Paradero desconocido

Paradero desconocido es una novela epistolar de Kressmann Taylor. Un libro que se lee en una sentada, pues en realidad son 18 cartas y un cablegrama nada más. Pero es suficiente para que veamos como una persona se va envileciendo hasta tocar fondo dejando a un ser humano desamparado ante la muerte violenta.

Es un viaje tortuoso desde la amistad hasta la confusión más absoluta de los sentimientos. Las cartas como un espejo reflejan la evolución hasta el sorprendente y justiciero final. Recuerda la brillantez con la que el film Cabaret cuenta la emergencia del nazismo entre extraordinarias piezas musicales en una sala berlinesa. Los pulidos paneles junto al escenario reflejan la ropa de los civiles que, paulatinamente, se convierte en uniformes negros para negros cuerpos movidos por negras almas. El que se apunte ya puede empezar a escribir otro capítulo de la historia de la infamia. Los nazis entran por la Hélade. Están ahí mismo vociferando ya el discurso de siempre: patria, orden, respeto, seriedad, muerte, funeral y fosa común.

13 May 2012

El gobierno de los jueces

Hernández estaba leyendo. En el Israel bíblico, en tiempos sin instituciones, mujeres y hombres de gran valía gobernaron a su pueblo. Gedeón, Débora, Samuel fueron personalidades fuertes y capaces que estuvieron a la altura de los tiempos. Hernández dejó el Libro de los Jueces y se preguntó si no habría llegado el momento de que los jueces actuaran, dado que ahora tampoco hay instituciones, pues políticos de voz engolada o silbante con rostros cómicos o graves han hecho dejación de su obligaciones poniendo caras de mártires y han cedido ante bronceados financieros sin nada detrás de sus rostros de ceños fruncidos de tanto pensar confusamente. Los jueces de esta país son capaces de hazañas racionales tales como considerar que noventa puñaladas no es matar con saña; que se puede rehabilitar a un juez delincuente porque "no está prohibido nada más que para el acceso a la carrera"; que es bueno reducir a seis meses el período para que prescriba la investigación a un juez o que cualquier escucha incriminatoria a un juez debe ser prohibida, pero que si lo autoriza un adversario corporativo ante delincuentes corruptores es prevaricación. Si, pensó Hernández, son capaces de tales sutiles razonamientos, seguramente serán capaces de encontrar el modo de poner ante sus responsabilidades por el daño causado a la larga lista de listos que han arruinado a este país avergozándolo ante el mundo. Situación que me ha llevado incluso, se lamentó Hernández, a desear que la final de la Champions no fuera con el Madrid y el Barça para no pasar por un país que pide prestado para ganar a los acreedores en su propio campo (Hernández no duerme desde entonces pensando supersticiosamente que su deseo causó la eliminación de los equipos españoles). Si tenemos jueces tan listos como para ser presididos por un melifluo que reza al sol a costa del erario público para parecer un financiero, ¿por qué no nos sacan de esta vergüenza y esta ruina? Hernández pensó que iba a dejar la answer blowing in the wind, por si acaso era él el siguiente sujeto de tanta inteligencia jurídica.

22 May 2012

Heducación

Hace unos años hubo una campaña para que se visualizara la labor que las mujeres llevaban a cabo en los hogares, y el recurso para llamar la atención era mostrar una casa a los pocos días de que no interviniera nadie en su limpieza y orden. Con la educación, al margen de lo que se pueda pensar del dichoso anuncio, pasa igual. A corto plazo no vamos a notar nada. Yo tampoco noto nada cuando me tomo mi pastilla para el colesterol. Uno de los factores más nocivos para el buen gobierno de las cosas es que los responsables no sepan que lo que ellos llaman los hechos tienen un ciclo de mayor amplitud que el de sus preocupaciones electorales. El indicador más evidente del fracaso de la educación es, especialmente en competencias transversales, la clase política que tenemos.

03 Jun 2012

La casta

Hernández miró y concluyó enseguida: no distingo el rojo del azul. Fue al óptico y al oftalmólogo, a rehabilitación y a darse masajes en los ojos, acupuntura, sofronizació y medicina alternativa. Miró los posos, abrió una gallina portuguesa. Nada, nada sirvió hasta que cayó en la cuenta que su problema era otro. Sus ojos no tenían un problema médico, sino metafórico. Sus ojos había somatizado lo que su cerebro padecía. Su cerebro tampoco distinguía, pero no entre el rojo y el azul, sino entre el discurso y la acción de la izquierda y la derecha. Al fin comprendió y dejó de preocupare por sus ojos. Comprendió que cuando de nuevo se establecieran diferencias entre la capacidad de compasión y la frialdad ante la desgracia ajena sus ojos volvería a lo suyo y la camiseta del Barça dejaría de parecerle toda azúl o toda grana, lo que curiosamente ocurría alternativamente cuando jugaba en casa o fuera.

Tranquilizado sobre sus ojos, pasó a pensar en su cerebro. ¿Por qué este órgano tan sutil no distinguía entre opciones políticas? entonces Hernández que, como cualquier delincuente, no quería ser culpable buscó la causa fuera de su cabeza. Se puso trascendente y pensó (con su cerebro) ¿Qué había ocurrido para que la patología social se convirtiera en patología cerebral?. Pues concluyó que hay una patología social objetiva independiente de mi. ¿Y cual es? Veamos los síntomas: los partidos dicen lo mismo y cuando no lo dicen es porque quiere meter el dedo en el ojo al otro, por fastidiarlo. Cuestión de escolares en el patio. Después se van a tomar un colacao junto y cada uno le devuelve al otro el dedo o el ojo, según quien ganara. Si este es el síntoma ¿Cuál es la causa? pues que viven en la misma urbanización, están en los mismos consejos de administración, visten los mismos trajes, cobran parecido, se saben los mismos trucos retóricos, se reconocen al olerse, intercambian invitaciones a fiestas familiares, viven muy bien y eso ablanda el alma. En definitiva son una casta. Una casta que se ha montado en la chepa de este país y no se baja y, cuando se les empuja, cae con cara de indignación agarrado con una mano a la indemnización y a su pensión millonaria con la otra. Estaban callados sobre lo que pasaba entre bastidores, mientras gritaban en el escenario su papel vicario. Una casta que nos ha tomado el pelo y ahora empiezan a denunciarse unos a otros. Una casta que amaga con irse, pero que se quedará porque el pueblo está atónito, pero entretenido con el iphone. ¡es tan bonito! ¡Mira no están robando! ¿a que es genial lo rápido que lo hemos sabido cuando ya era irreversible?

Luz de Gas

En 1944 se estrenó una película de Cukor con Charles Boyer e Ingrid Bergman que se llamó "Gaslight", en castellano "Luz de gas". El título se convirtió en los últimos años en una expresión "hacer luz de gas", que pasará a los libros de dichos populares. Su significado se corresponde con el propósito del asesino de la película que era volver loca a su bella esposa haciéndole creer que era mentira lo que era verdad a base de manipular la iluminación de la casa que, obviamente, era de gas.

Pues bien, ahora nuestros políticos practican con nosotros lo mismo pero elevado a la enésima potencia. En efecto, nuestro político sabe que lo nos dice es falso, pero también sabe que nosotros sabemos que es falso (lo que ni Charles ni Ingrid sabían). Pero, la cosa no acaba aquí. Además, el político cree que, a pesar de esa transparencia de las mentiras, cuando sale al atril público es mejor para él insistir en la mentira, confiado en que el torbellino de acontecimientos permitirá que sus mentiras se olviden pronto o que, en su caso, el contraste entre lo que dijo y lo que hizo sea visto como se mira una foto sepia, con conmiseración y nostalgia. Desde luego ninguno, ninguno, ni de extremo centro, centrado extremo es capaz de disfrutar de los sentimientos asociados a decir la verdad responsable. Ninguno es capaz de transmitir empatía, cercanía, compasión con los perjudicados. Ninguno es capaz de mostrar dureza con los descarados ladrones sin pasamontañas. ¿De verdad creen que llamar "desaceleración" al abismo generado en 2008 o "línea de financiación" a los 100.000 millones de euros puestos para que un país con dirigentes irresponsables (en todos los niveles: políticos, sindicalistas, financieros,...) se eche un nudo más de la cuerda al cuello?. Supongo que siguen la técnica de los esbirros de Linch, cuya serie de nudos en la cuerda, rompía rápidamente el cuello del ahorcado "para que no sufriera". Nuestros dirigentes no se dan cuenta de que los efectos benéficos de la educación que han propiciado en los últimos y democrática años un ciudadano que no es idiota. Que se da cuenta del perverso juego, pero que cae en la melancolía y la pasividad por su alto grado de despiste producido por el potente sistema de entretenimiento electrónico y teleinformático.

15 Jun 2012

El capitán dio la orden y el escuadrón de anti disturbios en grupo compacto se puso en marcha y empezó a golpear de forma indiscriminada. El Consejero Delegado recibió un golpe en las corvas y se dobló. Un policía cogió de los pelos a una miembro del Consejo de Administración y la arrastró por toda la sala de juntas. Sin ningún miramiento los papeles cayeron sobre el suelo. Dos socios hicieron frente armados con cócteles de martini. Los vasos explotaban. Una tableta informática voló y le dio en la cabeza a un policía que cayó gritando ¡malditos perroricos!. Esa noche cinco miembros del consejo de administración durmieron en el calabozo y el juez los encarceló sin fianza bajo los cargos de "llevárselo crudo" y de "manos en la masa". Un policía que se incorporaba al turno preguntó ¿por qué están estos desgraciados aquí? tienen pinta de ser inofensivos. "Algo habrán hecho" dijo otro. Los financieros. deprimidos por la situación gritaban desesperados ¡nos tratan como mineros! ¡qué vergüenza!

16 Jun 2012

El efecto mariposa

Edward Lorentz dio nombre en 1963 a su descubrimiento de que fenómenos minúsculos podían desencadenar acontecimientos dramáticos. Lo llamó "efecto mariposa" a partir de la forma que tomaba el gráfico de su fórmula. Mucha gente hablamos del efecto mariposa de una forma analógica sin saber poner ejemplos. Pues ahora tenemos uno a la vista. Grecia (la mariposa) representa el 3 % del PIB de Europa. Su aleteo puede producir un desastre este domingo. Un desastre para millones de personas jóvenes y mayores que van a ver truncado su futuro y su escaso presente para muchos años. ¿Cómo es posible esto? pues basta estudiar la cadena visible de absurdas decisiones y omisiones resultados de la mezcla compleja de codicia de los que tienen dinero, la cobardía de los que quisieran tenerlo y la sumisión culpable y, también, ignorante de los políticos. Cada retraso, cada obsesión, cada tozudez, cada maniobra siniestra y sobre todo la falta de humildad de nuestros representantes para reconocer sus debilidades componen un complejo y letal mecanismo. Mecanismo descontrolado que se alimenta mezclando física cara y psicología barata preparándose para una gran explosión pirotécnica que tendría su belleza sino fuera porque somos nosotros los que reventaremos produciendo el maravilloso efecto.

18 Jun 2012

"Hasta ahora nunca había comprendido cómo pudo suceder lo de los años treinta", escribía el columnista de *The Financial Times* en una tribuna de opinión publicada el 5 de junio de 2012). "Ahora sí. Lo único que se necesita son unas economías frágiles, un régimen monetario rígido, un debate intenso sobre lo que hay que hacer, la creencia generalizada de que sufrir es bueno, unos políticos miopes, una incapacidad para cooperar y el no anticiparse a los acontecimientos"(Martin Wolf citado por Paul Krugman)

¿De que se ríen ustedes?

Poco después del 11-M, aquella tragedia infinita, la madre de un niño que murió en los atentados fue al Congreso de los Diputados y tuvo que aguantar la chanza obscena de algunos diputados hasta que se le agotó la paciencia y le soltó en la cara un "de qué se ríen ustedes?. Eso mismo hay que decir ahora. ¿Qué aplauden ustedes? Qué grado de estupidez llegan a alcanzar algunos paniaguados de corbata de seda. ¿Cómo es posible que, mientras el Presidente del Gobierno de ahora y de antes anuncia con qué frialdad el conjunto de protegidos al calor de las instituciones van a destrozar la vida de millones de personas, esos abogados, profesores, economistas o simplemente fieles arrimados elegidos en listas cerradas, aplaudan con entusiasmo? ¿De qué extraña pasta están hechos? ¿Se dan realmente cuenta del daño que la inocencia peligrosa del anterior gobierno socialistas y la frialdad perturbadora del actual gobierno popular, que llegó a autodenominarse "partido de los trabajadores", han producido en esta sufrida población española? ¿Creen de verdad que no nos damos cuenta de su complicidad, estúpida en los socialistas y connivente en los populares con las clases poderosas? ¿Creen que no van a pagarlo? Esperen a las próximas elecciones y prepárense para el disgusto que merecen. Vanos, zafios, golfos, esquilmadores de la preciosa gema de la democracia; sucias manos unidas para producir el graznido del buitre. Son ustedes la caricatura de una caricatura de El Roto. Pericles les maldiga.

15 Jul 2012

El odio a la incertidumbre

La red dedicada a la obtención delictiva de datos de personas, empresas e instituciones para su posterior venta (sin valor añadido más allá de una carpeta) es un prueba, junto con la visita al adivino del Tarot, de que hasta los más conspicuos seguidores del capitalismo salvaje no aman, como declaran, el riesgo, sino que lo odian y dan un brazo por poder actuar con ventajismo. Pascal les maldiga (dijo Hernández).

17 Jul 2012

¿Qué lleva encima Christine Lagarde?

La reposada e influyente directora del Fondo Monetario Internacional se nos presenta como una diosa de la noche que castiga, como siempre ha sido, a los débiles. Lo hace con rostro grave, estólido diría yo. Pero siempre exhibe unos adornos en orejas, cuello, muñeca y dedos anulares. También el vestido y los zapatos sugieren el sueldo de medio año de un funcionario español. Está claro en que bando hay que militar. Entre tanto un contertulio dice enfáticamente que "si los denostados mercados no nos prestan dinero, los funcionarios, no sólo perderán la paga extra, sino que no cobrarían". Obvio. La cuestión es ¿Cómo un país tan pagado de sí mismo hace unos pocos años se ha convertido en un pordiosero al que no le queda más activo que ser la clave de la ruina universal? Quiere tener alguien la caridad de explicarnos en qué estaban pensando nuestros dirigentes políticos, financieros, empresariales y sindicales para llevarnos a esta situación mientras se refocilaban en consejos de administración donde convivían promiscuamente? ¿Cómo se reclama responsabilidad sin explicaciones ni exigencia de responsabilidades? Hasta entonces rechazo e ira.

20 Jul 2012

El diablo en la botella

En otro artículo empleé el cuento de Stevenson "el diablo en la botella" como imagen del último tenedor de los títulos en cualquier tipo de burbuja. Allí decía me refería a los bancos como últimos tenedores. Ahora pienso en los que todavía pueden pagar una hipoteca suscrita en el apogeo de la burbuja inmobiliaria, pues ellos se ha hecho cargo del resto de la deuda. Ellos se ha comprometido a pagar en los próximos 30 años un billón de euros que es el costo de la casa que habitan más los impuestos dilapidados por ayuntamientos, comunidades autónomas y Hacienda; más safaris, barcos, juergas y risas entre susurros entre promotores y clubes financieros; más bonos a banqueros, comisiones a bancarios, sueldos de sindicalistas y políticos de medio pelo en consejos de administración; más ciudades de la ciencia, auditorios cada 25 kilómetros, presupuestos multimillonarios en manos de políticos adictos a la coca; más... Vaya, unos héroes. Porque, claro, todo el dinero empleado en tan nobles actividades resulta que no era procedente del ahorro nacional, sino de otros engañados por planes de jubilación gestionados por amantes del riesgo ajeno y banqueros igualmente necesitados de altas rentabilidades que, ahora, asustados por su irresponsabilidad han caído sobre este país para, en su nerviosismo por recuperar el dinero, terminar de hundirlo con su prisa en forma de altos intereses.

20 Jul 2012

El barco

Un encuentro casual esta mañana ha acabado con el símil del barco. Mi interlocutor estaba indignado con los funcionarios y su ira actual. Los desprecia por su incapacidad de ver que lo que se necesita, en este momento del país, es responsabilidad. Todos debemos arrimar el hombro. El barco se hunde y no de debe atender a otra cosa que a tapar la vía de agua. La cosa se complica cuando al mencionarle la prima de riesgo y la escasa "responsabilidad" de los inversores dice que a qué extrañarse. Nosotros haríamos lo mismo. Cuando se le dice que ninguna solución se puede hacer sin la gente, aunque sea la gente que va en el barco, se responde que la gente se mueve solo por el dinero. Cuando se le dice que la pretensión de atender sólo a la coyuntura es prescindir de información crucial para tomar buenas decisiones se acude de nuevo al barco. Cuando se le dice que la clase dirigente ha fracasado, se entiende que no expedientaran a funcionarios perezosos por ser sus compañeros.

Una y otra vez se acude al argumento del barco y su urgencia. Pues bien, le digo agotado, creo que tienes razón. Cuando un barco se hunde sólo hay que atender a la vía de agua, pero creo que lo único que se está tapando con las medidas actuales es el desagüe del lavabo mientras entra agua por una enorme raja en el casco. La razón es que éste está compuesto de un material deleznable: codicia, horror al uso de la razón, falta de resolución para negarse al despilfarro, falta de coraje para parar la juerga irresponsable y actitud zombie o, definitivamente vengadora, de los dirigentes europeos, que miran entre horrorizados y divertidos el hundimiento de nuestro barco sin advertir que sus pies están atados por el cabo de popa.

21 Jul 2012

Hey! Investors, are you crazy? Spain is a misdirected country, but we have a lot of possibilities. Our men and women have a great talent (see our sportsmen and sportswomen). We have brave labor men (see our miners and firemen). We have a lot of intelligent scientifics and artists. Our land is plenty of beauty and poetry. We discovered your countries before you would born. We have compassion and love for people. We have all of a country that deserves confidence needed. But if you, bastard! With your little brain want to hide us in a deep hole, you are really very stupids . Spain is more that your blindness can see. A lot more. We will wait for you in the way.

22 Jul 2012

El mago de Oz

La clásica película que protagonizó Judy Garland presentaba a un poderoso y terrible mago capaz de dotar de coraje a un león cobarde, cerebro a un espantapájaros y corazón a un hombre de hojalata. Pero el mago no existía. Detrás de su apariencia terrible había poco menos que un hombrecillo de Kansas que se había perdido. Esto nos pasa ahora: nuestros magos de Oz son hombrecillos de Kansas que se han perdido. Todos sus afanes se centran en seguir pareciendo magos, cuando son aprendices en primero del título de graduado en falacias. ¿Y ahora qué? Qué hacer cuando a nuestra torpeza azul y grana se suma la descorazonadora frialdad de una Europa central que no puede dejar de envidiar y odiar, al mismo tiempo, a los alegres e irresponsables sureños. Europa es raptada de nuevo por un toro. El toro español (qué sarcasmo y qué topicazo al tiempo) va a hundir Europa ante la pasividad, regocijo autodestructivo y mirada sicópata anhelante de emociones fuertes de los países de la Reforma que ajustan cuentas con un modo de ver la vida incompatible con su calvinista visión del infierno en la tierra. La más elemental satisfacción que deberían tener los pueblos del Sur es que su magos de Oz se quitaran el disfraz sin esperar que sea la inocencia quien lo haga. La impostada confianza que los mercados dicen requerir para prestar su esfuerzo congelado en forma de ahorro, debe ser sustituida por la confianza de los pueblos del sol. Pero eso pasa por tocar fondo reconociendo la impotencia de nuestros magos y probando la verdad como terapia.

24 Jul 2012

Hernández cayó en la cuenta: el desembarco del PP en RTVE es para preparar la intervención estelar de Rajoy. En ella el presidente va lanzar una proclama churchiliana al coraje nacional. A partir de mañana, ¡qué digo mañana! en cuanto acabe este discurso, todos, todos a contribuir a la crisis. Medida 1) impuestos generalizados a las grandes fortunas. Será la tasa RPC (Ricos por la Crisis). Medida 2) la inspección de trabajo dejará de perseguir errores de 35 euros y se lanzará sobre los grandes defraudadores. Medida 3) Se despedirá a todos los asesores de los políticos por torpes. Todos volverá a sus puestos de profesores y no cobrarán la extra de diciembre. Medida 4) Se suprimirán el 20 % de los ayuntamientos. Medida 5) Se suprimirán todos los privilegios de los políticos, dado que su entrega sin límite a la causa es la causa del desastre. Medida 6) y volviéndose hacia atrás llamó a Rubalcaba que estaba detrás de un foco y le levantó el brazo, gritando ¡todos a por todo! Rosa Díez, llegó corriendo y hasta Lleida apareció... a medida que el presidente avanzaba en su discurso y lanzaba un mensaje de fe en nosotros mismos el pueblo se iba echando a la calle gritando

¡todos a por todo! ¡No hay dos sin tres! y ¡Viva la madre que nos parió! Esto último no venía a cuento, pero Hernández estaba comprendiéndolo cuando se despertó al pegar un respingo.

28 Jul 2012

La ceremonia de ayer tuvo un momento clave imprevisto e inadvertido. El tránsito de la campiña a las chimeneas y de las chimeneas a la ciudad es el de la naturaleza al ensimismamiento del ser humano. De forma acaramelada Gran Bretaña olvidó todo el sufrimiento infringido a millones de personas durante dos siglos para crear las condiciones actuales. Sufrimiento involuntario y sin un relato mítico apropiado para justificar el sacrificio. Las manos invisibles y la utilidad de la riqueza que se llevó por delante a miles de niños con cáncer en los testículos por su permanencia en las chimeneas de los propietarios de las chisteras que ayer veíamos tan ufanos con la mano apoyada en el chaqué. Qué pena que Shakespeare fuera recitado en levita por Graham. Hubiera sido más apropiado un traje renacentista, pero eso llevaría a pensar en la cruel Isabel I que bautizó en sangre la nueva religión anglicana. Los seres humanos somos expertos en camuflaje, mucho más que los camaleones. Ocultamos nuestra realidad a nosotros mismos. Qué alborozado nuestro Trillo repuesto de sus trapacerías carniceras con el Yak o su intrigas para que la verdad resplandeciera en el asunto de los trajes. Menos mal que nuestros jóvenes deportistas por mor de su pureza provisional nos redimirán mostrando al mundo lo bueno que puede ser este país cuando es bien dirigido. Bondad de la dirección que sólo hemos ensayado en el deporte. Lo que es lógico porque en el deporte los discursos no pueden sustituir a la realidad. O se llega antes o no se llega. En política, sin embargo, no se llega nunca pero las palabras de unos y otros desvían nuestra atención mientras con la mano nos roban la estima y el dinero. Ojalá la política fuera como el deporte. Esa sería la mejor herencia de los siempre mejores juegos olímpicos que se han celebrado jamás (hasta las siguientes). Para ello habría que someter a los políticos a pruebas de realidad. Ahora que caigo, pensó Hernández, si eso es lo que está pasando ahora y da igual. La realidad abofetea todos los días las promesas y los actos y da igual.

28 Jul 2012

Londres 2012

La ceremonia de ayer tuvo un momento clave imprevisto e inadvertido. El tránsito de la campiña a las chimeneas y de las chimeneas a la ciudad es el de la naturaleza al ensimismamiento del ser humano. De forma acaramelada Gran Bretaña olvidó todo el sufrimiento infringido a millones de personas durante dos siglos para crear las condiciones actuales. Sufrimiento involuntario y sin un relato mítico apropiado para justificar el sacrificio. Las manos invisibles y la utilidad de la riqueza que se llevó por delante a miles de niños con cáncer en los testículos por su permanencia en las chimeneas de los propietarios de las chisteras que ayer veíamos tan ufanos con la mano apoyada en el chaqué. Qué pena que Shakespeare fuera recitado en levita por Graham. Hubiera sido más apropiado un traje renacentista, pero eso llevaría a pensar en la cruel Isabel I que bautizó en sangre la nueva religión anglicana. Los seres humanos somos expertos en camuflaje, mucho más que los camaleones. Ocultamos nuestra realidad a nosotros mismos. Qué alborozado nuestro Trillo repuesto de sus trapacerías carniceras con el Yak o su intrigas para que la verdad resplandeciera en el asunto de los trajes. Menos mal que nuestros jóvenes deportistas por mor de su pureza provisional nos redimirán mostrando al mundo lo bueno que puede ser este país cuando es bien dirigido. Bondad de la dirección que sólo hemos ensayado en el deporte. Lo que es lógico porque en el deporte los discursos no pueden sustituir a la realidad. O se llega antes o no se llega. En política, sin embargo, no se llega nunca pero las palabras de unos y otros desvían nuestra atención mientras con la mano nos roban la estima y el dinero. Ojalá la política fuera como el deporte. Esa sería la mejor herencia de los siempre mejores juegos olímpicos que se han celebrado jamás (hasta las siguientes). Para ello habría que someter a los políticos a pruebas de realidad. Ahora que caigo, pensó Hernández, si eso es lo que está pasando ahora y da igual. La realidad abofetea todos los días las promesas y los actos y da igual.

01 Ago 2012

Las frases son "reducir el déficit" mediante "recortes sociales" para hacer posible la "re-activación de la economía". Si después de fastidiar a la gente con los recortes ni se reduce el déficit, ni se reactiva nada, entonces el pretexto: "hay mucha incertidumbre". ¿Qué quedan de toda esta palabrería? Los recortes.

03 Ago 2012

Hay dos formas de hacer recortes como diría el tautólogo: bien y mal. Hacerlos mal es cortar el dinero a un servicio público eliminando prestaciones y personas sin criterios de eficacia. Hacerlos bien hacer un ejercicio de re_ingeniería de los organigramas de funcionamiento y cuidando de no despedir a las personas más eficientes sin perder preestaciones. Se trata en definitiva de no tirar al niño con el agua sucia. ¿Por qué no se hace esto? Porque no se quiere y, sobre todo, porque no se sabe.

Causas y efectos

Hernández se puso delante de la televisión expectante y expectorante (un resfriando veraniego). Rajoy ordenaba los papeles en la pantalla y empieza a hablar. La primera parte de la intervención la dedicó a describir la situación. Hernández se puso a tomar nota: 900.000 millones de euros de deuda y 90.000 millones de déficit en 2011 más la propina autonómica; altos intereses por la deuda que obliga a pagar 8.000 millones adicionales a los 30.000 millones que ya se pagan por los intereses. Esta es la situación, pensó Hernández, ahora las CAUSAS. Rajoy avisó: "ahora las causas". Las causas de la situación económica son el DÉFICIT y LOS ALTOS INTERESES. Perdón, dijo Hernández dirigiéndose a la pantalla. -Eso ya lo ha dicho antes como parte del diagnóstico, no puede repetirlo como causas. Rajoy, no le hizo ni caso y siguió. "estas causas nos llevar a tomar decisiones que no nos gustan...". Hernández apagó la tele cabreado. -Qué timo. Le dijo a la mesa camilla. La situación se debe a sí misma. O sea que tenemos un alto déficit que es causa de un alto déficit. El dolor causa el dolor. Es una nueva lógica. Un nuevo Organon. Hernández pensó que, una vez más, el mago de feria le había birlado la explicación. Vamos a ver, pensemos sencillo, se dijo. El déficit es la diferencia entre ingresos y gastos. Si crece será porque bajan los ingresos o suben los gastos. Si se mantiene es porque bajan los dos o suben los dos. Lo que le lleva a pensar que gastos e ingresos están relacionados. En efecto políticas de reducción de gastos que impliquen paralización de la economía bajan los ingresos del Estado. Sencillo. Pero metidos en ese dilema habría que preguntarse qué ha echado a perder a la economía y ahí la intervención de Rajoy es penosa. En efecto, no mencionó la deuda privada consecuencia de una desastrosa política financiera que favoreció el endeudamiento para que unos pocos políticos y banqueros se llevaran su comisión (en forma de grandes obras o directamente en forma de comisiones económicas obscenas). Esta deuda irresponsable ha hundido a la banca irresponsable, cuyo hundimiento se ha querido evitar insuflando dinero que ha hundido las finanzas públicas, que ha provocado la reacción del Gobierno en forma de recortes brutales que han hundido la economía de consumo, que ha hundido los ingreso del Estado que nos está hundiendo a todos. Esto son las causas, lo demás es tinta de calamar gallego.

08 Ago 2012

Sacar de quicio a un país

"Apoyá en el quicio de la mancebía..." cantaba famosamente Concha Piquer. El quicio de una puerta es la parte en la que se colocan las bisagras. Se dice que "se saca a alguien de quicio" cuando se le altera o se le irrita. Pues bien, a esta país lo sacó alguien de quicio cuando en vez de dejarlo crecer al ritmo que su productividad y su capacidad de ahorro hacía posible, se le invitó a vivir a crédito. El resultado es un agujero potencial de 800.000 millones de euros. Es decir, el conjunto de la deuda privada de las familias que equivale a la que, actualmente, tiene el propio Estado. Por aquí no han sacado de una bisagra. Hoy hemos oído que se ha regulado las excepciones al tope de 600.000 euros que se había puesto al sueldo de la entidades bancarias que hayan recibido ayuda. La razón se aduce es aumentar la eficiencia de la acción directiva. Si para educar o curar bastan 30.000 euros al año ¿qué misteriosa actividad es la financiera que requiere cantidades mayores que la ya exagerada de 600.000 euros para que la gente sea eficiente?. No hay misterio, sólo hay miseria y codicia. Calidad de hiena. Los médicos y profesores son gente decente y estos no. Este país está cayendo en picado por la pendiente de la inmoralidad. Por aquí nos han sacado de otra bisagra. Este país está a punto de ser sacado de su quicio ¿o no?

26 Ago 2012

¡Pasen y vean!

¡Señores y señoras, niños y niñas, pasen y vean! ¡La mujer barbuda, el hombre de dos cabezas, el niño elefante y recién llegados de país de la ignominia LA FAMILIA QUE VIVE CON 400 EUROS!. Ayer el programa El Gran Debate mostraba el fenómeno: una pareja con acento andaluz (con acento castellano viejo hubiera sido más impresionante) era expuesta a la curiosidad orquestada por el programa. Dos entrevistadoras vestidas con seis veces el subsidio maldito, no tenían preguntas que hacer de pura vergüenza. ¡Buena suerte! les deseó el entrevistador mientras les pasaba unos correos electrónicos con promesas de ayuda. Termino: durante el programa se dijo que algunos se están enriqueciendo con esta crisis en la que una mayoría está pagando la crisis que no ha provocado. Pues eso, algunos, incluido el programa.

26 Ago 2012

El Gran Debate

El Gran Debate es un programa surgido de las cenizas de otro llamado La Noria. Programa que se quemó en su proceso de transformar ignominia en dinero. El Gran debate, en el momento dramático en el que estamos, es una operación paradójica. Por una parte, muestra las dificultades de la gente con un fondo pulido y luminoso con aire de marquesina de Broadway mientras se permite ofrecernos una fauna de periodistas y políticos que ríen entre ellos mientras hacen juegos retóricos y muestras las limitaciones de su lógica o se compadecen, como fariseos, de las dificultades ajenas. Solamente algunos participantes mantienen la actitud adecuada como Antón Losada o Javier Ruiz. Por otra parte, es un programa que muestra rozando la provocación social, lo que está ocurriendo y permite oír voces educadas y serenas de gente sencilla comprometida y perpleja con el escándalo que nos abruma. En otras épocas estas voces serían reprimidas. Lamentablemente lo que queda más patente es el uso del recurso de hurgar en los razonamientos de sus aparentes opositores, en vez de ir a las cosas. Es decir, al timo del tocomocho que se está produciendo estos años. Si la renta nacional se distribuye aproximadamente al 50 % entre trabajo y capital, ¿por qué todo el peso cae sobre los primeros? y si las decisiones y beneficios en dinero o especies del desquicio del país en los últimos doce años fueron tomadas y disfrutados por gente bien identificada ¿por qué gente que se limitó a trabajar está siendo llevada a la desesperación? ¿Cuándo dejaremos de escuchar que la culpa es de todos? ¿De qué Think Tank surge esta burda mentira?

26 Ago 2012

Decepción Hollande

"(Grecia) debe demostrar la credibilidad de su programa y el deseo de sus dirigentes de hacer el máximo esfuerzo al tiempo que se aseguran de que el plan sea tolerable para la población"

Estas declaraciones de François Hollande son reprochables. Pero no porque exija a Grecia que cumpla con sus obligaciones financieras, sino porque cuando menciona a los que han de soportar el ajuste provocado por sus dirigentes tramposos ayudados por los consultores tramposos también pero con conocimiento técnico, menciona a la población y no a los beneficiarios de la mentira de ayer y la crisis de hoy. ¿Por qué las condiciones asociadas a los rescates a estos países no incluyen obligaciones relativas a las grandes fortunas, el fraude fiscal o la huida de capitales? ¿por qué solo se incluyen condiciones relativas a pensiones, sueldos de funcionarios, subsidios al paro o salarios mínimos? Está claro que a Europa en general y a España en particular se le ha montado en la chepa una casta político-económica que cada vez se parece más a una costra.

Poder y responsabilidad

En estos años de tribulaciones se escuchan declaraciones desenvueltas de presidentes de instituciones en las que ante los tribunales se dicen cosas como "yo no tenía otra misión que representar" o, en el colmo del disparate, una profesora de danza se defiende de su pertenencia a consejos de administración prevaricadores con un "yo no entiendo de economía". Declaraciones en las que se escucha el eco del cinismo de aquel dictador que "no se metía en política". También se escucha que la responsabilidad en la tremenda operación de naufragio económico y moral de este país es de todos. Es sabido que ningún delincuente de guante blanco tiene insomnio, ni en su chalet, ni en su celda. Su conciencia le es fiel y no le deja sufrir por la culpa. La culpa es de todos por dejarse robar. También los psicópatas leídos le echan la culpa de sus crímenes a la sociedad. El último caso el del noruego Breivik. Finalmente, en la actual crisis se está extendiendo la especie de que todos somos responsables del descalabro acudiendo a casos de emigrantes o nativos que aceptaron créditos hipotecarios que no podían pagar. ¿Cómo responder a este cinismo? La doctrina de aplicación es la del equilibrio entre poder y responsabilidad. Decir que la responsabilidad es de todos y que hay que leer la letra pequeña y, si no, páguese un asesor, tiene un fondo de verdad, pero es una falsedad si no se añade inmediatamente que tal responsabilidad tiene que ser proporcional al poder del que toma una determinada decisión. Así, en el ámbito laboral, la responsabilidad de un promotor que debe disponer el dinero para las medidas de seguridad o la del constructor que debe materializar tales medidas no puede compararse con la del operario de anclar su arnés. En este orden de cosas, en la actual crisis sólo la mala fe puede inspirar la creencia de que la responsabilidad del Gobernador del Banco de España, la del Presidente del Gobierno, el Vicepresidente económico o los dirigentes de las Cajas y Bancos es la misma que la del citado emigrante o nativo que se deja deslumbrar por el irresponsable apoderado de una entidad bancaria que seguía la pista de su propia comisión. Y esta responsabilidad no es la misma porque el poder no es el mismo. La responsabilidad tiene que ser proporcional al poder. Poder que lleva asociada la información para la toma de decisiones y la capacidad de mover poderosas herramientas represoras de actividades económicas peligrosas para el conjunto del sistema. Sistema que si en la mente de sus promotores está diseñado para el beneficio de unos pocos, su naturaleza lógica profunda lo destina a servir a la mayoría. Es una pena que esta verdad en vez de ser implementada por su propia fuerza de convicción tenga que ser resultado de conmociones sociales. Lo que hace sospechar que el ser humano sólo utiliza su capacidad de previsión para los fenómenos meteorológicos.

31 Ago 2012

BAD BANK (Banco Acumulador de Despropósitos)

Hernández saltó de la cama y se pegó con la puerta del armario. No podía ser, en plena crisis y lo habían hecho accionista de un banco. Aunque lo había oído entre sueños recordaba que era algo así como el Bad Bank (Banco Acumulador de Despropósito, pensó). Según la noticia todos los españoles sin discriminación de raza, sexo, religión o equipo de fútbol íbamos a ser socios de ese banco que, además, iba a acabar con todos los problemas de los demás bancos. La verdad es que no sabía muy bien cómo, pero estaba alegre, sonaba muy bien. El banco se iba a quedar con todas las viviendas devueltas. ¡Menudo negocio para el futuro! pero, además, ¡iba a quedarse con todos los activos exitosos! Desde luego, por fin el gobierno acertaba. Se acostó otra vez y como le dolía el golpe con la puerta se quedó atontado.

31 Ago 2012

El IVA para el que lo trabaja

La tierra para quien la trabaja, se decía en tiempos de revolución agraria. Ahora el grito de Hernández será: ¡el IVA para quien lo suda!. La subida del IVA ha dejado atónita a la población que ve como, una vez más, es ella la que tiene que soportar los errores de unos y los excesos de otros. Por eso, ya algunos anuncian el incremento de economía sumergida. Economía que surge de la convergencia de dos intereses lesionados con las actuales políticas. De una parte, el empresario pequeño, casi detallista y, de otra, el cliente empobrecido. Ambos conviene sin necesidad de palabras en que su decisión actúe como un anti Robin Hood distribuyendo lo que se quita a pobres diputados que lo pasan canutas para dárselo a la población. Millones de euros se van a quedar en los bolsillo de estos actores y dejarán de estar en manos del estado que quizá tenga que hacer un ERE con los diputados y asesores. Pero no, pensó Hernández, creo que lo que harán es deshacer lo que quede del prestigio de la administración pública y promover la desaparición de la función pública alentando el odio del pobre al pobre. Funcionarios a la calle sin indemnización. ¡fuera vagos! se gritará desde las altavocías del liberalismo demente mientras se piensa ¡venga el negocio!. Paradojas de cualquier iniciativa.

01 Sep 2012

Esta semana todos los representantes de asociaciones de consumidores, incluida la rebelde FACUA, han resumido el efecto de la subida del IVA en un incremento de los gastos de los consumidores en unos 500 euros más. Pues no, en lo que se va a traducir es en 500 euros menos de bienes, porque el consumidor se gastará lo mismo (no tiene más) pero ese dinero se irá al Estado para contribuir a tapar otra vergüenza de Bankia. Ya no hay pudor. El mismo día que arranca la subida del IVA se anuncia la inyección de 4500 millones de euros al banco de todos los españoles.

01 Sep 2012

Klint el Sucio

Vaya, Harry el Sucio no era un personaje, era el mismísimo Klint Eastwood en persona. Su grotesca parodia en la convención de los republicanos muestra a un anciano reaccionario del estilo del ya fallecido Charlon Heston. Yo sé lo que pasa por su cabeza y lo que no pasa por su corazón, pero no tengo tiempo de explicarlo, tengo que ver una película suya. Las seguiré viendo pues son genitales, digo geniales, pero ahora con una inevitable sospecha sobre sus intenciones.

08 Sep 2012

Revolución sin ideología

Las revoluciones siempre ha sido traicionadas por la ideología. La madre de todas las revoluciones (la francesa), precedida por la inglesa y americana, en las que al tener carácter nacionalistas la victoria implica la supervivencia, fue pronto víctima de sus excesos y parió a la reacción, aunque sus nietos fueron republicanos. Los excesos de las revoluciones son siempre ir más allá de la consecución de la justicia social y con ello se buscan enemigos en sus aliados naturales. La razón es que, ya puestos, se arrasa con sentimientos muy arraigados aunque nos resulten kitch a nosotros. Esta falta de sutileza provoca la desafección por repugnancia ideológica de gente que comparte la indignación por la provocación que la "revolución de los ricos" está provocando en estos momentos. Los ricos están crecidos, la globalización les ha abierto los ojos, si se puede trabajar por tres dólares al día, ¿por qué pagar 50 o 100 (precio de trabajadores y clase media occidental)? Aviso a los revolucionarios en ciernes, nada de lemas distintos de los económicos. Se trata de recuperar para todos los cinco fundamentales: salud, comida, vestido, cobijo y conocimiento en su versión no frívola. En realidad se trata de amotinarse, pues no hay teoría detrás para conseguir utopías tipo "un ser humano nuevo". En resume revolución sin ideología es el camino para no perder aliados, el camino para hacer fracasar la pretensión del 1 % de la población de disfrutar las posibilidades de su cuerpo y la tecnología moderna en dosis psicodélicas acumulando cantidades desequilibrantes de capital proveniente del esfuerzo de todos.

14 Sep 2012

Vallespín se pasa al otro lado

En breve, César Molinas centra en debate y señala a la clase política exractiva de rentas. Fernando Vallespïn picado dice que la culpa es de todos. Vaya, se olvida de algo tan elemental como que la responsabilidad es función del poder con que se cuenta. Si Vallespín cree que un trabajador a sueldo, un funcionario o un jubilado tienen la misma que el Presidente del Gobierno de turno, el Gobernador del Banco de España, los secretarios generales de los sindicatos, los presidentes de los grandes bancos o la bulliciosa clase financiera es que tiene que calibrar de nuevo su punto de vista. Hablar de la responsabilidad colectiva sin más, oponiéndola a la de los políticos no es injusto, es falso.

15 Sep 2012

Nadar y guardar la ropa

Ha bastado una manifestación a lo quebequés para que todo el mundo oriente sus neuronas hacia la toxicidad nacionalista. El admirado José Martín Gómez con un ¡cartas sobre la mesa! proclamó esta mañana en La Ser: "yo no soy nacionalista, pero COMPRENDO que un pueblo no puede estar SOMETIDO al gobierno de otro". ¿Comprendo? ¿Sometido? ya están aquí. Con lo que ha costado librarse de franquismo psicológico y de nuevo vemos como el individuo, ahora sí, se somete para sobrevivir.

16 Sep 2012

El tocomocho de nuevo

El Tocomocho es un timo en el que a un tonto se le dan papeles a cambio de su dinero. Otra vez, pensó Hernández, no hemos dejado engañar. Si los políticos de derechas consiguen votos entre los que tienen poco es acudiendo a las emociones de la religión y sus correlatos, el aborto o el matrimonio y a las emociones de la venganza como la pena de muerte o la guerra.

Con este paquete les llega para mayorías absolutas venciendo la reticencias de votar a alguien cuyos ingresos multiplica por 15 los propios y que, sobre todo, gestiona desde la política los intereses de los que ganan 1500 veces más que el votante. Es decir, emociones para neutralizar la razón. En el caso del nacionalismo el uso de las emociones es previo al que se acaba de describir. En este caso se acude a un segundo paquete de emociones para segregar un territorio quedando en condiciones de usar el primer paquete en cuanto se consiga el objetivo de la independencia. Los catalanes lo saben, saben que votando la independencia se van a encontrar, una vez pasada la resaca de la juerga emotiva, con la misma situación de contar, como en España, con una casta en la chepa como hasta ahora. Pero el nacionalista dirá como aquel que ante las abrumadoras pruebas de la existencia de sinvergüenzas entre los políticos del partido que votaba exclamó: "Sí, pero son mis sinvergüenzas". Ahora se dirá "son mi casta en la chepa". Cualquier reproche a un nacionalista es de ida y vuelta, pues también a uno lo pueden tachar de nacionalista, en esta caso, español. Pues conmigo (con Hernández) ha dado en hueso. Mis connacionales son la gente honrada y compasiva hayan nacido donde hayan nacido. Hernández, pensó que era un desgraciado, pues no tenía sinvergüenzas propios (valga el símil con el nacionalismo). En Cádiz se usa con profusión la expresión "hijo de puta" para tratar con un amigo. Ignoro qué se le dirá al enemigo. Pues bien, un hijo de puta de mi región no es mi compatriota, un catalán buena persona sí. También un francés o un alemán. Y en cuanto a ceder soberanía, no parece que nos estén consultando al respecto, en un momento en el que los centros de poder supranacionales o extra políticos no sólo ejercen, sino que se exhiben. Hernández pensó que los nacionalistas podrían decir que ellos no hablan de esto, sino de quitarse de encima la sumisión a un poder extraño. He aquí las emociones; he aquí el tocomocho. Las grandes palabras usadas falazmente. Es algo parecido a cuando se ofende innecesariamente a una religión en nombre de la libertad de expresión o cuando se es un negligente en la docencia en nombre de la libertad de cátedra. En este caso se llama sumisión a una cuestión de tira y afloja económica que, claramente, la crisis ha exacerbado. Un tira y afloja que se ha producido, se produce y se producirá entre poderes siempre. Pero que ahora se utiliza camuflando los papeles blancos fraudulentos de la disputa económica con los billetes relucientes del ejercicio de la más sagrada de las libertades: la política. Hernández se aprestó a contemplar el espectáculo de las entrañas desparramadas a la luz del sol con la esperanza de que ni unos ni otros pierdan el control, sea cual sea el resultado del proceso que parece haberse puesto en marcha.

21 Sep 2012

Tinta de calamar bicolor

La verdad es que los responsables de gobernar en estos días de tribulaciones han tardado en dar con el bálsamo de Fierabrás, el crecepelos infalible, el jarabe que cura todos los males: nada menos que el enemigo externo. Cada vez que un gobernante tiene problemas, señala con el dedo hacia más allá de las fronteras y la gente se echa a la calle a curarse de la abrumadora rutina diaria con un baño en el océano de las emociones. Rajoy ya lo había probado de forma mitigada con las "incertidumbres acerca del euro" como causa de su obligación de hacer "lo que no le gustaba", pero eso ha quedado desbordado por el genio de Artur Mas que ha comprendido que su situación era tan desesperada que necesitaba varios frascos del jarabe para que la gente dejara de pensar en él como la causa de sus problemas económicos y asistenciales. Y a fe que ha sido coherente con su carrera para ponerse al frente de la manifestación independentista. Lo paradójico de la situación es que él mismo se ha convertido en el adversario externo para Rajoy. Es decir, dos malos gobernantes se utilizan mutuamente para lanzar tinta de calamar amarilla y roja sobre la realidad evidente de una crisis provocada por la codicia y en la que ambos tienen el mismo propósito por lo que son y representan: acabar con la compasión por el débil e inaugurar un estado del malestar. Pero lo incomprensible es que detrás de sus falsas banderas correremos catalanes y españoles con gran entusiasmo al desastre.

22 Sep 2012

Libertad de ex_presión

Cuando en 2006 un defensor de la libertad de expresión dibujó unas caricaturas de Mahoma supimos hasta qué punto puede ser letal la doble estupidez: la del provocador sin causa y la del provocado sin seso. ¿Qué impulsa a un dibujante a ofender al pacífico y provocar al violento?: la vanidad. Porque si lo que

pretende es defender la libertad de expresión debería aprender
de una vez que ese sagrado valor está reservado para defender
al ser humano de los atropellos del poder, no para exhibirse
como generador de conflictos previsibles. Las libertades
conquistadas en el último siglo (de intercambio, de expresión y
de cátedra) son violadas en general por los fundamentalistas de
mala fe para nuestra desgracia. Así, el fundamentalista de la
libertad de intercambio prescinde de la necesidad de cuidado de
uno seres humanos por otros; el fundamentalista de la libertad
de cátedra, en vez de defender opiniones frente al opresor, la
utiliza para la negligencia docente y, por fin, el fundamentalista
de la libertad de expresión ocupa su tiempo en buscar formas de
ser noticia en medios ajenos. Este último tiene presas fáciles en
sociedades aún atrapadas en creencias mitológicas semejantes
a nuestros antiguos mitos (aunque pervivan en determinadas
expresiones religiosas universales o contestatarias). Aún resulta
más insoportable que tras una zafia acción cinematográfica, un
medio francés y otro alemán reaccionen como pirómanos
psicópatas y añadan gasolina al fuego a mayor gloria de su
mediocridad.

23 Sep 2012

"A distinguir me paro la voces de los ecos" decía Machado en
Retrato. Ayer estuve, por razones de mi cargo académico, en el
frustrado acto de apertura de curso de las Universidades

Públicas de la Región de Murcia. Resultó descorazonador ver a los rectores moviendo la boca tratando de proferir voces (palabras con significado) en medio de los ecos (consignas monótonas) incesantes y estentóreas de los manifestantes. Qué ocasión perdida para que la justificada indignación por la deriva irresponsable que nos lleva a unas universidades carentes de recursos se hubiera expresado de acuerdo al lugar y la supuesta formación de los manifestantes. Un vestigio de capacidad dialogante hubiera conseguido el milagro de una intervención serena de un portavoz diciendo las verdades del barquero ante la comunidad universitaria y sus invitados. Una inteligente irrupción en el orden del día, no el sabotaje del acto. Las instituciones del carácter de la universidad son los artefactos de lo social. La historia prueba que su destrucción es imposible, pues vuelven tozudas, y su reforma el único mecanismo inteligente de mejora de la vida colectiva. Ayer, desgraciadamente, fuimos testigos de un acto de comprensible enfado (también lo estamos los demás miembros de la comunidad universitaria) pero sin inteligencia, ni eficacia. Lo que escuchamos fueron los ecos de pasados errores en vez de las voces de una acción social, potente, renovada y culta. (Publicado en el Diario La Verdad de 23 de septiembre de 2012)

Eco_ética

El prefijo "eco" se refiere a la casa. La casa próxima, la domus, y, por eso, hablamos de "economía", la ley de la casa o de "ecología", la ciencia de la casa común que es el planeta. La ética se refiere al conjunto de normas que regulan nuestra vida de acuerdo a valores aceptados con antelación. ¿Hay una relación ente economía y ética? La hay. De una parte, la economía es un instrumento para la vida buena de las personas y no un mecanismo de absorción de dinero desde los que lo producen a los que manejan las bombas de absorción. De otra, la ética orienta las decisiones en función de bien general. ¿Qué es más económico seguir las indicaciones de la ética en las decisiones o el interés inmediato de los actores?. La respuesta se obtiene analizando la obligación que se les ha impuesto a los bancos de actualizar el valor de sus activos. Como estos activos, en vez de estar compuestos de apuntes de préstamos convenidos en el cenit de la burbuja inmobiliaria, están compuestos por las casas embargadas después de desahuciar a las familias, tuvieron que reducir los activos del balance prácticamente a la mitad por la caída de los precios en el mercado. Si en vez de hacer esto hubieran negociado el mantenimiento de la deuda facilitándoles el pago o un alquiler soportable, su activos serían inaccesible a la caída de los precios que tendrían que haber absorbido los propietarios.

Radio para adultos

Recuperado de la sorpresa de encontrar este fin de semana una radio refrescante, tengo que celebrar la llegada de Javier Del Pino al programa "A vivir que son dos días". Por cierto, que el nombre del programa no debería cambiarse para mayor contraste. Es un título que evoca la disipación de la pasada década y que ahora etiqueta, por lo que promete, un encuentro con la realidad en vivo que pone en evidencia la somnolencia premeditada provocada por la necesidad de algunos de neutralizar el neocortex de los ciudadanos. Bienvenido, pues, un enfoque en el que se escucha el primer día que está en marcha una revolución de lo ricos que han dicho ¡basta ya! Basta ya de dar al empleado más de lo estrictamente necesario para la supervivencia. Las élites económicas parece ser que en vez de imitar al noruego lo hagamos con el africano o asiático. Aspiración que como burbujas en la superficie de una charca infecta anuncian una erupción, alguno de cuyos brotes ya ha sido emitido por el dueño de una cadenas de supermercados. Nos alegramos de oír una radio en la que sabemos que los que se juegan la vida para golpear con una foto o una crónica que describe lo peor de cada casa, son maltratados y, si se descuidan, no cobran. Bien hallada una radio fresca procedente de un pino mediterráneo que promete dar buena sombra. Bienvenida sea, en definitiva, una radio para adultos. (Carta enviada y no publicada en El País el 9 de septiembre de 2012)

Matemáticas

Hay otra estúpida manera de dividir a la gente: la que durante su vida ha huido de las matemática y los que no. La proporción entre los universitarios es, más o menos, 1 a 5. Si a eso se suma que los que aprenden matemáticas en carreras en que las precisan no siguen la pista de sus estudios porque las matemáticas, como guadianas, se sumergen en las aplicaciones informáticas de uso cotidiano, el panorama es desolador. De esta forma, la aplicación práctica de las matemáticas a los problemas queda para los poderosos, que con ellas se protegen con encriptaciones de la curiosidad ajena. Las matemáticas son miradas con asombro y con respeto. Con asombro porque maravilla lo bien que se ajustan a la realidad describiendo sus más ocultos procesos. Con respeto porque parecen inalcanzables. Al respecto hay que decir que no hay razones para el asombro. Las matemáticas son la expresión formal de nuestros propios procesos. El ser humano se explora y construye una ciencia cuya correspondencia con la realidad es de los más natural, pues hemos aceptado que el cerebro es real, la realidad más compleja. Por eso no es de extrañar que de él se pueda extraer con paciencia y utilizando al propio cerebro como herramienta toda la estructura formal de la realidad. Es decir, las matemáticas se ajustan a la realidad porque son una abstracción de la realidad misma. En cuanto al respeto, está claro que es consecuencia de una civilización que teme afrontar, precisamente, a la realidad y necesita olvidar su dureza. Para ello favorece el entretenimiento, el retozar abstraídos con el cerebro en duermevela. La consecuencia es que los procesos que podían fluir óptimos en sus resultados, incluso los más cotidianos, se atascan y son ineficientes. Es preciso que desde la infancia los niños sean adiestrados en las matemáticas. Para ello, siguiendo a Stenhouse, hay que memorizar y adiestrar primero en procesos matemáticos y luego dejar que el pensamiento formal antes o después según la capacidad de cada uno se abra paso encontrando sentido a lo conocido previamente. El pensamiento formal, que permite sintetizar conceptos y transferir esquemas a situaciones distintas de aquellas en las que surge, es una experiencia que todos hemos vivido cuando encontramos el pleno dominio de una acción. Dominio obtenido por una combinación de conocimiento,

12 Nov 2012

Tri_ficultades

Una maldición china amenaza: "¡ojalá vivas tiempos interesantes! Pues en esas estamos, pensó Hernández, en tiempos muy interesantes. Tiempos en los que convergen la peor clase dirigente (política, sindical y empresarial) de toda la democracia, incluidas la primera y segunda república; la peor crisis económica y el peor entorno geopolítico posible. Fuera de los períodos dementes de las guerras civil y mundial, nuestra sociedad no había vivido en tanta zozobra como en estos tiempos. Una prueba más de que el ser humano adolece de la capacidad de vivir en paz, sean cual sean las posibilidades que el conocimiento ponga a nuestra disposición en forma de ciencia, tecnología y experiencia en episodios éticos (individuales) y morales (sociales). La locura nos ronda y la locura nos agrede cuando todo parece ir mejor. Algunas lacras clásicas como la codicia y la creencia en la inevitabilidad de la injusticia se unen a nuevas formas de estupidez como el desdén por el conocimiento y la seducción por algunos absurdos artefactos tecnológicos para configurar una actitud entre frívola y criminal en los resultados. Todo ello se funda en una confusión terrible entre fines y medios. En un clima intelectual según el cual no existe nada digno de servir de referencia a todo lo demás, la voces se acallan y los ecos se acrecientan. Nadie se atreve a reclamar nada en nombre de nada. En ese estado de cosas y pensamientos medios como el dinero, los bancos, la ignorancia tecnológica o la seguridad se imponen a las personas, las instituciones humanitarias, la ciencia o la libertad. Es, por tanto, el momento de reivindicar el único valor seguro a corto, medio y largo plazo: el ser humano y su armonía con la naturaleza. Estos son los fines, todo lo demás: mercado, estabilidad financiera, soberbia política, estolidez empresarial, inanidad sindical, locura revestida de alpaca, en definitiva, son medios que no debe dudarse en reformar o revolucionar para ponerlos al servicio del único fin. Un fin que conduce a la verdadera economía. El criterio es fácil de recordar (un verdadero heurístico): lo que perjudica al ser humano no es rentable (si este es el lenguaje que les tranquiliza). Lo que no se entiende en política es falso. Los sacrificios pedidos por los que viven vidas muelles es pura demencia y fariseismo ignorante. Hernández respiró y descansó.

Hechos, hechos, hechos. Datos, datos, datos

Esta mañana oíamos hablar de hechos y datos una vez más. En este caso al presidente de la CEOE. De nuevo la falacia de los hechos. Esta actitud propone actuar siempre sobre lo recién ocurrido y sobre los datos que describen la actualidad. Una actitud que a estas alturas ya no puede considerarse ignorancia. Es una estrategia que consiste en dejar pudrir para tener que actuar con urgencia y contundentemente. De esta forma no se planifica, no se anticipa, no se piensa para evitar o para producir efectos positivos a partir de los análisis previos. Siempre empujado por los datos y los hechos. ¿Cuánto tiempo ha pasado desde que se pudo prever todos y cada uno de los datos y los hechos que ahora se dan?: años. Años de desidia o de malicia. ¿Por qué no se empieza ahora para evitar mañana hechos y datos irreversible que obliguen a tomar decisiones caras, irracionales e inhumanas?. Ejemplo los suicidios por los desahucios. Si se cuenta con la coartada de que fueron otros los que no tomaron ayer decisiones preventivas que nos ponen hoy antes hechos y datos ineludibles, ¿por qué no se están tomando hoy la decisiones que eviten la misma situación dentro de un año? Ejemplo: la delincuencia por desesperación; una juventud sin formación y sin salidas; el hundimientos de instituciones imprescindibles; la más absoluta dependencia tecnológica o, en el peor de los casos, violencia política ofreciendo la enésima y falsa redención por la violencia. Pues porque nuestra clase dirigente (política, sindical y empresarial) está ocupada hoy con los hechos y datos de ayer. Porque nuestra clase dirigente es demasiado perezosa, cobarde o, peor, cómplice de aquellos que sí planifican para su propio beneficio.

18 Nov 2012

Viaje en autobús (capítulo I). Hernández está a punto de abstraerse en su lectura electrónica, cuando algo ocurre en la fila de detrás. Alguien ha ocupado el lugar vacío que todos dejamos cuando buscamos una fila para nosotros solos. Con el rumor llega un fuerte olor a sudor de alguien que lleva un cierto tiempo sin lavarse. Ante de volverme escucho una voz de chica diciendo "déjame salir" en un tono excitado. Hernández sigue en su tarea , cuando la voz de la chica llega más fuerte. "DÉJAME SALIR". Entonces escucha a su compañero de asiento que dice (más o menos). "No, tu no querer chico negro". Hernández se alarma y se vuelve. En efecto una chica en el asiento de ventanilla con cara angustiada reclama su derecho a salir y el chico negro repite que es por el color de su piel. Hernández le dice que no, que es porque huele muy fuerte (mal) y le ofrece venirse al asiento de su lado que también está vacío y él, tozudo, que no. Le toca la negra mano y tampoco. La chica sube el tono. El chófer para el autobús y cuando el drama parece llegar a la catástrofe (al final de las estrofas), acude un compatriota que en palabras indescifrables le explica (en versión de Hernández) al chico que su postura no es correcta. El chico se va, la chica se calma y el autobús retoma su marcha hacía el Sur. Hernández disculpa a la chica recordando aún el fuerte olor a sudor.

Viaje en autobús (capítulo II). Un mes después, mismo autobús, mismo Hernández, misma chica y justo detrás de él. El autobús está a punto de salir cuando tres hombres negros suben. Buscan con la mirada y comprueban que sólo quedan asientos vacíos delante. Uno se sienta al lado de Hernández y otro, pasillo por medio, cerca para poder hablar. Hablan en inglés correcto sobre sus cosas, no huelen ni mal ni bien, como todos los seres humanos a la distancia justa. Hernández se olvida del tercero cuando oye a una chica (la chica) decir detrás de él "prefiero sentarme con una mujer". Hernández no se vuelve, pero esta vez no disculpa

18 Nov 2012

Generalización

Generalizar es un capacidad del cerebro humano que tiene ventajas y desventajas. La ventajas es, nada menos, el pensamiento formal, la capacidad de teorizar. Generalizar es simplificar. Si yo me fijo en los caracteres comunes a todos los árboles (raíces, tronco,ramas, hojas...) creo un estereotipo que me permite comunicarme poniendo una etiqueta (palabra) a ese conjunto de caracteres comunes, pero también sobrevivir. Ejemplo: si yo no generalizo, la primera vez que vea a un león comerse a un vecino, me fijaré en los detalles del león (aspecto, un mancha en el lomo...). La segunda vez que vea a otro león estaré tranquilo porque no tendrá la mancha en el lomo y será lo último que haré (buscar manchas en los lomos), porque el león me comerá a mí. Generalizar me permite formar el concepto de león y huir de todo lo que reúna sus rasgos característicos. Pero generalizar tiene sus inconvenientes. A Gilbert Keith Chescherton le preguntaron una vez que qué opinaba de los franceses y respondió "no los conozco a todos". De este modo se protegía de las generalizaciones injustas de tipo "los franceses son estúpidos", "los ingleses flemáticos" o "los españoles apasionados", etc. Generalizar puede ser muy peligroso. Propugno que utilicemos la generalización en el aula o el laboratorio y la particularización fuera de ella. Los seres humanos son irrepetibles, radicalmente únicos. Por eso, hay que mirarlos con asombro, con curiosidad y agrado cuando sus rasgos sean agradables y con precaución cuando no. Pero en ningún caso debemos etiquetarlos para rechazarlos. Todos somos raros o previsibles, antipáticos o simpáticos, eficaces o vagos, manipuladores y sinceros, amantes y amables. El ser humano en toda su complejidad es el mayor espectáculo del mundo. Hernández lo disfruta todos los días y cuánto más los conoce más los aprecia y más trabajo le cuesta hacer juicios sumarios, definitivos, apocalípticos, descalificadores. Cuanto más los conoce, más los disfruta. Pero lo hace con astucia, sin declarar sus intenciones del todo para que no le apliquen su capacidad de generalización y sentencien que es un pánfilo. Chesterton necesitaba conocer a todos los franceses para opinar de ellos como conjunto, pero también sabía que nunca conocería de verdad ni siquiera a un sólo francés o a una francesa aunque viviera con ella toda la vida.

Generalización

Generalizar es un capacidad del cerebro humano que tiene ventajas y desventajas. La ventajas es, nada menos, el pensamiento formal, la capacidad de teorizar. Generalizar es simplificar. Si yo me fijo en los caracteres comunes a todos los árboles (raíces, tronco,ramas, hojas...) creo un estereotipo que me permite comunicarme poniendo una etiqueta (palabra) a ese conjunto de caracteres comunes, pero también sobrevivir. Ejemplo: si yo no generalizo, la primera vez que vea a un león comerse a un vecino, me fijaré en los detalles del león (aspecto, un mancha en el lomo...). La segunda vez que vea a otro león estaré tranquilo porque no tendrá la mancha en el lomo y será lo último que haré (buscar manchas en los lomos), porque el león me comerá a mí. Generalizar me permite formar el concepto de león y huir de todo lo que reúna sus rasgos característicos. Pero generalizar tiene sus inconvenientes. A Gilbert Keith Chescherton le preguntaron una vez que qué opinaba de los franceses y respondió "no los conozco a todos". De este modo se protegía de las generalizaciones injustas de tipo "los franceses son estúpidos", "los ingleses flemáticos" o "los españoles apasionados", etc. Generalizar puede ser muy peligroso. Propugno que utilicemos la generalización en el aula o el laboratorio y la particularización fuera de ella. Los seres humanos son irrepetibles, radicalmente únicos. Por eso, hay que mirarlos con asombro, con curiosidad y agrado cuando sus rasgos sean agradables y con precaución cuando no. Pero en ningún caso debemos etiquetarlos para rechazarlos. Todos somos raros o previsibles, antipáticos o simpáticos, eficaces o vagos, manipuladores y sinceros, amantes y amables. El ser humano en toda su complejidad es el mayor espectáculo del mundo. Hernández lo disfruta todos los días y cuánto más los conoce más los aprecia y más trabajo le cuesta hacer juicios sumarios, definitivos, apocalípticos, descalificadores. Cuanto más los conoce, más los disfruta. Pero lo hace con astucia, sin declarar sus intenciones del todo para que no le apliquen su capacidad de generalización y sentencien que es un pánfilo. Chesterton necesitaba conocer a todos los franceses para opinar de ellos como conjunto, pero también sabía que nunca conocería de verdad ni siquiera a un sólo francés o a una francesa aunque viviera con ella toda la vida.

19 Nov 2012

Hermenéutica

La hermenéutica es la ciencia de la interpretación. Se dice que la ciencia explica el mundo y la filosofía lo interpreta (especialmente al ser humano y su producción intelectual). Todos hemos tenido experiencias hermenéuticas radicales cuando hemos sido dramáticamente mal interpretados. Qué desaliento produce que alguien que te importa no entienda tus intenciones y te atribuya lo que ni ha pasado por tu mente. Rilke decía que "la fama de un hombre es la suma de los equívocos entorno a su persona". Hay quien siempre ve una segunda intención en lo que uno hace. Esto a veces te proporciona un cartel de astuto o malévolo (mala voluntad) que da el prestigio negro de la maldad que a tantos atrae frente a la decencia. Mientras se trata de asuntos triviales estos juegos de la interpretación puede que hasta tengan gracia. Pero cuando de asuntos graves se trata suelen acaba muy mal. Véase el conflicto palestino-israelí que, a estas alturas cuesta trabajo pensar que sea un malentendido. Más bien parece un caso de hombres protervos (contumaces en la realización consciente del mal). La hermenéutica no nace para que las parejas se entiendan mejor, sino para la interpretación de los textos, pero no viene mal aprender de sus enseñanzas, porque la vida cotidiana, a veces, toma tintes acerbos por culpa de las malas interpretaciones. Gadamer, gran teórico de la hermenéutica en el siglo XX, piensa que cuando interpretamos lo hacemos desde nuestro prejuicios. Para él los prejuicios no son necesariamente malos, sino que constituyen nuestros antecedentes inevitables cuando tratamos de entender algo. Este conocimiento nos obliga a estar atentos cuando una idea cruza nuestra mente, pues no es inocente, tiene historia y, a lo peor, procede de nuestro sótano o, como diría el capitán Garfío de nuestra sentina.

Merece la pena el esfuerzo de identificar nuestros errores cuando interpretamos la realidad. De esta atención se deriva un mejor trato recíproco con los demás. No hay espectáculo más interesante que el de una persona escrutada si es observada por una mente hermenéutica atenta a los sesgos propios y a la elusiones ajenas.

Lectura energética

Vivimos tiempos en los que se mezclan niveles de interpretación hasta hacer ininteligible la realidad y los problemas que nos proporciona. Hagamos un experimento y, en vez de analizar desde la economía y la ética, hagamos una lectura energética. Es decir, desde el balance de energía a nuestro alcance y su acontecer en manos de nuestros artefactos transformadores. El Mundo se ofrece desde el principio como una oportunidad y una amenaza. Oportunidad porque, como seres emergidos de la naturaleza de ella nos nutrimos y por ella hemos evolucionado. Pero amenaza porque cuando se rompe el equilibro y el ser humano altera el balance energético que sostiene, dentro de un rango estrecho, las posibilidades de la vida, se produce una conmoción a la búsqueda de un nuevo equilibrio. Mientras no se encuentre nuevos espacios que habitar (y con ello retrasamos la solución), el ser humano tiene que encontrar la forma de consumir como mucho la misma energía que el planeta pone a nuestra disposición en forma de sustancias, sólidas (minerales), líquidas (agua) y gaseosa (aire). El conocimiento (la energía psíquica) es una forma muy eficiente de consumir energía y puede servir para ajustar una parte del mundo (el ser humano) con el resto del mundo (el planeta y ya su entorno) . Aunque siempre nos queda el problema del residuo no reciclable y el calor que habrían que dar por perdidos a efectos del deseable equilibrio. Un tipo de residuo que, en el límite, es un no-mundo que nos acabaría sepultando en una muerte caliente. Mientras tanto, el sol generoso nos provee de energía inmerecida. Conectemos lo dicho con nuestro problemas actuales. Empecemos diciendo que el dinero es el símbolo de la energía empleada y cristalizada en los bienes producidos. Energía que utilizamos para intercambiar bienes (energía) con otros. El dinero es un medio para facilitar ese intercambio. Cuando el dinero se acumula mediante mecanismos establecidos traicionando la legitimidad que reside en los ciudadanos y tergiversando las leyes convencionales el mundo se desequilibra porque la energía es gestionada por los más incompetentes que creen en la fantástica idea de que el mundo va mejor cuando es la codicia la que toma las decisiones. La codicia es la expresión del miedo a la muerte. Miedo que se difracta en el ser humano en el afán por el poder y el placer para crear capas de protección y olvido del problema que acucia a la mente humana en contienda con el pensamiento activo a la búsqueda de soluciones. Búsqueda que, también, es traicionada cuando resulta en energía consumida en objeto frívolos generadores de necesidades artificiales. Esta situación obliga a que la salida de la crisis consista en hacer volver la energía acumulada en manos impropias a la corriente realmente productiva de vida decente para todos y estudio a la búsqueda de la armonía posible con la naturaleza.

El Mesias

En el año primero de la era cristiana se percibía que la profecía estaba a punto de cumplirse. La aparición de un nazareno elocuente y osado con las autoridades políticas y religiosas fue la señal. Todavía se recuerda el impacto que produjo en la sociedad hebrea y, sobre todo, cómo influyó en el resto del mundo hasta hace relativamente poco. Desde hace unos años las clases poderosas que eran cumplidoras devotas de los consejos de vida dados por el mesías, han abandonado su seguimiento y han decidido "echar el carro por el pedregal" declarando la poca vergüenza como una forma legítima de vida. Esto viene a cuento de que estos son tiempos mesiánicos. Los partidos políticos que decían representar los intereses generales balbucean como alcohólicos cuando se les pregunta por sus cíclicas contradicciones entre lo que hacen cuando ejercen el poder y cuando lo ansían. Se han cumplido ya al menos dos ciclos poder-oposición en los dos partidos mayoritarios. Suficiente para que quede demostrado que su alianza con los intereses particulares son firmes y que su juego de retores es puro engaño profesional. El efecto de este desengaño se refleja en el patetismo de políticos como Rubalcaba o Rajoy, atrapados entre su decencia y su pasado. Pero el efecto principal es que este fraude electoral de la clase política ha creado un ambiente mesiánico, un clima de esperanza en que del seno de la clase media injuriada salga alguien con la palabra, la resolución y la limpieza de pasado necesaria. El movimiento 15-M parece la cantera. Lleno de jóvenes ilustrados y decepcionados debe vencer su pudor al protagonismo. Esta palabra significa "el primero en la lucha", por tanto no es sospechosa, ni ella ni quien la merezca. Ha llegado el momento de que con la herramienta democrática, el voto, se consiga que las mayorías perjudicadas por esta programada estafa global estén bien representadas en los dos momentos claves de la vida social: cuando se hacen las leyes y cuando se aplican.

09 Dic 2012

Interés justo

Cuando uno presta algo que le sobra, espera que se le devuelva sin deterioro. Cuando alguien presta dinero, no sólo espera que se le devuelva sin deterioro, sino que, además, espera con toda naturalidad que se el devuelva incrementado. Cuando de capital se habla, el deterioro hace referencia a la inflación, es decir, a la pérdida de valor adquisitivo de ese dinero. Esto no lo discute nadie, me devuelves el dinero como te lo presté. Pero ¿qué justifica que haya que pagar un dinero adicional? Pues, se razona, por el riesgo de que no me lo devuelvas. Pero ese riesgo no es valorable, pues si se devuelve no hay caso, y si no se devuelve, el interés aportado es una devolución de un bien averiado. Si no se devuelve es más razonable el embargo de las garantías. Un problema adicional son los intereses de demora, cuya lógica se basa en el lucro cesante. Es decir, si no te cobro intereses adicionales de la inflación a tí, pierdo los que podría cobrarle a otro. Intereses que sumados a los adicionales, basados en la especulación, se convierten en una losa inmoral y poco práctica porque lleva a la desesperación y, finalmente, a la imposibilidad de cumplir los compromisos. Se debe eliminar ese plus injusto para premiar la posesión de dinero (esfuerzo congelado), siempre sospechosa por tratarse de cantidades que sorepasan en mucho los méritos de cualquiera. Habrá que volver a una ética del trabajo que se imponga a un inmoralidad del capital.

25 Dic 2012

Nuevo descubrimiento. Realmente, pensó Hernández, no ganamos para sustos. Ahora resulta quetambién en el santa satorum del capitalismo, allí donde se fija el interés interbancario, ha entrado la poca verguenza. También allí donde se ponen velas al sacrosanto mercardo, se evita la incertidumbre haciendo trampas. La libertad de mercado es para los ingenuos, no se la creen ni los ultra-mega-liberales, a la vista de los hechos. Veamos: si usted se encuentra un hilo en el suelo (un seguro, una hipoteca...), tire de él y llegará hasta una sala del demonio donde 16 bancos se ríen de nosotros fijando los intereses en función de sus estúpidos intereses sin ver la importancia telúrica de sus decisiones. Son Magos de Hoz, pobres hombres. Espero que la hiper demanda generadas en ciudades como Baltimore, les llegue hasta desposeerlos de todo. Pues su pecado, subir arbitrariamente el interés cuando prestan y bajarlo cuando reciben depósitos, es el peor en el sistema en el que dicen creer. Que el Tío Gilito los maldiga.

06 Ene 2013

Cuando Skinner respondió a esta pregunta retórica diciendo que "el controlado" se equivocó. El desarrollo de lo que Loretta Napoleoni llama la "economía canalla" hace imposible tal fórmula. Si el controlado es una empresa pequeña intentará corruptelas como invitar a comer. Si es poderoso, directamente comprará al controlador. La primera noticia de este tipo que tuvimos los de mi generación fue Enron y la última Bankia. En medio, el propio Estado Español al poner sordina al Banco de España, a la CNMV, etc. Hay que probar otra cosa. Se me ocurre (este es un blog de ocurrencias, no un Think Tank) que establecer, en vez de dos polos, tres. La fórmula de Skinner incluye al controlado y al controlador. La que propongo incluye a dos tipos de controladores: el profesional (la audiotora) y el perjudicado potencial. Éste último sólo aparecía hasta ahora cuando de potencial pasaba a real y acudía a los tribunales. Esta fórmula ya está establecida de forma explícita, pues la auditorias son para general conocimiento, pero con un vicio oculto. El vicio es que a la auditora le paga el auditado y, ya se sabe, el que paga manda. ¿Cuál es la corrección a realizar? pues que el auditor sea pagado por el perjudicado potencial. Esta fórmula tiene un problema: que los potenciales perjudicados no quieren pagar en general. Un ejemplo de esta actitud es el fracaso de la televisión de pago, que ha provocado que cundan los programas destinados a una audiencia encantada de comer basura con tal de que sea gratis. En esta caso el perjudicado no se considera tal porque el daño psicológico y cultural no es apreciado. En el caso de la economía habría que ir a una fórmula más contundente como sería la de que no podría protestar por el daño sufrido aquel perjudicado potencial que no pudiera demostrar haber participado en el sostenimiento de la auditora, aunque fuera en forma cooperativa. En el caso del Estado, dado que los altos funcionarios y los políticos no parece que aprecien el daño al bien general, con tal de salir luego disparados hacia una canonjía empresarial, tendría que emerger el auténtico perjudicado potencial en forma de asociaciones de esto o aquello. En definitiva al controlado lo debe controlar el que esté en la trayectoria de daños posibles producida por una mala o dolosa gestión del controlado. Y el mejor modo de control es el pago de los honorarios. También se debe prever que el controlado tengan intereses superiores al cobro de honorarios con fuerte castigos penales e incompatibilidades añadidas. En este sentido, el caso de las agencias evaluadoras de riesgo es tan patentemente corrupto que hace sospechar de connivencias al máximo nivel. De modo que el que quiera control a pagar su cuota preventiva y a esforzarse en leer los informes de auditoria.

PD.- Me alegro mucho de que haya resultado incierta la propuesta de control a posteriori de la alegre muchachada comandada por Milton Friedman.

Individuo e institución; tele y twitter

Llevamos algún siglo porfiando con el dilema tipo huevo-gallina (yo creo que primero fue el huevo) de la relación entre individuo y sociedad. En este caso se trata del problema de mejorar la vida humana interviniendo sobre la sociedad, es decir, sus instituciones o esperando la mejora del individuo. A la mejora de la sociedad se han dedicado los reformadores y a la del individuo las religiones, aunque éstas tienen ahora la competencia de la neurología.

En el momento en el que estamos con un colapso general del liderazgo individual e institucional, creo que sería conveniente aceptar que cualquiera se quedaría con un maletín negro de un millón de euros en billetes de cinco encontrado en un lugar desierto y de noche. Pero también debemos aceptar que la mayoría asistiría a un congénere en condiciones de inminente peligro o de constante sufrimiento, siempre que esto no lo conociéramos mediante un reportaje en la tele. Si esto es así, es que todos llevamos un demonio y un ángel dentro que emerge cuando las circunstancias lo hacen posible. El cambio de este individuo ambivalente (ángel - demonio) es imposible y, me atrevería a decir que indeseable, por el riesgo de que sólo ángel o demonio resultemos monstruosos. Por tanto sólo nos queda actuar sobre las instituciones.

Las instituciones son los artefactos del progreso humano. Su corrupción debería ser objeto de las graves penas. Privar de la vida a un ser humano es gravísimo, pero privar de la vida a una institución es de alcance telúrico. En el momento actual de caída sin freno es necesario que aprovechemos el crecimiento de la clase culta entre los pobres para ensanchar las bases críticas y operativas de la acción política y sus dos momentos fundamentales: la legislación y la aplicación de al justicia a sus trasgresiones. Estos dos momentos decisivos de la vida social han sido securstrado por los más energéticos congéneres que se han aplicado a la rapiña legal o alegal, hasta dejar exhaustas las ubres económicas del Estado. Apaguemos la tele y twitter en mano establezcamos pacíficamente las nuevas reglas de juego a nuestro representantes provisionales.

03 Feb 2013

El estado de postración de la Nación, exigiría una voz que marcara las diferencias respecto a las instituciones delincuentes y las instituciones cómplices. Esa voz puede ser la de los ciudadanos, la de los llamados en otro tiempo intelectuales o la de una figura que la Constitución preserva de toda contaminación para que aparezca en estas ocasiones. Esa voz sería la del Rey, pero, para nuestra mala suerte, esa voz está contaminada por dos hechos: uno la corrupción en la habitación del al lado (Urdangarín) y dos la frivolidad de su comportamiento cinegético (el conocido) que ha dado lugar a que lo expulsen de la organización ecologísta y animalista de la que era presidente.

Otra posibilidad es que abdicara y apareciera Felipe con una voz rotunda y no contaminada a señalar el camino a los políticos nuevos (no corruptos todavía) , pero eso es improbable. Si hay un sillón del que debe costar levantarse es el Trono. Conclusión: sólo queda la voz de la ciudadanía. Apaguemos la tele y acudamos a la cita con la historia.

03 Feb 2013

Las democracias moderna se caracterizan por imponer mediante nómina la complicidad que, antes, se imponía mediante la fuerza. La red funciona del siguiente modo: en la cúpula se mantienen discurso sobre el bien común y se cobra bajo mano o en especies durante y después del mandato. Abajo, en los sistemas de control judicial o económico se paga un sueldo que provoque la duda en el sujeto afectado sobre a quién se ha de ser leal. Al lado, en el tejido económico y financiero, se distribuyen contratos y subvenciones de forma interesada ligando el éxito de las grandes empresas a la financiación ilegal de instituciones. De este modo se teje una red firme gruesa de la que nada escapa. ¿Nada? este tipo de cárteles olvidan siempre una cosa: cuando la paciencia de la gente se lleva al límite, explota. Apaguemos la tele y vayamos al encuentro con la historia.

03 Feb 2013

¿Qué os creéis pringados?

A la voz sincera de la diputada Fabra gritando aquello de ¡que se jodan! (frase que pasará con el ¡viva la muerte! o ¡que inventen ellos! a la historia de nuestra negra alma) se unirá con toda probabilidad pronto una nueva: ¿qué os creéis pringados? que soltará el primer político conocido que caiga a causa de los papeles del tesorero del PP. Porque él pensará, como tantos, que qué cara tiene la gente si esperaba que dedicaran sus desvelos al bien común gratis. Apaguemos la tele y vayamos al encuentro con la historia.

03 Feb 2013

Hombre columna y hombre caparazón

Un hombre columna es aquel que se sostiene por dentro, como un vertebrado que se ofrece blando pero bien estructurado con sus órganos a las caricias ajenas. Vive para los demás. Un hombre caparazón no tiene columna, como las cucarachas, por lo que para moverse necesita una estructura externa (el caparazón). En su interior sólo hay una repugnante pulpa protegida por una capa dura que lo hace insensible a lo que le rodea. Vive para sí. Los hombres columna crean las instituciones y los hombres caparazón las destruyen corrompiendo sus órganos por dentro. Apaguemos la tele y vayamos al encuentro con la historia.

28 Abr 2013

La socialdemocracia ha dejado pasar un tiempo precioso (treinta años) sin generar ideología puesta al día en un mundo que ha cambiado radicalmente. Improvisar no es fácil. Me gustaría saber qué ha producido el Think Tank de Caldera. Una fórmula de externalización del pensamiento que los partidos de izquierdas han copiado sin éxito conocido de la derecha americana, que sí ha logrado el éxito sin precedentes de que los desfavorecidos voten a los desfavorecedores. Y, además, con unas ideas muy simples, jueguen a la loteria económica que le puede tocar. Sin embargo, la izquierda arrastra una pesada historia de redención laica del género humano que no han sabido convertir en el lenguaje light que el común puede asimilar hoy en día. Sobre todo en una época en la que la tecnología ha conseguido que la mayoría crea que puede vivir como la minoría. Un verdadero logro hasta que alguien ha caido en la cuenta de que se consume más energía de la que se produce. Una situación deficitaria que se ha mantenido a base de una deuda demencial para sustituir poder adquisitivo por capacidad de crédito mientras la ficción no fue desenmascarada. ¿Qué puede ofrecer la izquierda sin control sobre los mecanismos económicos si no es para la complicidad o la complacencia? El fervor de antes se basaba en la revuelta social y el martirio, pero ahora está "el clásico" o las series televisivas para impedirlo y, no menos importante, la deriva de los medios de comunicación hacia el publicismo más o menos encubierto y los colorines de moda y glamour. ¿Cuánto tendría que degradarse la vida cotidiana para que la ira surgiera? ¿Y quién desea los dies irae? Aún hay margen (el móvil, el coche, la tapa en el bar, el hotel playero de 40 euros la noche para un puente increible en un país en quiebra, etc.). Si todo eso se acaba ya veremos. Luego quedaría la familia y luego cáritas y, al final, muy al final, llegaría, si es el caso, algún alocado motín que, en su caso, dudo que liderara el psoe (con minúsculas). Pero intelectualmente la izquierda está bloqueada y sin voces fuertes, rotundas, morales, imparables en su verdad. Sanpedro es una voz que cumple esas condiciones pero el ruido mediático hace que se olvide hoy las voces de ayer. La derecha lo tiene muy bien urdido todo porque ha conseguido que aspiremos a volver a la comodidad, pero no a una mirada nueva sobre el mundo. Creo que la izquierda ya no puede ofrecer sólo sentimiento. Debe ofrecer salidas morales económicamente bien fundadas. El planeta se agota y sólo la suma de conocimiento y solidaridad puede funcionar. Para eso hace falta una generación campeona (como esos jóvenes que nos dan tantas alegrías en los deportes) que aúne ciencia y potencia moral ejemplarizante. No melifluos políticos para cuyos cuellos no hay talla de camisa. Voces cultas y hábiles. Voces duras y compasivas. Pero sobre todo es necesario que alguien tenga el valor de acostumbrarnos a la verdad. A que los paraísos artificales son la perdición de las generaciones futuras, que sin caer en los monótonos y odiosos trajes grises de los antiguos chinos, nos convenza de la necesidad de aceptar una vida cuya sofisticación sea proporcional a las posibilidades de cada época.

Unas voces capaces de evitar el escándalo del ejemplo negativo del consumo obsceno de los que acumulan usando mecanismos cuya virtualidad es convencional y, por tanto, objeto potencial de control legal. Una alianza entre la inteligencia y la voluntad (también cabe la belleza) más allá del uso de twitter y de las torpezas de cada día. No más espectáculos de un presidente patético reuniéndose con la beautiful people empresarial en La Moncloa de 40 en 40 para que, en un apartado, le pidan un indulto vergonzante. En fin hay tarea y hay desierto. ¿Dónde está nuestro Moisés?

28 Abr 2013

Máster en economía

Los economistas siguen escribiendo libros que impúdicamente publicitan en los platós y en las tertulias radiofónicas. En ellos nos dicen lo que ya les dice la nómina a los que todavía la conservan y lo que saben los parados hasta cuando logran que no se les quiebre el sueño. Todos sabemos lo larga que se hace la noche por un problema nimio cuando alcanza el carácter de obsesión sin fundamento objetivo, cómo será si la causa es haber pasado en poco tiempo de una normalidad social a la exclusión. Los economistas viven de explicar lo sabido: que la contracción trae depresión o, si están a sueldo real o moral de los tenedores del capital, de contarnos extrañas historias de algoritmos en los que no entra el sufrimiento. Ya se decía en 2008, cuando nuestro lunático presidente a la sazón negaba como un creacionista inculto o se dice todavía, cuando el actual presidente se esconde porque la táctica de la negación ya ha sido arrumbada por inútil. Ahora la nueva herramienta es el discurso barroco. Un discurso que produce risa hasta a ellos. Siempre recordaré el "de qué se ríen ustedes" de la Manjón en el Congreso de los Diputados.

Tiempos crueles donde se ataca a lo material y a lo inmaterial. Tiempos en los que ya no queda ni siquiera el consuelo de vivir la desgracia de forma inteligente, sino que hay que soportar el cinismo perruno (expresión redundante pero oportuna) de unos gobernante que rayan la impudicia y la debilidad sólo explicable por la estupefacción que en los tejidos cerebrales produce la pérdida no explicada o la culpa insoportable de una oposición que ya no merece el nombre, pues es una "dejación". El líder de la dejación está bloqueado por su pasado y los que le acompañan a ninguna parte están bloqueados por su temor a ser desplazados antes de tiempo. Los ciudadanos estamos cursando un máster de economía no oficial que nos permite comprobar que la estupidez de los gobernantes, primero, convirtió a la sociedad española en créditomana y, luego, le niega la metadona. La sacó de su crecimiento natural para lanzarla a producir objetos innecesarios para que los promotores políticos o financieros cobraran sus comisiones. El batacazo era previsible, pero no había red, de hecho no la hay todavía. La única solución que encuentran es correr hacia la zanahoria del déficit que se aleja atada al palo de su larga nariz de mentirosos. El déficit, que es un indicador relativo, que es una diferencia y que llegará a cero cuando no haya ni ingresos ni gastos, en efecto. Olvidan los valores absolutos de gente real tirada a la cuneta y empresas reales dejadas caer a pesar de que saben hacer bien cosas necesarias. Y ellos, en sus clubes financieros en las alturas o en las Cámaras Bajas, entre susurros de alpaca y frotando con sus pies la moqueta de los pasos perdidos, creen estar fuera del alcance protegidos por jóvenes atrapados en sus uniformados y precarios sueldos. Salga a la palestra, señor presidente. Explique con su cualidad más apreciada (el sentido común) lo que pasó (y no empiece por la herencia, que usted ya tiene la suya y todos los presidentes han sido españoles que sepamos), lo que pasa y lo que debemos hacer para volver como sociedad a una vida austera, sí, pero sin excluidos. Una vida respetuosa con el planeta y sus limitaciones. Una vida culta que disfrute de la excelencia de nuestros mejores en vez de enviarlos al exterior entre risitas de neofranquistas. Volvamos, en definitiva, a la vida y empujemos a las ciencias descriptivas como la economía a su papel instrumental y quitemos a los nuevos corsarios sus bajeles, no si antes haberlos encarcelado en las mazmorras rodeados de libros de economistas de medio pelo.

14 Jun 2013

Cuando todo fluye

Desde hace siglos los pensadores se ha debatido entre una concepción fija, rígida del mundo y otra dinámica y flexible. Desde la ciencia al Arte y desde el mundo de la vida al intelectual o económico esta dicotomía se ha reflejado de diversas formas.

Baudelaire en el siglo XIX definía famosamente la modernidad como *"lo transitorio, fugitivo y contingente, que es la mitad del arte, cuya otra mitad es lo eterno e inmutable"* (por cierto, faltaría lo necesario como opuesto a contingente). Pero mucho antes (2500 años, quizá) Parménides porfió con la diversidad y dinámica de la realidad percibida confinándola en un ser único, eterno, infinito e inmutable. En definitiva, la apariencia inquietante e inexplicable se combatía con la serenidad de lo estable. Todavía hoy el clasicismo se presenta como cura del tráfago diario. La puesta de sol como el reposo del día agotador. Al límite, la muerte frente a la vida. Esta querencia del ser humano por el reposo en lo físico y la serenidad en lo anímico se equilibra por la búsqueda incesante de acción para buscar la novedad que dé respuesta a las necesidades y a los interrogantes más profundos del alma humana. Esta polaridad es, a su vez, un clásico como tema en psicología (Tánatos y Eros), en el Arte (Figurativo-Abstracto), en la ciencia (Física del absoluto-Física relativista) o, aún, en la filosofía (Metafísica-Postmodernidad) y si me apuran en la educación (Docencia pasiva-Docencia activa) y en el trabajo o el tráfico (Seguridad-Libertad).

Sin embargo, la física nos informa sobre la inexistencia del reposo metafísico. Cuando se dice que algo está en reposo, en realidad se quiere decir que se mueve con el observador. Nada descansa, ni nada debe descansar, pues existir es estar en proceso continuo. Pero ésta cansada condición de lo real no es compatible con el ser de la psique humana que requiere un ciclo equilibrado entre acción y descanso y su correlato igualmente equilibrado entre riesgo y seguridad.

Lo que justifica estas reflexiones es la constatación de que lo que emerge ahora con una potencia no advertida en el pasado, para pasmo de la mayoría, es esta misma dualidad pero ahora en el ámbito de la economía. La necesidad de tranquilidad de individuos y familias para trabajar y descansar de forma productiva y serena se ve amenazada por una versión del liberalismo económico que puede destruir las esperanzas de una sociedad avanzada. Esta ideología nos propone que actuemos como partículas físicas estadísticamente sustituibles sin consideración alguna a la condición específica, idiosincrática, de la humanidad. La propuesta es que todo fluya. En imitación de la naturaleza nada permanece, todo cambia en un infinito baile con el resto de variables económicas. Cada individuo, cada día debe tomar decisiones que lo pueden llevar a la ruina y al paro sin compasión o la riqueza, ambos provisionales. Intereses, acciones, inflación suben y bajan en una imprevisible evolución resultante de las decisiones de millones de personas en sus tabletas cada noche al regresar del trabajo. Ir y venir de valores y patrimonios en un juego vertiginoso y mortal para los perdedores. Perdedores que sólo dispondrán de su cuerpo como última recurso que hipotecar. Juego cuántico de partículas humanas que no descansan nada más que aparentemente entre el estrés y la euforia de la victoria sobre otro más débil o distraído. Desconfianza entre seres humanos que miran de soslayo a sus congéneres como potenciales rivales en la disputa de lo elemental. El capital va de unas manos a otras, no descansa en un irracional (nunca mejor dicho) vaivén cuyo residuo último es la productividad de mercancías para mantenerse vivo para la muerte diaria. Un mundo en el que los medicamentos más perseguidos serían los ansiolíticos. Un mundo neo *hobbesiano*.

Esta escena del *inferno* liberal, que los ingenuos consideran la vida social más natural, tiene en la práctica un fallo, el mismo que tiene la utopía simétrica, aquella del eterno descanso en la protección de un sistema estatal a ultranza. El fallo es que unas pocas unidades, aquellas que consiguen dominar los resortes del poder y que con la mayor energía y entrega postulaban la ideología de la acción y el riesgo, en realidad, sólo la piden para los demás. En cuanto consiguen acumular riqueza en forma económica o política, pierden todo interés en el riesgo propio y sólo siguen defendiendo el riesgo ajeno. Afianzan su posición y dónde antes rechazaban toda protección estatal, la exigen para sus capitales; donde antes proponían la competencia, practican el cartel; cuando consideraban la igualdad de oportunidades una piedra angular de la vida social, pasan a defender la herencia; donde consideraban el esfuerzo personal como fuente de todo derecho, defienden el nepotismo con su prole; cuando consideraban la transparencia el fundamento de la competencia leal, ahora corrompen a los auditores para alterar evaluaciones y parámetros básicos para valorar activos y patrimonios.

En definitiva, un liberalismo asimétrico que muestra su auténtica faz, la de siempre, la del dominio económico, financiero y político para protegerse con gruesas capas de *bonus,* dinero en efectivo y propiedades de su miedo a la incertidumbre y a la muerte. Irracionales premios a la más absoluta ineficacia en la gestión del capital mundial cuyo único fin legítimo, a pesar de todo, es la vida digna del mayor número posible de seres humanos. Los tiempos actuales han mostrado que la mano invisible de Smith no contribuye al interés general. Es hora de aceptar una nueva concepción de la dinámica social. Hay que aceptar una concepción de la naturaleza como proceso incesante. Pero un objeto familiar encima de nuestra mesa es un proceso incesante y, sin embargo, su presencia aparentemente inerte nos tranquiliza. Se puede afirmar la acción permanente sin negar el reposo. Esto es así concibiendo el reposo como movimiento simultáneo. Traducido a los social se trata de una vieja amiga: la justicia social. Cuanto mayor sea la diferencia social y peor funcione el ascensor social mayor sensación de movimiento se generará, pero hacia el desastre. El reposo es necesario porque la ansiedad como indicador de eficacia es un error que sólo residuos de formas arcaicas de ejercicio del poder del hombre sobre el hombre pueden explicar. El ser humano puede ser muy eficaz cuando percibe que el resultado de su esfuerzo tiene un propósito. Si la naturaleza no es teleológica el ser humano sí. Su fin es él mismo y, ahora lo sabemos, en armonía con la naturaleza de la que procedemos y formamos parte inexorablemente. Esta doble meta no es posible si se permite que los apóstoles de la ansiedad y el riesgo ajeno con el único propósito de vivir vidas serenas y seguras de forma exclusiva y excluyente impongan su parecer en nombre de una libertad de acción hipertrofiada.

Isaiah Berlin ya avisó del peligro de que unos valores prevalecieran respecto de otros. Enunció una especie de ley de la conservación del espacio axiológico, según la cual si uno de valores (como la libertad) se impone sin equilibrio sobre los demás (como la justicia o la compasión) el mundo irá mal. ¿Qué se puede hacer? 2500 años después de que Heráclito advirtiera el incesante flujo de la realidad y de que Parménides intentara congelar el flujo con el poder del concepto la solución no puede ser ya ingenua. Se ha sucedido todo tipo de propuestas políticas que ahora corren peligro de ineficacia por el poder desarrollado por los factores económicos a lomos de las tecnologías de comunicación. Tecnologías que han mostrado su cara deletérea al servicio de los movimientos del capital y su cara opiácea en forma de entretenimiento y como amortiguador de la frustración de la mayoría. Tecnologías a cuya brillantez tenemos que acostumbrarnos pronto para no ser deslumbrados y poder reorientarlas hacia los intereses de la gente. Tecnologías que nos han metido en el problema y han de sacarnos de él. Para ello, los líderes sociales han de aceptar jugar en el mismo campo impuesto por los *hobbesianos.* Es decir, a la continuidad del movimiento de los parámetros económicos, hay que oponer la continuidad de la voluntad de cambio del rumbo social. Se trata de comprender el mundo moderno y aplicar esa interpretación a los intereses generales.

Esto supone combatir la economización de la vida que corrompe cada día con la mera presencia de datos macroeconómicos cuyo objetivo es el sometimiento a la fuerza de las cosas y con la imparable intromisión de la publicidad en los espacios sagrados de la información. No digamos con la grosería insoportable de la entrega a un poder corrupto de la intransferible capacidad de legislar para conseguir islotes de entretenimiento lúdico y pornográfico. La economía tiene que volver a su lugar natural de soporte de los fines sociales controlada por la voluntad política entendida como construcción de la polis, fuera de la cual no hay salvación. La ideología neoliberal pretende precisamente expulsarnos a la naturaleza, contradictoriamente, contra *natura,* pues el hombre es un ser social. Convertirnos en materia manejable llevándonos a todos (ellos, pobres incultos, incluidos) al desastre colectivo.

Desde este punto de vista, es ejemplar el caso de las tres jóvenes rusas que nos llaman a la acción sonriendo. Es necesario recobrar el espíritu del 15-M (en situación de cesante) y volverlo incesante, presente en cada rincón del poder, invitando a la lealtad a la ley y a los intereses generales, pero no permitiendo que la ley se pliegue a intereses bastardos como consecuencia de la abstención. La abstención es la peor forma de reposo. Es la muerte de la polis, es la muerte social. Los seres de Lovercraft emergerán de sus húmedas tumbas por lo orificios que deje nuestra discontinuidad, nuestra falta de flujo permanente para exigir justicia y ley. Acción pacífica pero incesante, para fatigar la resistencia de los que se empeñan en vano en construir un mundo eterno e inmutable de explotación sobre la realidad mutante de una sociedad sorprendida en su buena fe por un tropel de insaciables.

14 Jun 2013

Dado que esta crisis ha venido para quedarse es necesario pensarla una y otra vez para descifrar sus causas, sus estragos y sus salidas. No sólo en el Congreso de los diputados se debate sesudamente, también en los movimientos sociales y en los saludables paseos que las parejas dan todos los días. Todos convienen en que entre las víctimas de la crisis están las personas, pero también los conceptos. De las personas se están ocupando los medios de comunicación cada día mostrando la desesperación del que pierde su cobijo o la vergüenza, tan española, de hacer cola para un plato de comida. Pero, ahora, vamos a hablar de los conceptos que, como abstracciones aparentemente inútiles o inofensivas, condicionan nuestras creencias y orientas nuestras desnortadas acciones produciendo, tras su muerte, la desgracia de los seres humanos de carne y hueso.

Cuando el admirador de Cármide se batía con los conceptos en alguna apacible tarde ateniense de hace 2500 años no podía imaginar a qué lastimoso estado llevaríamos conceptos como belleza, valor o virtud. Su discípulo Platón dio carta de naturaleza a tres de ellos: verdad, bondad y belleza hasta convertirlos en la única realidad verdadera. Sin limitarnos a la célebre triada, que tanto dio que hablar y escribir hasta nuestros días, hagamos balance del estado de aquellos que más están sufriendo y, por tanto, aquellos cuyo deterioro más caro vamos a pagar por el carácter socialmente subversivo de su pérdida. Hablamos de la **dignidad** del individuo y las instituciones, la **coherencia** del comportamiento y la **vergüenza** o la culpa. Entre todos estos valores hay una relación pues todos están, en su versión positiva, ligados a la verdad y, en su versión negativa, anclados a la mentira.

Empezaremos por la verdad por su carácter globalizador. Naturalmente hablamos de la verdad en su sentido moral, aunque su sentido cognitivo o el lógico no están lejos. Al cabo, al hablar de verdad hablamos de dignidad, coherencia, vergüenza y responsabilidad. Emmanuel Kant, emulador de la claridad de la ciencia de su época, separó a la verdad, la moralidad y la belleza con tanto vigor que su genial síntesis posterior, en un requiebro intelectual del que todavía vivimos, no ha conseguido evitar la diáspora de valores. Su pretensión de separar la verdad de la moral, perseguía quitarle a la ciencia el abrazo asfixiante de la religión que le impedía volar libre para aceptar con Emily Dickinson, que *"the brain is wider than the sky"*. Pero, esa separación hace creer a la racionalidad neoliberal que no puede ser neutralizada por ninguna regla moral, pues cree estar tratando con una realidad que impone sus reglas objetiva, como la física de Newton se debía imponer a cualquier estudioso de buena fe. Por tanto, ningún obstáculo moral es pertinente.

La verdad es sobretodo coherencia entre dos polos, el subjetivo y el objetivo. Hay verdad cuando el testimonio y los hechos de corresponden. Hay verdad cuando una teoría explica todo lo que se experimenta, a la espera de una refutación. Se sabe qué es la verdad cuando el que falta a ella experimenta el sentimiento de vergüenza y culpa, ese trasunto del dolor físico que avisa del fallo moral. Las personas que no experimentan dolor físico acaban mutiladas, las que no experimentan culpa acaban perdiendo toda referencia interna y ya sólo atenderán a la coacción externa.

Una vida se entiende verdadera cuando hay conformidad entre lo que se piensa y lo que se dice (sinceridad) y entre lo que se dice y se hace (coherencia). La vida verdadera lleva a la dignidad como comportamiento decoroso y a la responsabilidad como capacidad de aceptar las consecuencias de los actos. Por tanto, cuando se comete una falta se siente turbación (vergüenza). De modo que dignidad, coherencia, responsabilidad y, en definitiva, verdad constituyen el conjunto de valores morales que suavizados por el humor dan soporte a una vida auténtica al servicio de la sociedad.

Sin embargo, en esta crisis nos encontramos con que en el comportamiento y el discurso de quienes debían haber cuidado de sus ciudadanos, sus afiliados, sus feligreses, sus empleados y sus depositantes sólo hay una total ausencia de verdad. Ausencia que ha alcanzado un grado tal de profundidad que está perturbando hasta el paroxismo el orden moral. Y al hacerlo, no sólo dan una clase perversa de cómo actuar que neutraliza cualquier pretensión de formación civilizada a los jóvenes en escuelas y universidades, sino que con su comportamiento protervo han minado los pilares de la *civitas,* de la *polis.* Veamos con detalle como ha ocurrido.

Primero, se ha actuado sin sentido de **responsabilidad**, es decir de las consecuencias de unos actos en los que se utilizaban los poderes de los responsables políticos al frente de las administraciones para beneficiar a terceros que cerraban el círculo compensando al político. Si la responsabilidad es aceptar las consecuencias de los actos propios, estos extraños representantes de los intereses generales, han actuado como si nunca tuvieran de rendir cuentas.

Segundo, para lograr sus fines, han convertido en norma de comportamiento la más descarada clase de **incoherencia** con un flagrante divorcio entre los que se prometía y lo que se ha acabado haciendo desde hace, al menos, treinta años, como si, contra toda razón, democracia y verdad fueran antagónicos. Es oportuno recordar aquí que en el contexto de judaísmo la verdad es sinónimo de cumplimiento de las promesas. Lo que a su vez es la fuente de la confianza. El Gal, Filesa, la apertura irresponsable al capital ajeno a partir de 1996 que sacó al país de su quicio, las negaciones lunáticas de las causas del atentado por antonomasia y las negaciones falsarias de la madre de todas las crisis han producido la sensación de pérdida de la razón en nombre de la razón misma.

Tercero, la reacción de los individuos pillados en falta negando sentir **vergüenza**, culpa o sufrimiento alguno por haber quedado en evidencia y su anuncio a voz de grito de que "duermen tranquilos" y que "tienen la conciencia tranquila" produce perplejidad. Declaraciones que ponen de manifiesto que la conciencia no es un testigo fiable para dirimir sobre la moralidad del comportamiento propio.

Cuarto, una vez encontradas las razones para no sufrir moralmente por la acción destructora de la culpa o la vergüenza, llega el momento del cinismo de la más absoluta desvergüenza y del más obsceno de los descaros. Es el momento de proclamar versiones delirantes y lunáticas de hechos sucedidos delante de toda la sorprendida ciudadanía. En ese estado moral se comprende que no se contemple la dimisión propia.

Todo este conjunto de valores negativos, este total desprecio puesto de manifiesto por nuestras élites, que, en ningún momento han merecido el carácter de *aristos* (los mejores), está destruyendo de forma devastadora los cimientos de nuestra sociedad. La escandalosa impunidad de este comportamiento produce desolación.

Entre las muchas razones que los especialistas han dado para explicar el cainismo del ser humano la más original que he leído nunca es el hartazgo. Esta tesis fue enunciada, con gran discreción y humildad en un libro para niños por un historiador del Arte, Ernst Gombrich. Un historiador del arte austríaco que declaró sentirse avergonzado de haber nacido en un siglo que consideró la *fontaine* de Duschamp una obra de arte y que en su biografía incluyó el testimonio de su hermana de que un condiscípulo suyo no tenía buen oído (se trataba de Schoenberg). Alguien, en definitiva, que no dudaba en ver al rey desnudo si realmente lo estaba. El hartazgo se da cuando la comunicación desaparece. La violencia siempre aparece cuando no hay palabras o cuando éstas han sido pervertidas hasta la corrupción aniquiladora. La hermenéutica moderna nos pone ante la dificultad de interpretar el mundo y, dentro de él, a todos y cada uno de los seres humanos. Pero una cosa es considerar la tarea de vertebrar de buena fe el significante y el significado como infinita y agotadora y otra, muy diferente y letal, proclamar que ha llegado la era de la desvergüenza, la ausencia de culpa, la irresponsabilidad vehiculadas por la sagrada palabra. La palabra en la que está basada la promesa y, por tanto, la verdad. Cuando esos rostros estólidos nos mienten con cinismo destruyen el tejido que nos cose y la osamenta que nos vertebra. Las comisuras de sus labios nos dicen de sus jesuíticas fintas mentales para conseguir el complejo fenómeno de no decir lo que es, no convencer a nadie y, sin embargo engañarse a sí mismo (a) forzándose a creer que eso es lo que hay que decir para cumplir con el doloroso deber de salvar a la sociedad contra la propia sociedad. Y, ello, cuando todas las evidencias apuntan a la misma basura de siempre: salvar el propio pellejo y el de la tribu a la que se pertenece.

Los conceptos y sus palabras asociadas son las víctimas abstractas de esta crisis. La traición a los conceptos en todos los ámbitos del Estado no produce efectos menores. El desgarro es ontológico y desune a la sociedad, que se vuelve peligrosa para todos, depredados y depredadores. La distorsión entre palabras y conceptos aceptados, la mentira en definitiva, favorece la llegada de la irracionalidad al producir la demencia general porque deja de proporcionar a la mente humana su alimento más preciado: el significado cognitivo y moral de su existencia. Una quimera, pero una quimera que hace posible la vida social a la espera del desvelamiento final para unos o la continuidad de la tarea de Sísifo para otros.